KB201104

안익태가 생전에 남긴 유일한 저서

리하르트 슈트라우스

안익태가 생전에 남긴 유일한 저서
안익태의 스승 리하르트 슈트라우스 전기

리하르트 슈트라우스

안익태, 야기 히로시 공저
번역 이홍이 / 감수 김승열

달아실

차례

II. 슈트라우스의 작품

서문

"나는 동시대 작곡가가 아니다. 내가 여든다섯 나이로 아직 살아 있는 것은 우연에 불과하다."

폐허였던 독일 음악이 다시 일어서려던 때, 슈트라우스는 왜 이런 말을 했을까? 전투적이었던 그는, 85세에 지휘봉을 휘두르고 꾸준히 작곡을 하며 조금도 약해 보이지 않은 모습이었다. 포성이 울려 퍼지는 가운데 만들어진 반성의 음악 〈메타모르포젠〉 역시, 점점 승승장구하는 거장의 음악 정신과 그 기법을 증명해준다. 게다가 그는 애초부터 이미 동시대의 작곡가가 아니었다.

18세기와 19세기 전반에 활동하며 거장이라 불렸던 작곡가들은, 발랄한 꿈을 음(音)으로 표현했다. 융기하는 프러시아의 내셔널리즘, 그리고 그 안에서 지탱하는 것만으로 온 힘을 쏟은 오스트리아 코즈모폴리터니즘의 긴장 사이에서, 그것은 아직 가능성이 있는, 인간의 완전한 해방에 대한 꿈이었다. 하지만 그런 유토피아적 환상은 호엔촐레른과 합스부르크의 기반이 흔들리고 더욱 반동화되면서 생산력을 잃어가게 된다. 프리메이슨은 모차르트에게, 계몽주의는 헨델에게, 프랑스 혁명은 베토벤에게 영향을 주었지만, 곧 작곡가들에게는 다른 것이 필요해졌다. 바그너에게는 독일 혁명이, 쇼팽에게는 민족 해방이 그 젊은 영혼의 기반이 되었다.

예술가에게는 무슨 일이 있어도 사회와 역사가 나아갈 길에 맞닿을 예술사상이 필요하며, 그 예술사상은 사회와 역사를 훨씬 앞서가야 한다. 예술가는 현실

속 모든 세력의 긴장들이 뿜어내는 탄력을 이용해 과감하게 미래로 점프하여 시대를 멀리하는 편이 안전하다. 그러나 모든 세력의 긴장을 잃었던 슈트라우스의 시대는 그와 같은 점프를 거의 불가능하게 만들었다. 슈트라우스는 젊디젊은 힘으로 음악의 혁명을 이뤄냈다. 그 혁명이란 표제 음악에서 리얼리즘을 개척한 것인데, 그 엄청난 과업을 달성했을 즈음에는 괴물 같은 비스마르크 제국이 제국주의 준비를 완료한 상태였다. 이 반동적인 국가에 맞서 슈트라우스의 수법은 투쟁적인 방향으로 실용화되었어야 했지만, 그가 이어온 예술주의 사상은 그 사실을 깨달을 만큼의 통찰력과 응용력을 갖추지 못했던 것이다. 그리하여 비스마르크 제국은 오히려 슈트라우스를 앞질렀고, 그 본연의 성질을 슈트라우스의 음악에 밀어붙였다. 그것은 물량적인, 그 관현악의 음색이었다.

천재적인 현대 감각의 측면에 있어서 어느 작곡가에도 뒤지지 않는 슈트라우스는 거의 초인적인 힘으로 두 번째 비약을 이뤄냈다. 그것은 바로 <살로메>, <엘렉트라>, <장미의 기사>부터 <아라벨라>에 이르는 스무 곡이 넘는 오페라 작품들이다. 여기서 슈트라우스는 호프만스탈과 협력하여 보수적 혁명을 꾀한다. 교양과 비교양, 일류와 속물, 예술과 사회, 순수 인간성과 정치성 등 현대 사회의 깊은 골을 전통과 현대의 골로 보고 그 틈을 메우는 예술을 창조하려 했던 슈트라우스는, 마지막 순간 절망에 사로잡히고 말았다. 그의 명작은 대부분 상품화되던가 아니면 이목을 끌거나 묵살되었을 뿐이었다. 그리고 공교롭게도 제1차 세계대전 이후 국민들 대다수가 오페라로부터 급속히 멀어져, 오페라는 국민이라는 토양을 잃었다. 이렇게 슈트라우스는 또다시 전쟁과 문명으로 인해 시대에 추월당하고 말았던 것이다.

70세의 슈트라우스가 그럼에도 세 번째 비약의 순간을 맞이할 수 있었던 것은 경이적인 일이었다. 그가 사회와 오페라의 관계를 직시하기 위한 소재를 모아 드디어 <말 없는 여인>을 완성했을 때, 죽순처럼 비죽비죽 싹이 튼 나치가 상연 금지라는 가혹한 처분을 내리고 말았다. 움이 튼 초목이 한파를 만난 것처럼 모든 계획의 숨통이 막혀버렸다는 사실은 우리에게 유감스러운 일이다. 그러나 <말 없는 여인>이나 <세미라미스>, <평화의 날>, <카프리치오>는 현대 작곡가의 길이 무엇인지를 우리에게 보여줄 힘을 갖고 있다. 어찌 되었든 이렇게 해서 세 번째 역시, 슈트라우스는 시대에 추월당했다.

슈트라우스의 말을 빌리자면, "그는 동시대 작곡가가 아니다." 그렇지만 85세가 된 슈트라우스의 이런 조심스러운 자기 평가에 속아서는 안 된다. 슈트라우스처럼 재능과 양심과 노력과 에너지를 가지고 장수했음에도 번번이 시대에 추월당하는 시대란 대체 어떤 시대란 말인가? 대체 어떤 예술가가 현대라는 시대에 완벽하게 처신할 수 있었을까? 이러한 사실을 제대로 반성하기 위해서라도 슈트라우스 연구는 의미가 있다.

현대 음악의 불모, 현대 예술의 인간성 상실로부터 회복하는 길은, 먼저 현대 작곡가와 작품을 역사와 사회에 비추어 깊이 파고들어 관련성과 그 법칙성을 알아내는 것부터 시작해야 하지만, 이 책에서는 우선 슈트라우스에 관한 생애와 작품의 중요 사항들을 총망라해 소개하는 것에 중점을 두었다. 초기 슈트라우스의 모든 연구서가 참고했던 슈타이니처의 전기는 본 전기의 전반부에서 주된 기초 자료가 되어주었다. 하지만 아직 전기로서 연구가 불완전한 후반부에는 편지와 각종 문헌을 참고해 구성할 수밖에 없었다. 특히 슈트라우스의 수필집 『Betrachtungen und Erinnerungen』(1949, Artemis—Verlag, Zürich) 외,

· Ernst Krause, 『Richard Strauss—Gestalt und Werk』(1955, V.E.B. Breitkopf und Härtel, Leipzig)

· Otto Erhardt, 『Richard Strauss—Leben, Wirken, Schaffen』(1953, Verlag Otto Walter, Breisgau)

· Kurt Pfister, 『Richard Strauss—Weg, Gestalt, Denkmal』(1949, Berglandverlag, Wien)

이 세 권이 가장 상세하고 넓은 관점을 갖추고 있었기 때문에, 이 책들로부터 힘입은 바가 컸다. 무대 사진은 아래의 책이 좋다.

· Willi Schuh, 『Das Bühnenwerg von Richard Strauss』(1954, Atlantis Verlag, Zürich)

---

1) Max Steinitzer, 『Richard Strauss—Biographie』(1927, Schuster und Loeffler, Berlin)

각 작품의 표준적 혹은 상세한 연구나 슈트라우스 연구 근황을 살펴보려면 반드시 다음의 서적과 잡지를 검토해야 한다.

· Müller von Asow, 『Richard Strauss—Thematisches Verzeichnis 1—15 Lieferungen』(1955~57… (미완), Verlag L. Doblinger, Wien. Wiesbaden)
· Willi Schuh, 『Über Opern von Richard Strauss』(1947, Artemis Verlag, Zürich)

그리고 에세이풍의 책이나 간단한 소개 글로서, 다음의 서적들이 도움이 되었다.

· Karl Franz Müller, 『Richard Strauss zum Gedächtnis』(1950, Verlag Paul Kaltschmid)
· Ludwig Kusche, 『Heimliche Aufforderung zu Richard Strauss』(Süddeutscher Verlag, München)
· Alfred Baresel, 『Richard Strauss—Leben und Werk』(1953, Hans sikorski, Hamburg)

특히 슈트라우스 연구에는 서한집이 중요하다. 여기에서는, 다음의 자료들을 참조했다.

· von Willi Schuh, 『Briefe an die Eltern』(1882~1906, Atlantis Verlag)
· von Willi Schuh und Franz Trenner, 『Hans von Bülow and Richard Strauss,

Correspondence』(Boosey und Hawkes)

· 『Richard Strauss et Romain Rolland, Correspondance』(1951, Albin Michel)

· von Franz und Alice Strauss, 『Richard Strauss und Hugo von Hofmannsthal,
  Briefwechsel herausgegeben』(bearbeitet von Willi Schuh, Atlantis Verlag)

· 『Richard Strauss und Stefan Zweig, Briefwechsel』(S. Fischer Verlag)

또한 호프만스탈 전집(Fisher—Verlag Ⅰ—Ⅻ)에는 중요한 자료가 산재해 있었다.

슈트라우스 탄생 100주년을 맞이한 해에 이 책이 출간되어 더없이 큰 기쁨을 느낀다.

1964년 6월 10일

안익태

야기 히로시

Ⅰ. 슈트라우스의 생애

1. 교육과 자기발견(1864~1898년)

제1차 뮌헨 시절

리하르트 슈트라우스의 아버지는 뮌헨 궁정관현악단의 실내악 단원이자 뮌헨 왕립음악학교 교사였으며, 어머니는 뮌헨의 유명한 양조업자 게오르크 프쇼르의 딸이었다. 이 양조장의 뒤편에 슈트라우스가 태어난 집이 있었다. 이후, 그의 일가는 그 앞쪽 대로의 집으로 옮긴 뒤 아버지 프란츠가 눈을 감는 날까지 그곳에서 함께 살았다. 건물은 가운데로 문이 뚫려 있어, 평행해서 달리는 두 개의 도로를 이어주었다. 1910년 2층 창문에는 기념판이 하나 붙었다. 기념판에는 "1864년 6월 11일, 리하르트 슈트라우스 이곳에서 태어나다."라고 쓰여 있다.

그의 아버지는 진지한 예술가였고, 어머니는 예술 애호가에 속하는 부류였다. 그래서 그는 세 살 아래인 여동생 요한나와 수많은 외가 쪽 형제와 즐겁고 활기찬 유년 시절을 보냈다. 특히 어머니 쪽의 음악 교육이 뛰어나, 가족 모임에서 자주 실내악이 연주되곤 했다. 하지만 그에게 있어 가장 중요한 존재는 한스 폰 뷜로로부터 '호른의 요아힘'이라고 칭송받던 아버지, 프란츠 슈트라우스(1822~1905)였다. 그는 아들에게 바그너와 뷜로에 대한 지독한 반감을 주입하려 노력했다. 특히 대담하고 규칙을 파괴하고 부조화스러운 바그너의 특징을 신랄하게 비난했다. 하지만 연주 대상으로서 만큼은 바그너를 1급으로 여겼다.

프란츠는 베토벤의 교향곡 등에서 한 번 들으면 잊기 힘든 호른 솔로의 명연주를 선보이곤 했다. <영웅 교향곡(Eroica)>이나 <교향곡 9번>에서는 합주자가 연주를 멈추고 듣고 싶어 할 정도였다. 그밖에 모차르트, 슈베르트, 브람스, 바그너 등을 통해 그는 이름을 알렸다. 혹시 그는 과거의 눈부신 유산이 바그너로 인해 빛을 잃을 것이라고 심히 걱정했던 것일까? 바그너의 <뉘른베르크의 명가수>를 연습할 때, '채찍의 동기' 부분에서 그는 참지 못하고 "불쌍한 아우구스틴, 텅텅 비었어."라며 있는 힘껏 유행가를 불어댔다. 기교에 능해 바그너 작품을 연주하는 데에 별다른 어려움이 없었지만, 이처럼 바그너에 대한 반감의 목소리를 내는 데에도 거리낌이 없었다. 그는 활발하고 늘 자신의 의지를 표명하며 언제나 권력을 가진 사람에게 마지막까지 반항했다. 특히 예술에 관해서는 매우 진지해, 솔로 연주를 할 때는 반나절 앓아눕곤 했다. 바그너에 대한 그의 독설은 대단했는데, 끝내 바그너가 분노에 떨며 입을 열지 못하게 될 정도였다. 바그너는 프란츠를 겁내며 이 부분은 불지 말아보라고 하면 어떨지, 일부러 남을 통해 시험하기도 했다.

프란츠는 바그너의 제자 뷜로와도 대립했는데, 뷜로는 프란츠에 대해 "못 말리는 놈이지만 연주하는 것을 보면 마음이 가라앉는다."라고 말한 바 있다. 한 번은 아침부터 오후까지 리허설이 반복되던 어느 날, 프란츠는 더는 못 하겠다며 고집을 부렸다. 뷜로가 "그럼 은퇴다."라고 답하자, 프란츠는 호른을 챙겨 감독을 찾아가 무미건조한 어조로 "뷜로 씨가 원하시는 대로 오늘부터 당장 연금을 받겠다."고 말해버렸다. 그래서 그를 달래는 데에 모두가 진땀을 뺐다고 한다.

이처럼 프란츠는 바그너를 싫어했지만, 우연한 장난으로 바그너에게 봉사하는 꼴이 된 적도 있었다. 1882년, 악장 헤르만 레비가 슈트라우스의 교향곡을 연주했을 때, 프란츠는 감격에 복받친 아버지로서 그곳에 있던 사람들에게 감사의 말을 전했다. 레비는 기회를 놓치지 않고 바로 <파르지팔(Parsifal)>을 연주해달라고 요청했다. 이렇게 해서 프란츠는 두 달간 바이로이트로 가게 되었다.

그 후 바그너 부인이 슈트라우스를 만나러 뮌헨에 왔을 때 그녀는 프란츠와 환담하였지만, 끝까지 바그너와의 사이를 중재하지는 못했다. 1883년 2월, 오데온극장에서 레비가 바그너의 죽음을 전했을 때 리허설 중이었던 단원 중 프란츠 혼자만 앉은 채로 있었다. 뵐로와 슈트라우스의 사이는 점점 더 깊어졌지만, 뵐로가 프란츠와 약속을 잡고 방문하면 프란츠는 시골에 있는 식이었다. 두 사람이 화해한 것은 프란츠가 퇴직하고 나서였다. 그는 1889년 여름에 퇴직하여 1896년까지 교단에서 학생을 지도했고 폐기종 통증조차 그의 에너지를 막지 못했다. 1904년 당시 82세 나이로 프란츠는 우정(郵政) 고문이었던 조카에게 부탁을 받아 역마차용 <열 개의 우체통 노래>를 만들었다. 이 노래는 유머가 넘치고 신선한 창의력으로 충만했다. 그는 이듬해 6월 2일에 영면했다. 가톨릭 묘지에 안장됐고 아들 슈트라우스는 아버지가 가장 좋아했던 모차르트의 <현악 4중주> 중 두 개의 악장을 연주했다. 아버지는 바이올린, 첼로, 기타에도 능숙했고 보수 없이 손수 딜레탕트 오케스트라를 조직해 서른 명 정도 되는 악단원을 지휘했을 정도였다. 그러니 젊은 슈트라우스 같은 위대한 음악가가 느닷없이 하늘에서 뚝 떨어진 것은 아니라는 점을 잘 알 수 있다.

프란츠는 음악가로 태어난 아들이 고전 악파를 공부하도록 배려했다. 그리고 새로운 음악의 영향은 최대한 배제시켰다. 아들 슈트라우스의 머릿속에는 바흐, 하이든, 모차르트, 베토벤을 깊이 연구한 뒤에야 그 이후의 음악을 이해할 수 있고, 그렇지 않으면 앞으로 발전할 수 없다는 생각이 자리 잡고 있었다. 슈트라우스는 네 살에 조용하고 친절한 어머니의 도움으로 피아노를 쳤다. 그냥 친 것이 아니라 아우구스트 톰보의 피아노 지도를 받았다. 그는 틀린 부분이 있으면 되도록 정확하게 고쳐서 쳤고, 배운 것을 전부 마스터했으며, 믿기 어려울 만큼 대담하게 손가락을 놀렸다. 톰보는 그의 뛰어난 재능에 대단히 흡족해했다. 그는 여섯 살에 초등학교에 입학했고 졸업할 때까지 아버지의 친구이자 콘서트마스터인 베노 발터에게 바이올린을 배웠다. 그리고 1874년 가을에는 루트비히스 김나지움에 입학해, 그곳에서 1882년 졸업 때까지 공부하게 된다.

그는 열세 살에 멘델스존의 <협주곡>과 바흐의 <평균율> 등을 연주해냈고 수많은 교재를 차례차례 습득했다. 슈트라우스는 아버지로부터 물려받은 건강한 신체를 자랑했다. 여든 살이었던 아버지는 백발만 아니면 노인이 아니라고 할 정도였다. 슈트라우스는 아버지가 가진 자본을 활용해 주입식 교육 수업이나 엄격한 작곡, 악기 공부를 해냈다. 친구 루트비히 투일레가 편지로 전한 바에 따르면, 새벽 2시에 나가 다섯 시간이나 등산하고 길을 잃어 열두 시간을 걷다가 막판에는 비바람에 흠뻑 젖어 농가에 도착해도 슈트라우스는 지친 기색도 없이 굉장히 재미있어했다고 한다. 그와 마찬가지로, 아버지 프란츠는 전날 밤 기차를 타고 나가 리허설을 마치고 저녁이면 집으로 돌아와 아무렇지 않게 가족 틈에 섞여 있었다.

슈트라우스가 왕립음악학교 같은 곳에 입학하지 않고, 11세부터 16세까지 궁정악장 마이어 아래에서 음악 이론을 공부한 것은 주목할 만한 점이라 할 수 있다. 마이어는 대위법, 화성, 카논, 푸가, 형식론, 기악법 등 순서를 정해 가르쳤다. 1879년 여름에는 4성 푸가로 넘어갔다. 이 훌륭하고 겸허한 지휘자는 오래전부터 바그너, 리스트를 시작으로 소위 진보적인 것에 대해 호감을 느끼고 있었고, 고전만 다루는 방법으로는 가르치지 않았다.

1870년부터 슈트라우스는 작곡을 시작했고 가곡, 피아노곡, 관현악곡을 만들었다. 여섯 살 무렵에 작곡한 곡이 물론 뛰어나지는 않았지만, 매력을 느끼기에는 부족함이 없었다. 무엇보다 그의 성장 과정이 드러난다는 점에서 흥미롭게 살펴볼 만하다. 그는 하이든, 모차르트의 양식에서 출발해 막힘없이 술술 습득했고, 내면의 힘을 키우면서 자연스레 자신의 한계를 돌파해나갔다. 의욕은 당찼고, 불안을 꾸며내지 않았으며, 유행을 좇아 남의 것을 그러모으지도 않았다. 그는 주어진 소재나 수단에 적절하게 잘 대처해갔다.

그는 주어진 것들에 잘 적응했지만, 훗날 돌아보기를, 이렇게 어린 시절부터 오랜 시간에 걸쳐 작곡했다는 사실에 대해서는 냉담했다. 1910년 2월, 친구에게 보낸 슈트라우스의 편지를 보면, 그의 아들에게 지금은 작곡을 접고 김나지움을 훌륭하게 졸업하는 것이 우선이라고 충고하기도 했다. 그 나이는 작곡하기에 적합한 때가 아니므로 시간이 있을 때 순수하게 기초적인 공부를 시키라며 작곡에 빠진 친구의 아들을 훈계한 것이다. 그는 자신이 어린 시절에 작곡을 너무 많이 했다며 후회했다. "나는 결국 신선함과 힘을 잃었네. 나는 김나지움에서 따분해 죽을 뻔했지만, 마지막까지 참고 견뎠어. 그랬기 때문에 별다른 손해가 없었던 거야. 호라티우스나 호머를 읽고 특히, 수학을 시키게. 그렇게 어린 나이에 작곡은 그만둬야 해."

하루는 어머니가 노트가 없다며 그에게 악보를 건넸을 때, 그는 그것을 학교에 가지고 가서 수학 시간에 작곡을 했다. 방정식 위에 신나게 악보를 썼고, 이렇게 해서 <바이올린 협주곡>(작품8)이 완성되었다. 이런 종류의 작곡을 많이 했음에도 불구하고, 그가 김나지움에서 얻은 교양은 도움이 되었고, 이후 이탈리아 여행에서 빛을 발해 작곡의 세계를 형성했다. 여덟 살 때부터 그는 연주회를 다녔고, 하이든이나 바흐를 들으며 모차르트의 <교향곡 41번 주피터>를 찬미했다. 또 하이든의 <천지창조>에도 크게 감동했고, 바흐의 D단조 모음곡의 감미로운 소리(妙音)에 도취했다. 멘델스존의 <교향곡 3번 스코틀랜드>에 대해서도 "아주 독창적인 스케르초"이고 "불처럼 장대한 피날레"라고 말한 바 있다. 그는 숙부의 4중주단을 듣거나 친척과 합주회를 열기도 하면서 성장했고, 시골에 가는 것은 좋아하지 않았으며, 공부방에서 책을 읽거나 일을 하려 했다. 학창 시절에는 친구들과 연주했다. 그의 실력은 매우 훌륭했기 때문에 주목을 받았다. 마지막 4년 동안은 매주 4중주를 하며 직접 제1바이올린을 맡아 연주했다. 또 피아노를 치며 5중주를 하기도 했다. <현악 4중주>, <첼로 소나타>도 연주했다. 학교나 집에서 친구 가족과 노래를 불렀는데, 이것은 솔직히 힘들었노라고 말하기도 했다.

이 무렵, 그와 바그너와의 내면적 만남이 시작되었다. 유명한 뮌헨의 사육제 때, 자청해서 <리엔치>와 <탄호이저>에 참여했다. 당시 축제라는 분위기에 취했던 탓인지 좋은 인상을 못 받은 채 그는 "얼개는 좋지만, 무서울 정도로 약하고 병적이다."(1879년), "10년 지나면 바그너가 누구인지 아무도 모를 것이다."(1880년)라고 했지만, 1881년 <트리스탄과 이졸데>의 총보를 읽은 다음에는 밤낮으로 거기에 몰두했다. 그의 모습은 그전까지만 해도 함께 보수적인 생각을 가졌던 동료들에게 큰 충격을 주었다. 하루는 아버지가 묘한 소리에 이끌려 호른을 한 손에 든 채로 아들의 방에 들어가보니, 아들이 바그너에게 푹 빠져 있는 것이 아닌가. 아버지의 걱정에도 아랑곳하지 않고 그는 더욱 <발퀴레>를 연구하며 전진해나갔다. 그는 결국 연주가 평이했을 뿐 본래의 작품이 지닌 것이 월등하게 뛰어났음을 통감했던 것이다. 미래의 바그너 지휘자 슈트라우스가 그 뿌리를 내리던 순간이었다.

이미 슈트라우스는 마을에서 유명했다. 궁정 오페라 여가수가 그의 노래를 세 곡이나 불렀고 음악 교사 발터도 그의 4악장짜리 작품을 연주했다. 1881년 레비는 음악 아카데미에서 1,800명을 앞에 두고 슈트라우스의 <교향곡 D단조>를 연주했고 학우들은 눈을 동그랗게 뜨며 놀랐다. 교실에서는 아무런 내색도 하지 않고 묵묵히 다음 곡을 쓰기 시작하는 것이 젊은 슈트라우스의 성격이었다. 같은 해, 1876년 열두 살 때 <축전 행진곡>(작품1)이 그해 오이겐 스피츠베그에 의해 출판되었다. 빌로의 친구이자 젊은 슈트라우스의 중개인이었던 그는, 당시 마이닝겐에 있었던 빌로에게 슈트라우스의 원고를 보내 그의 존재를 알렸다. 거장은 한때 적이었던 프란츠의 아들 이름을 보고, 분명 이런 생각이 들었을 것이다. '이 젊은이의 아버지 프란츠야말로, 뮌헨 복귀를 줄곧 방해하는 놈 중 한 명이지.' 그는 이와 같은 글을 남겼다.

"슈트라우스의 피아노곡은 하나도 마음에 들지 않는다. 미숙하고 약아빠졌다.…… 창의력에 '젊음'이라고는 찾아볼 수 없고, 천재는커녕 어중이떠중이다."

11월에 스피츠베그는 빌로의 동의 없이 열일곱 살 슈트라우스의 <13개의 목

관악기를 위한 세레나데>(작품7)를 출판했다. 이 곡은 흥미롭게도 뷜로에게 한 없는 기쁨을 선사했다. 1882년 졸업 후, 슈트라우스는 바이로이트를 방문했다. 뮌헨대학의 철학, 미학 수업을 청강하였으며, 이후 쇼펜하우어나 니체, 셰익스피어를 알아가기 시작했다. 이때부터 그의 재능이 널리 소문나, 드레스덴 음악가협회에서는 프란츠 뷜너가 <13개의 목관악기를 위한 세레나데>를 연주했다. 그의 작품 중 <바이올린 협주곡>(작품8), <호른 협주곡>(작품11)은 아버지와 아버지의 제자와 함께 합주했다. 뮌헨의 음악협회에서는 브루노 호이어가 <호른 협주곡>을 지휘했다. 이어서 《헤르만 폰 길름에 의한 여덟 개의 노래》(작품10)가 출판되고, <교향곡 2번>(작품12)이 완성되었다. 슈트라우스는 1882년 2월, 베노 발터 등과 함께 빈으로 갔고 <바이올린 협주곡>(작품8)을 피아노로 연주했다. 한슬리크는 이 작품을 칭찬했다. 그뿐 아니라 이 곡은 뮌헨에서도 연주되었으며, 다음 해에는 베를린에서도 연주되었다. 성공의 폭은 넓어졌다. 헤르만 레비가 서곡을 지휘하고, 한스 비한이 <첼로 소나타>를 연주했다. 뷜로가 <13개의 목관악기를 위한 세레나데>를 연주했기 때문에, 슈트라우스는 독일에서 널리 주목받는 인물이 되었다.

한편 뷜로와 친해지는 계기가 된 작품7은 완벽하게 보수적인 작품이었다. 이들의 우정은 오히려 슈트라우스를 진보 진영으로 이끌게 된다. 두 사람이 서로 알게 되었을 때 뷜로는 54세로 그보다 무려 서른네 살이나 위였지만, 사제 간의 긴밀한 관계가 형성되었다. 스승은 제자를 전과 다르게 대접하기 시작했다. 1884년 11월, 그가 마이닝겐 관현악단을 이끌며 뮌헨의 오데온극장에서 연주했을 때였다. 뷜로는 아버지 프란츠의 의뢰로 <13개의 목관악기를 위한 모음곡>(작품4)을 연주하기로 했다. 그런데 콘서트 전에 갑자기 연습이 완벽하지 못하다며 슈트라우스에게 직접 지휘해볼 것을 권했다. 이렇게 해서 슈트라우스는 찬물에 뛰어드는 심정으로 첫 지휘를 경험했다. 그는 1909년에 이때의 일을 기록해두었다. 아버지가 이 좋은 기회에 대해 감사 인사를 해야겠다며 공연 중 대기실에서 담배를 피우고 있는 뷜로를 찾아갔다. 그런데 화를 참지 못한 뷜로는 성난 사자처럼 마치 돌진이라도 하려는 듯 언성을 높였다. "감사하실 것 없습니다. 이 저주받은 뮌헨에서 당신이 한 짓을 잊을 리가 있겠습니까? 오늘 일은 아드님이 재능이 있어서이지, 당신 때문이 아니에요."

마이닝겐 시절

그로부터 얼마 지나지 않아, 슈트라우스는 나이 스물에 자신의 이름을 미국에 알렸다. 독일 음악을 미국에 소개하는 사람으로 유명했던 테오도어 토마스가 뮌헨으로 프란츠를 찾아와, 막 완성된 <교향곡 F단조>의 존재를 발견한 것이다. 1884년 12월에 이 곡은 뉴욕 필의 초연으로 세상에 나왔다. 뷜로는 슈트라우스의 <호른 협주곡>을 지휘했다. 뷜로의 눈에 슈트라우스는 유능한 지휘자로 보였다. 그는 수많은 음악가를 마다하고, 자기 아래에 둘 사람으로 슈트라우스가 좋겠다고 여겼다. 1885년 6월, 그는 마이닝겐 백작에게 다음과 같은 편지를 보냈다.

"다음 시즌에 리하르트 슈트라우스 씨와 계약해도 될까요? 봉급은 1,500마르크면 됩니다. 분명히 그의 다채로운 작업을 보시면 마음에 드실 겁니다.…… 단 한 가지 결점은 그가 고작 스물한 살로 너무 젊다는 점이지만, 그의 성품은 궁정악단의 일원이 되기에 적합하며 작곡가로서도 높은 평가를 받고 있습니다. 공주님께서는 어제 그가 만든 변주곡 연주를 들으시고 매우 마음에 들어 하셨습니다."

여기에 그치지 않고 뷜로는 슈트라우스에게 다음과 같은 편지를 썼다.

"당신의 훌륭한 재능과 인격이 이 지방 사람들에게 훈훈한 인상을 남겼습니다. 많은 사람이 당신에게 호감을 느끼고 있어서 나도 기쁩니다."

이에 대한 답으로 슈트라우스는 최근 10년간 발표한 작품 중 가장 좋은 평을 받았던 교향곡이 프랑크푸르트, 베를린, 뮌헨, 마인츠에서 연주되었다는 사실을 알렸다. 그 무렵 그의 <피아노 4중주>(작품13)가 총 스물두 곡의 응모작 중 수상작으로 뽑히는 일도 있었다. 그는 뮌헨에 온 마이닝겐 백작을 접견했고, 즉각 마이닝겐 궁정음악 지휘자 뷜로의 대리인으로 임명받아, 드디어 지휘자로서의 첫발을 내디뎠다.

슈트라우스의 생애를 들여다본 사람은 깜짝 놀랄 만한 사건을 찾아내지 못할 것이다. 그는 참으로 평탄한 길을 걸었다. 사람들은 예술가를 이상한 존재로 여기며 스캔들이나 갖가지 충돌을 일으킬 것으로 생각한다. 하지만 슈트라우스는 평생 모든 것을 있는 그대로 받아들였고 감정의 동요가 없었다. 그러나 그만큼 그의 내면적 삶은 예술적 체험으로 가득 차 있었다. 그 안에는 완벽한 기술을 위한 끊임없는 노력과 믿을 수 없는 작업의 성과, 그런 작업의 연속이 자리 잡고 있었다. 에어하르트는 슈트라우스의 일생에 대해 "태어나서 악보를 읽고, 베껴 쓰고, 배우고, 그리고 작곡했다."라고 했고 바레젤은 "그의 작품과 삶은 하나"라고 남겼다. 그는 작업을 통해서 자신을 표현한 사람이다.

마이닝겐 시절은 짧았지만, 이러한 창작과 지휘 활동에 결정적인 영향을 준 존재가 있었다. 그는 위대한 지휘자 뷜로의 정신적 면모와 그 활동을 빠짐없이 보았다. 기악의 순수 기술이 오케스트라로 어우러지는 것을 배웠으며, 낡은 양식이지만 훌륭한 오케스트라 곡을 쓰기 시작했고 사상의 표현이 분명해졌다. 어느 방면으로나 형식이 원숙해지고 위대한 성품을 갈고 닦던 시기였다. 세상에 그의 이름을 알린 48명의 오케스트라에서 그는 직업을 얻었다. 이때는 음악뿐 아니라 마이닝겐의 연극 역시 전성기를 누리며 뷜로의 오케스트라와 경쟁을 하고 있었다. 슈트라우스는 뮌헨 궁정 극장과 전혀 다른 연극 작품들을 빠짐없이 보았고, 이후 <맥베스> 등의 착상을 얻었다. 그는 매일 리허설에 참가했고, 특히 뷜로에게 바그너적인 지휘를 배웠다. 뷜로는 매일 9시부터 1시까지 연주 여행을 위한 리허설을 하였다. 슈트라우스는 6주 내내, 악보를 다 외운 뷜로의 옆에서 총보를 읽을 수 있었다. 여기서 익힌 베토벤, 브람스, 바그너 연주는 그 후에도 그에게 영향을 끼쳤다.

"그가 당시 리허설에 다뤘던 모든 작품이 마음속에 선명하게 남아 있다. 그가 베토벤과 바그너 작품의 시적 내용을 완벽히 이어받아 연주했을 때, 그의 모습은 철저한 신념으로 가득 차 있었다. 어디에도 자의적인 해석의 흔적은 보이지 않았고, 노력이 빚어낸 필연성, 형식과 내용의 일치, 사람의 마음을 뒤흔드는 열정만이 존재했다. 매우 엄격한 훈련, 작품의 정신과 악보에 대한 충실함으로 작품 그 자체가 표현할 수 있는 최고조의 순수함을 선보였다. 그 작품들은 오늘날에도 오케스트라 재현법의 정점에 자리할 것이다. '베토벤의 총보를 정확하게 읽어라, 그러면 그 의미를 알 수 있다.'라는 것이 그의 신조였다."(1909년)

슈트라우스는 이곳에 오자마자 재빨리 뷜로의 친구 알렉산더 리터와 안면을 텄다. 그 당시 브람스를 숭배하던 뷜로에게, 제1바이올리니스트인 리터가 철저한 진보주의자였다는 것은 그리 유쾌하지 못한 일이었다. 세 사람은 총연습이 끝나면 곧잘 이야기를 나누었는데, 그 문제는 늘 금기시되었다. 슈트라우스는 이 마을에 있는 동안 리터의 집에서 지내는 날이 가장 많았다. 이 선배는 순수하고, 자신감이 넘치면서도 진지했고, 축복 넘치는 시적인 작품을 썼으며, 리스트를 능가하고자 했다. 리터는 1883년에 동년배 뷜로에게 초청을 받아 이곳에서 창작 활동을 시작하고자 했다. 슈트라우스는 당시에 대해 이렇게 말한 바 있다.

"지금까지 엄격하게 고전적인 교양 수업을 받고…… 이제야 브람스에 도달한 나를 리터는 몇 년 동안이나 아낌없는 사랑과 노력으로 이끌어주었고, 결국에는 미래의 음악가로 재탄생시켜주었다. 그는 나에게, 바그너와 리스트의 예술사적 의의를 일깨워주었다. 내가 두 거장을 잘 알게 된 것도 모두 그의 덕분이다. 그는 독립해 혼자 걷는 법을 가르쳐주었고, 쇼펜하우어의 교양을 전수해주었으며, 각종 철학서와 문학을 읽는 사람이었다. 나에게 있어 그의 영향은 마치 폭풍과도 같으며 베를리오즈, 리스트, 바그너를 연구해 음악의 시적 내용을 펼쳐보라고 나를 촉구했다."

슈트라우스는 두 명의 선배 사이에 있으면서 동시에 브람스, 바그너의 사이에 서서 그 양쪽 모두를 진득하게 흡수해나갔다. 빌로는 슈트라우스의 교향곡을 연주 시즌의 선두에 놓고 그에게 지휘를 맡겼지만 <교향곡 4번>을 연습했던 브람스가 이의를 제기했다. 그러나 다시 변경을 거듭했다. 결국 슈트라우스는 10월 18일 베토벤의 <코리올란 서곡>과 <교향곡 7번> 사이에 직접 카덴차를 넣은 모차르트의 <피아노 협주곡 24번 C단조>를 연주했다. 여기에 자신의 교향곡까지 지휘하며 이중으로 주목을 받았다. 브람스는 이 곡을 칭찬하며 리듬이 다른 몇 개의 테마가 3화음 위에 겹쳐진 것을 눈여겨봤다. 빌로는 다음과 같이 회상한다.

"브람스는 슈트라우스에게 굉장히 따뜻했다. 슈트라우스의 교향곡은 독창적이고, 형식이 원숙한 중요한 작품이다. 그는 천생 지휘자이며, 그 어떤 상황에서도 잘해낸다. 유연성이 있고, 공부에 대한 의욕도, 절도도 있으며, 강한 힘을 가졌다. 그는 지휘 경험이 없고, 피아노 공연도 하지 않으면서 모차르트를 훌륭히 연주해냈고, 교향곡도 솜씨가 좋았다. 그는 곧 나의 후계자가 될 것이다."

그러나 슬퍼하지 않을 수 없는 사건이 일어났다. 프랑크푸르트에서 마이닝겐 오케스트라가 브람스의 <교향곡 4번>을 연주하기로 되어 있었다. 그런데 빌로가 프랑크푸르트 악단을 끌어들여 연주한 것이 이해되지 않는다고 말해 브람스에게 노여움을 산 것이다. 그 일을 계기로 전부터 예정되어 있었던 빌로의 마이닝겐 사임은 현실이 되었다. 스승이 물러난 뒤, 슈트라우스는 12월 1일부터 혼자서 지휘하고 매일 리허설을 하며 옛것과 새로운 것을 배웠고 나아가 자신의 작품과 브람스의 작품을 지휘했다. 1886년 4월, 그는 빌로를 기념하는 의미로 빌로가 작곡한 교향적 묘사곡 <열반(Nirvana)>을 연주했지만, 궁정 오케스트라 축소 계획에 실망했다. 슈트라우스는 마지막 리허설을 하였고 4월 10일, 실내악의 마지막 저녁 공연을 끝으로 마이닝겐을 떠났다. 그는 그때 학예공로 훈장을 받았다.

이처럼 수많은 결실을 본 아름다운 수련 시절 동안, 그의 모든 작품은 브람스의 영향 아래에 있었다. <피아노와 관현악을 위한 부를레스케>가 그 예다. 그러나 브람스의 영향은 점차 사라져간다. 이 시기는 중요한 문제가 집중됐고, 생애의 갈림길이었으며, 자기 발견의 순간이기도 했던 것 같다. 빌로의 밑에서 지휘를 배우고, 리터와 함께 바그너와 리스트를 알아갔다. 또한 연극을 공부하며 오페라에 대한 동경심을 키우고, 브람스와 친밀해지며 낭만주의와 결별하는 등, 당시 부자간의 편지를 살펴보면 그런 내용이 세세하게 드러난다. 이 무렵 뮌헨에서 요청이 들어왔다. 이를 우연히 알게 된 빌로는 페테르부르크에서 슈트라우스에게 다음과 같은 편지를 보냈다. "당신은 그저 봉사하는 몸이 아니라 이제 곧 최고의 지위에 오를 겁니다. 기다리세요. 이자르 강가(뮌헨)의 속물이 되어서는 안 됩니다." 물론 슈트라우스는 뮌헨을 피하고 싶었지만, 악장 자리를 약속받고 뮌헨 궁정악단의 제3지휘자가 되기로 한다. 그는 일주일간 뮌헨으로 가서 매우 조심스러운 계약을 한 뒤, 브람스의 충고대로 이탈리아 여행을 떠났다. 그때의 경험으로 교향적 환상곡 <이탈리아에서>(작품16)의 작곡에 돌입했다.

제2차 뮌헨 시절

이탈리아 여행을 마치고 슈트라우스는 바이로이트를 방문했고 <파르지팔>과 <트리스탄과 이졸데>에 매우 감동했다. 그렇게 큰 수확이 있었던 여덟 달 동안의 부재도 끝이 나고, 그는 고향 마을에 적을 두게 되었다. 처음에는 여성 코러스의 지휘를 맡아 그다지 유쾌하지 않았던 듯하다. 두 명의 악장(樂長) 중 한 명이었던 레비는 여러 차례 병에 걸렸다. 그 대신 다방면에 능통한 뮌헨 궁정악단 지휘자인 프란츠 피셔(1849~1918)가 새로운 것이든 옛것이든 독일, 프랑스, 이탈리아의 각종 곡을 연달아 지휘했다. 그래서 제3지휘자인 슈트라우스가 할 일은 그다지 남아 있지 않았다. 무엇보다도 그를 화나게 만드는 것은 규율이 느슨하다는 점이었다. 악단원 상당수가 결석해 피아노 리허설을 하는 날에는 도저히 못 참겠다며 빌로에게 편지를 쓰기도 했다. 그는 어떻게든 하노버로 옮기려고 했지만 쉬운 일이 아니었다. 그는 당시에 대해 이렇게 언급한 적이 있다. "나는 두 악장과 단원들을 상대로 으르렁대지 않아도 될 곳으로 가고 싶어요. 어쨌든 지금은 뻘짓만 하는 것 같아요. 라흐너(1803~1890)가 안 하는 모든 일을 하나하나 해두어야 하는 상황이에요. 내가 원하는 대로 지휘하기 위해서 제1지휘자의 권위를 손에 넣고, 절대적으로 지지해줄 감독이 곁에 있어야만 하겠지요."

빌로가 슈트라우스에게 보낸 편지에도 다음과 같이 쓰여 있다. "이 무슨 촌스러운 짓들인가요. 당신은 마음속에서 불쾌한 기분을 이겨낼 온갖 자극들을 끄집어내야만 합니다. 당신은 지금의 환경 전부를 그 자극 속에 구겨 넣어야 해요. 리터 씨 일가는 이런 나쁜 예에 포함되지 않겠지만." (슈트라우스는 리터와 헤어져서 살지 못하고 그를 뮌헨으로 불렀다.)

그는 이따금 탁월한 재치와 사교성을 자랑하는 레비와도 친분을 쌓았고, 말러 <교향곡 1번>을 연탄곡으로 연주하기도 했지만 대체로 고독했다. 1888년에

---

2) 바그너에 대적한 오페라 작곡가이자 지휘자

는 도저히 견딜 수 없는 기분까지 들었다. 감독이 그에게 아직 지휘하기에는 어리다며 "자네의 빌로풍 방식은 못 봐주겠다."라고 말해 매우 화가 난 것이다. 슈트라우스는 결국 1889년까지의 계약 기간을 못 채우고 그만두겠다는 결의를 글로 써서 빌로와 리터에게 보냈다.

그러나 이처럼 불쾌한 일은 있었어도, 뮌헨 시절은 내면적으로나 외면적으로 크게 성장한 시기였다. 프랑크푸르트에서 그의 <교향곡 F단조>는 호평을 받았고, 1887년 10월에 이 작품은 다시 라이프치히 게반트하우스에서 연주되었다. 여기서 그는 그보다 네 살 많은 구스타프 말러를 알게 되었다.

"말러는 굉장히 지적인 음악가로, 몇 안 되는 현대 지휘자 중 한 명이며, 템포의 변화를 느낄 줄 알고, 순발력 있는 음악적 감각을 지닌 분입니다. 특히 바그너의 템포에 대해 훌륭한 견해를 갖고 계십니다."

11월 초, 그는 밀라노에서 앞서 언급한 교향곡과 함께 <뉘른베르크의 명가수> 전주곡 등을 두 번 지휘했다. "신문은 저를 성공한 사람이라고 찬사를 보냈고, 오케스트라는 장식이 달린 빼어난 은지휘봉을 선물로 주었습니다. 저는 고향 마을에서 사랑이나 인정을 받은 적이 없었기 때문에 지금 더없이 행복합니다." 1888년 1월에 그는 교향적 환상곡 <이탈리아에서>를 지휘했고, 열광적인 환영을 받았다. 그 후 곧바로 프랑크푸르트와 뮌헨에서도 그의 교향곡이 연주되었고, 마이닝겐에서는 슈트라우스가 직접 지휘했다. 하지만 뮌헨에서는 점점 더 고독해져, 5월 중에는 4주 동안 휴가를 얻어 지휘를 겸한 여행을 떠났다. 그 극장에서 그는 <트리스탄과 이졸데>의 노래에 대해 이전보다도 더욱 분명한 해석을 보여주었다. 그는 "내 생각에 이 작품은 화려한 벨칸토 오페라입니다. 한슬리크는 이 점을 늘 개탄했지만 그건 유익하지 못한 일이죠."라고 숙부에게 전하기도 했다. 작곡 면에서는 새로운 길을 나아가기도 했지만 동시에 정체기도 있었다. 1888년 8월 말에는 이런 말을 남기기도 했다. "맥베스는 포기하고 책상 위 종이 더미에 묻혀 있어요. 아마도 머지않아 돈 후안이 그의 친구가 되겠죠."

1889년 겨울, 그는 퀼른의 콘서트마스터 헤크만과 뮌헨 박물관 홀에서 <바이올린 소나타>를 연주했다. 그해 여름, 그는 뷜로의 권유로 음악 조수가 되어 바이로이트를 세 차례 방문했고, 리허설을 도우며 <파르지팔>을 연구했다. 그때는 하루 여덟 시간 바그너를 들었고, 리터에게는 이런 편지를 썼다. "제 신경은 전혀 피로를 느끼지 않습니다. 한 사람의 거장과 그의 양식에 집중하다보면 지치지 않는 법이죠." 그 후, 그는 드디어 처음으로 비스바덴 음악협회의 톤퀸스틀러 축제에서 <죽음과 변용>을 지휘했고, 마침내 독일 전역에 이름을 알리기 시작했다.

그가 뮌헨에서 지내는 동안 내면적인 면에서 그에게 결정적인 영향을 준 것은 알렉산더 리터였다. 뷜로는 리터를 두고 "놀라운 이해력을 지닌 비평가"라고 칭송했지만, 당시 뮌헨에서는 아무리 리터가 성실히 옳은 소리를 해도 결과는 늘 허무했다. 리터에게는 자신의 작품을 연주하는 일이 여간 힘든 일이 아니었다. 또 뮌헨의 오페라 공연은 보수적이었기 때문에 공연의 질이 아주 형편없다는 사실에 그는 고민해야 했다. 예를 들어 그가 존경하는 바그너 작품이 전혀 중요하지 않은 작품들과 나란히 공연되기도 했다. 그는 바그너의 조카와 결혼했고 리스트와 왕래하는 사이라 철저한 진보 진영에 선 인물이었다. 그가 적극적으로 슈트라우스에게 충고했던 말은 "자네가 숭배하는 것에 정열을 불태우게"였다. 또 브람스는 논외로 두고, 멘델스존이나 슈만은 어린아이 같다며 멀리했다. 그는 늘 열정적인 당파성을 가지고 있었다. 그는 이 시절 신독일악파적인 자기 숭배, 즉 모든 것을 스스로 하려는 기질이 강했다. 또한 이탈리아, 프랑스, 독일의 거장들이 수 세기에 걸쳐 갈고 닦아온 형식을 한 번에 뛰어넘을 수 있다고 생각했다. 하지만 신독일악파에게 흔히 나타나는 엉성한 형식은 슈트라우스의 재능과는 전혀 어울리지 않는 것이었다. 따라서 슈트라우스에게는 이처럼 부정적인 면모가 몸에 배는 일은 없었다. 그는 해가 갈수록 다방면으로 온후한 판단력을 갖췄고, 음악면에서는 언제나 감각과 작품의 인과 관계를 잃지 않았다.

슈트라우스는 이후 카발레리아나 미뇽과 같은 낭만적인 것을 일시적인 유행으로 봤다. 이것은 평범한 예술가로서 충심 어린 판단을 한 것이 아니라, 짧고 강한 표현을 즐겨 하는 기질에서 나온 말이라고 봐야 한다. 그러나 리터가 아무렇지 않게 여기에 긍정했다는 맹점이, 슈트라우스에게 전혀 문제가 되지 않았다고는 할 수 없겠다. 신독일악파의 이른바 '책상 위에서 글자가 된 피아노 오페라'는 중성부의 섬세한 텍스트를 백 번 읽어도 귀에 쏙 들어오지 않을 정도였다. 조연의 코러스가 여기저기 흩어져 있어, 음악과 시의 결합이 지극히 실제적이지도 구체적이지도 않게 표현되어 있다. 이후 슈트라우스는 이러한 결점을 오페라 <군트람>에서 만회해야만 했다. 아마도 <장미의 기사> 안에서조차, 너무나 문학적인 결점이 드러나 있다. 리터는 친구가 자신의 당파적 주장을 지적하며 "브람스 작품이 훨씬 마음에 든다."라는 반대 의견을 내자, 이렇게 소리쳤다. "브람스는 너무 오랫동안 연구만 해대서 알맹이 하나 없는 작곡가가 된 거라고."

이처럼 낭만주의에 대한 리터의 반감은 좀처럼 사그라질 줄을 몰랐다. 이미 50세에 접어든 그의 존재는 마이닝겐에서 스물한 살을 맞이한 슈트라우스에게 있어 신탁과도 같았다. 리터의 경우 내면적으로 정리된 세계와의 투쟁이지만 슈트라우스는 이제 막 시작하는 현실과의 싸움이었다. 왜냐하면, 당시 슈트라우스는 바그너를 적극적으로 긍정하는 쪽으로 전향을 마쳤고, 리스트를 향한 전향도 명확해졌다. 뮌헨의 바그너주의자들에게는 리스트의 딸 코지마가 남편 뷜로의 곁에서 도망쳐 바그너에게로 달려간 일만이 큰 사건이었다. "리스트는 바그너의 장인 그 이상도 이하도 아니다."라는 말들이 나돌 정도였다.

슈트라우스가 리스트에게로 전향한 것은 크나큰 필연성이 있었고 꽤 오래 전부터 예견된 것이었다. 리스트가 갖춘 순수함, 선량함, 다면성, 일할 때의 공동체 의식, 그의 작품 속 명확한 내용이 슈트라우스를 이끌었고, 내용이 형식을 만들어야 한다는 그의 주장에 동감하였다. 애초에 리스트의 문학적 성격과 명확한 구조는 슈트라우스와 같은 예술가를 매료시키지 않을 수 없었다. 그의 교향시는 통일되어 있으면서 구조가 탄탄해, 고전주의의 4악장 교향곡과 비교해서 훨씬 슈트라우스의 마음에 들었다. 이러한 점들이, 슈트라우스의 청년 시절에 마지막 신조를 형성했다. 말러, 브람스, 리스트, 바그너를 둘러싸고, 빈의 고전주의적 연장의 붕괴 시기를 거쳐, 내용 중심의 새로운 리얼리즘이 시작되었을 무렵이었다. 이들 거장과 접했던 슈트라우스가 내면적으로 얼마만큼 큰 갈등과 결단을 거쳤을지는, 이러한 틀 안에서 짐작할 수 있을 것이다. 형식주의와 관행에 물든 궁정악단에서 고민했던 이 시절에 대해, 1931년 7월, 슈트라우스는 다음과 같이 기록하고 있다.

"내가 1886년 뮌헨 궁정 극장에서 오페라를 처음 지휘했을 무렵, 65세였던 아버지는 45년이나 앉았던 제1호른 연주자 자리에 여전히 앉아계셨고, 놀랄 만큼 충실하게 공연 한 시간 전부터 보면대를 마주하며 〈코지 판 투테〉 솔로를 걱정하고 계셨다. 게다가 미숙한 지휘자인 내가 당신의 약점을 지적하지는 않을지 염려하셨다."

실제로 그러한 일이 없지는 않았다. 〈이탈리아에서〉가 오데온극장에서 연주되었을 때, 거의 스캔들이 일어날 뻔했다. 아버지의 보수주의와 아들의 진보주의의 갈등이 빚은 비극은 아버지의 애정과 아들의 효심으로 아름답게 조화를 이루었다는 것이 두 사람의 편지를 통해 잘 전해진다. 그러나 슈트라우스가 칭송했던 신독일악파는 빌로와 자우어를 내세워 바그너와 베를리오즈를 후원하는 리스트를 중심축으로 하는 후기 낭만주의 그룹이었다. 이 그룹은 아버지 프란츠와는 정반대인 사고방식을 바탕으로 하고 있었다. 그들은 슈만을 선구자로 생각하였고 베를리오즈, 리스트, 바그너를 숭배했으며 브람스는 적으로 여겼다. 슈트라우스는 이렇게 평생 브람스에게서 소원해져갔다. 그는 점차 리스트에 이끌려 그의 작품에 몰두해 <단테 교향곡>의 지옥에 감동하고 <마제파>에 감탄하였다. 또한 슈트라우스는 <성 엘리자베스의 전설>에 대해서 "이렇게 조금뿐인 기술과 이렇게 많은 시라니! 이렇게 조금뿐인 대위법과 이렇게 많은 음악이라니!"라고 언급한 바 있다. 리스트 교향시의 선을 따라 1886년부터 1889년까지 <맥베스>(작품23), <돈 후안>(작품20), <죽음과 변용>(작품24)이 만들어졌다. 이때부터 완전히, 슈트라우스는 고전주의 에피고네로부터 이탈하기 시작했다. 그는 교향시에서 자신의 미래를 찾아냈다.

슈트라우스가 이 시점에서 획득해낸 새로움도 수십 년이 지나면 보수적이라 불릴 때가 온다. 하지만 그런 흐름 속에서도 그는 언제나 자신이 발견한 것들에 충실했다. 리스트의 100년제가 열리던 1911년 하이델베르크에서 그는 <타소>를 지휘했고 베를린에서는 장대한 <단테 교향곡>을 공연했다. 그는 이 진보적인 방향을 쫓으며 지휘자로서도, 작곡가로서도, 저술가로서도 항상 공을 들였다. 무슨 기회를 얻든, 그는 그것을 자신의 신념을 피력하는 데에 이용했다. 한 번 옳다고 확신한 것에 끊임없이 정성을 다하는 성격이었기 때문에 바그너의 경우도 예외가 아니었다. 그의 가족과 관련된 사적인 일과 상관없이, 추후 어떤 결과를 초래하든 자기 생각을 바꾸지 않았다. 1894년 뮌헨에서 안내장을 보내고, 그는 바그너의 명확한 의지를 지키며 바이로이트를 위해 <파르지팔>을 수호하고자 운동을 벌였다. 그의 신조는 1905년에도 변함이 없었고, 암스테르담의 <파르지팔> 공연에 항의하는 의미에서 뉴욕에서의 지휘를 거절하기도 했다. 1912년 8월, 그가 빈의 비평가 루트비히 칼파트에게 보낸 편지를 보면 다음과 같은 내용이 있다.

"〈파르지팔〉 문제에 대해서 제가 할 수 있는 것은 단 하나, 한 명의 천재를 향한 경의뿐입니다. 유감스럽게도 파르지팔 문제를 지금 법률가와 정치가들이 나서서 재단하고 있습니다. 우리의 문화를 향상시키고 개량시키려고 노력하는 사람들이 아니란 말입니다. 그들은 정신적 소유물의 절대 권리를 이해하지 못하는 사람들입니다. 저는 예전에 독일 국회에 1주일 동안 참석해, 그들이 얼마나 무지한 태도로 저작권이며 그 기한에 대해 논쟁하는지를 빠짐없이 보았습니다. 또 정치가 오이겐 리히터 씨가 부끄러운 줄도 모르고, 불쌍한 독일 작곡가 200명을 짓밟는 대신 독일 여관업자들 20만 명의 편에 서며 거짓을 남발하는 소리를 똑똑히 들었습니다. 당연히 바그너의 자손들도 희생해야 했습니다. 이러한 사태는 무지한 일반 선거법이 남아 있는 한, 표를 셀 궁리만 하고 그 내용이 고려되지 않는 한, 바그너의 한 표가 10만 표이고 자기들끼리 똘똘 뭉친 만 명의 무의미한 표가 한 표에 지나지 않는다는 것을 깨닫지 못하는 한, 제대로 굴러갈 리가 없습니다. 저는 이제 괴테협회에서 얼빠진 농담을 듣고 싶지 않습니다. 이런 협회는 살아있을 때는 추방하고 조롱했던 천재의 작품을 사후 3년이 지나면 약탈하고, 어디 손톱만 한 작은 무대에까지 여기저기 올릴 권리를 갖는 독일 국민의 법률인 것입니다. 우리 소수자들의 항의는 소용없습니다. 독일의 천민은 오후에 푼돈 5엔으로 〈파르지팔〉을 듣겠지요. 2년에 한 번 일요일마다 오페레타나 영화를 보는 대신에 말이에요."

　슈트라우스가 진보로 전향한 일은 고전에 대한 배반이었다. 동시에 또 하나 그의 삶에 중요한 계기를 마련해주었다. 이후 그의 아내가 된 파울리네와의 만남이 바로 그것이다. 바그너를 좋아하는 성악가이자 우수한 장군 아돌프 데 아나의 첫째 딸 파울리네와 슈트라우스가 서로 알게 된 것은 1887년 가을이었다. 파울리네는 마침 뮌헨 음악학교에서 성악 공부를 마친 상태였다. 슈트라우스는 그녀가 오페라 가수로 성장할 수 있게 도왔다. 그녀는 그의 제자이자 친구, 아내가 되었다. 그녀는 그의 리트(Lied)나 오페라를 훌륭하게 불렀고 해설자로서 역할을 해냈다. 그는 그녀가 <영웅의 생애>, <가정교향곡>, <인테르메초

(Intermezzo)> 무대에서 등장인물로 활약하게 해주었다.

바이마르 시절

이미 세상의 인정을 받은 스물다섯 살의 슈트라우스에게, 뮌헨의 제3지휘자라는 지위는 너무나 낮은 것이었다. 그는 1889년에 이번에도 뷜로의 추천으로 바이마르 궁정 극장의 부악장으로 취임했다. 바이마르는 마이닝겐과 마찬가지로 지금의 동독에 위치한 도시이며, 괴테와 쉴러가 빛낸 대문호 시대의 그윽한 잔영을 간직한 곳이다. 이 도시는 1919년까지 슈트라우스의 음악에 아주 유익한 조력자가 되어주었다. 슈트라우스는 10월 이곳에 부임했고, 머지않아 연인 파울리네도 그를 따라와 성악 기술을 연마했다. 두 번째 제자 하인리히 첼러, 세 번째 제자 헤르만 비숍도 이곳으로 와서 슈트라우스의 가르침을 받았다. 매우 젊고 재능 있는 쇼더 역시 마찬가지였다. 폰 브론자르트 감독, 지휘자이자 리트 작곡가인 노인 라센(1830~1904)은 젊은 동료를 진심으로 환영했다. 에두아르트 라센은 곧바로 자리에서 물러나지는 않았지만, <피델리오>, <방황하는 네덜란드인>, <니벨룽의 반지>를 제외하고 모든 오페라 계획을 슈트라우스에게 맡겼다. 취임 연설에서 슈트라우스는, "예전에 리스트가 작업했던 이 땅에서 리스트의 정신을 이어받아 작업하고 싶습니다."라고 말했고, 독주자, 오케스트라 단원, 합창단원 모두 헌신적으로 이 젊은 지휘자의 지도에 따랐다. 따라서 모든 것은 슈트라우스에게 순조롭게 진행되었다. 작은 도시의 고요함이 신경에 매우 좋은 영향을 주었고, 수입도 훨씬 늘어났으며, 예술가 동료들과 보내는 시간도 즐거웠다. 단, 악단은 바그너를 연주할 만큼 크지는 않았고, 가수들은 대부분 나이가 많아 보면대를 꽉 쥐어야만 하는 사람들이었다.

그는 마이닝겐과 뮌헨에서 얻은 신념에 따라 바그너를 향해 갈 길을 잡았다.

반대도 있었고, 바이로이트식으로 준비하기에는 여러 가지로 불가능한 부분도 있었다. <로엔그린>의 1막을 위해 자비로 천 마르크를 내고 무대를 새로 꾸미려 한 적도 있었다. 파울리네는 이졸데, 엘리자베트, 엘자뿐만 아니라 피델리오와 파미나 등을 아주 훌륭하게 노래했다. 그는 바그너협회의 대표가 되었다. 다른 오페라는 앉아서 하더라도 바그너 작품을 할 때만큼은 서서 지휘할 만큼 온 힘을 쏟았다. 드디어 바이마르에서 바그너의 평가가 높아졌다. 슈트라우스는 협회에서 주로 바그너 작품에 몰두했고, 음악극에 대해서는 종교적인 신앙처럼 빠져 있었지만, 바그너를 모방하는 데에서 벗어나지 못한 신독일악파에 대해서는 크게 경계했다. 슈트라우스는 1890년에 다음과 같은 글을 썼다.

"바그너의 모든 것은 독일어의 정신부터 철저하게 내면적으로 이해해야만 합니다. 단순한 것에도 복잡한 것에도, 그는 꼭 맞는 표현을 잡아냈던 사람입니다."

그는 바그너를 제멋대로 해석하거나 연주하는 행태를 부지런히 비판했고, 항상 바그너의 생각에 충실해야 한다고 주장했으며 노래, 오케스트라, 정경 등 세세한 각각의 장면까지 철저하게 조사했다. 그는 말과 음을 하나로 하고, 괴테와 베토벤을 합쳤다고도 할 수 있는 바그너의 종합 예술에 대한 일반적 이념에 도취된 것이 아니었다. 왜냐하면 이 예술은 그 어떤 순간에도 눈속임이나 피로감도 없이, 휴식조차 허용하지 않은 엄격한 영혼에 의해 완성된 것이기 때문이다. 이러한 생각을 가지고 임했던 그의 지휘는 매우 엄격해졌고, 확신과 신념으로 가득 차 있었다. 그는 화를 내거나 협박을 하는 일도 있었으며, 의상에 대해 세세하게 지적하며 열과 성을 다했다. 매일매일 일하는 슈트라우스를 가리키며 누가 "그는 무슨 일을 하는 겁니까?"라고 물으면, "선을 긋고 있는 겁니다."라고 대답하는 사람이 많았을 정도로, 그는 바그너에게 열중했다. 연주 방식은 순조롭게 발전해갔다. 바그너 부인 코지마는 바이마르를 방문했을 때 이렇게도 열성인 그를 보고 매우 놀라워했고 "궁핍한 재료를 가지고 이만큼 해낼 줄이야!"

라며 극찬했다.

<탄호이저>에서는 생략하는 부분도 거의 없이 완전한 연주를 선보였다. 1891년 <리엔치> 연주는 생략된 부분이 아예 없었다. 이렇게 계속해서 작은 악단이 거대한 바그너 작품의 거대한 연주를 해냈다. 그리고 1892년 <트리스탄과 이졸데>가 연주되었다. 바그너 이외의 오페라 플랜에서도 슈트라우스의 힘은 컸다. 이 방면에서도 신독일악파의 것은 여러 차례 주의를 기울여야만 하는 존재가 되었다.

1893년 말에는 훔퍼딩크의 <헨젤과 그레텔>을 지휘했다. 오페라 방면에서 주목할 것으로는 글루크의 <타우리스의 이피게니아>가 있는데, 특히 바이마르 연주를 위해 개작한 부분을 주목할 필요가 있다. 페터스(peters) 버전은 2음절인 프랑스어가 1음절인 독일어로 번역되어 있었지만, 슈트라우스는 매우 충실하게 음절 수까지 일치시켰다. 그렇게 해서 원어에 한 발 더 가까운 멜로디가 된 것이다.

바이마르에서의 슈트라우스는 교향시 연주에서도 전에 없던 대활약을 했다. <돈 후안>, <맥베스>, <죽음과 변용>이 공연되었고, 마이닝겐과 뮌헨에서의 꿈이 결실을 보았다. 여기에서도 그는 존경하는 오케스트라의 시인, 리스트의 지지자가 되었다. 그는 리스트와 같은 작곡가의 작품을 무대에 올리려면 오로지 리스트만을 전문으로 하는 오케스트라가 연주해야 한다고 생각했다. 그만큼 리스트의 개성은 집중적으로 조명할 필요가 있었다. 슈트라우스가 리스트에게 바친 찬사를 들은 사람이라면, 리스트 작품을 신봉하지 않는 사람에게는 무척 신기하게 보일 만하다는 것을 알 것이다. 그러나 당시의 슈트라우스 역시, <맥베스>를 쓰는 동안 숙부에게 "지금 교향시를 쓰고 있습니다. 하지만 리스트풍은 아닙니다."라고 말한 바 있다.

작곡가로서의 슈트라우스는 뮌헨의 친구와도 거리가 생기면서 외로웠던 것 같다. 그는 바이마르에 머무른 지 1년째 되던 해에 다음과 같은 글을 남겼다. "나의 대단히 진보적인 예술관은 오늘날까지 반감을 사는 것 같지는 않습니다만, 그렇다고 반향도 없습니다. 모두 저를 가만히 내버려두네요."

그는 피아노 연주에도 몰두했고 모차르트의 <피아노 협주곡>을 독주하기도 했다. 1889년 숙부에게 그는 다음과 같은 글을 전했다. "네 번의 훌륭한 콘서트를 마쳤습니다. 리스트, 바그너, 베를리오즈, 뷜로, 슈트라우스, 이렇게 했는데, 아주 많은 관객이 찾아주었습니다." 슈트라우스를 만났던 뷜로는, 아내에게 다음과 같은 편지를 썼다. "슈트라우스는 여기에서 매우 사랑받고 있소. 그저께 <돈 후안>은 대성공이었소…… 그가 발전하는 모습이 너무나 힘이 넘쳐서 마음이 푹 놓이더군."

그러나 슈트라우스는 이렇게 말하는 뷜로가 절대 음악파를 따르고, 시적 내용을 중시하는 자신과는 뜻이 전혀 맞지 않는다는 사실을 잘 알고 있었다. 그리고 스승에게 비극적이게도, 오늘날에는 고전이 된 그 유명한 <죽음과 변용>은 뷜로가 왔다 간 직후에 완성되었던 작품이었다. 사제 간의 거리는 정신적으로는 크게 멀어지고 있었다.

바이마르 시절 초기부터 그의 작품은 각지에서 활발하게 연주되었다. 1890년 1월 드레스덴에서 <돈 후안>이 아돌프 하겐에 의해 연주되었다. 이어, 베를린에서 뷜로에 의해 같은 작품이 또다시 연주되었다. 이것을 들으러 슈트라우스는 베를린까지 달려갔다. 연주는 대성공이었고 뷜로는 <돈 후안>을 칭찬해주었다. 2월에는 바이마르로 바그너 부인, 뷜로, 아버지의 방문이 이어져, 세 사람이 한자리에 만나지 않도록 신경을 써야 했다.

슈트라우스는 연주 여행을 떠났다. 2월에 프랑크푸르트에서 <돈 후안>, 3월에 라이프치히에서 <첼로 소나타>, 6월에는 아이제나흐에서 <죽음과 변용> 초연을 톤퀸스틀러 오케스트라와 함께 선보여 큰 주목을 받았다. 또 슈트라우스가 작곡한 <피아노와 관현악을 위한 부를레스케>를 달베르토가 지휘했다. 슈트라우스는 과거의 망령에 사로잡힌 기분이 들었는지 편지에서는 거의 낙담하고 있었다. 1890년 10월에는 <맥베스>를 초연했다. 여기서 그의 새로워진 수법은 사람들로부터 반감과 절찬을 동시에 받았다. "저들의 저주스러운 지휘를 전부 없애버리면 좋으련만!" 이것이 당시 슈트라우스가 품은 생각이었다.

그는 일을 너무 열심히 한 나머지 1891년 5월에는 폐렴에 걸리고 말았다. 병원에서 일주일 정도 내내 위독한 상태라는 말을 들어야 했지만, 그는 "죽음이 꼭 그렇게 나쁜 것도 아니오. 다만 죽기 전에 <트리스탄과 이졸데>를 지휘하고 싶소."라고 말했다. 의사가 약간이라면 일을 해도 좋다는 허락을 내리자마자, 그는 <트리스탄과 이졸데>의 총보를 들고 오케스트라와 가수들 앞에 섰다. 가사 하나하나까지 세밀히 들리도록 연주했으며, 어떻게 하면 이 작품이 드라마로서 올바른 효과를 낼 수 있을지에 대해 고민했다. 6월, 프쇼르 가문의 백부가 소유한 산장(펠다핑)으로 옮긴 뒤 머지않아, "저에게는 큰 병이 오히려 큰 행운이었습니다. 지금이 전보다 더 건강하고 더 상쾌해진 기분입니다."라는 글을 남겼다. 여름에는 아내와 함께 바이로이트 무대에 섰고, 그녀가 <탄호이저>의 엘리자베트 역으로 출연한 것을 계기로, 바이로이트와의 연결 고리가 더욱더 긴밀해졌다. 그러나 슈트라우스는 본디 자연스럽고 자유로운 기질의 사람이었기 때문에 이처럼 남을 위하고 생각이 많고, 다소 매너리즘에 빠지기 쉬운 세계에 진심으로 적응했다고는 보기 어렵다.

여기서 구시대의 대표 인물인 뷜로가 슈트라우스를 어떻게 보았는지 짚고 넘어가야겠다. <이탈리아에서>가 뷜로에게 기쁨을 안겨주기는 했지만, 뷜로 입장에서는 보수적인 형식의 옛 단조 교향곡이 훨씬 더 좋았다. 슈트라우스의 <돈 후안>, <맥베스>, <죽음과 변용>도 그의 마음을 오래 붙잡아두지 못했다. 뷜로는 모차르트의 <협주곡>에 붙인 슈트라우스의 카덴차[3]에 대해 "맥베스의 마녀 주방에서 피어오르는 연기보다는 이게 더 사람들에게 친숙하게 다가갈

---

3) 독주자가 연주하는 기교적이고 화려한 부분.

겁니다. 청중은 예술을 통해 기분 전환을 하고 싶은 겁니다. 그게 당연한 겁니다.”라고 언급했다. 그는 말러에 대해서도 똑같은 입장이었는데 말러에게 “당신은 슈트라우스 씨 마음에 더 들게 되겠군요.”라며 냉담하게 말을 붙였다. 함부르크에서 <돈 후안>의 리허설을 했을 때는 몇 년이 지나면 슈트라우스의 음악이 달라지리라 생각했다. 뷜로는 슈트라우스가 브람스에서 리스트로 전향하자 매우 슬퍼했다. 리스트는 뷜로가 가장 싫어하는 음악가였다. 그는 한때 내심 바그너의 예술에 매우 탄복했다. 하지만 아내가 자신을 버리고 바그너에게로 가버렸다는 개인적인 대사를 겪은 이후로 그를 증오하게 되었고, 비정상적으로 갈기갈기 찢긴 비극 속에서 살아가야 했다.

1891년 1월, 뷜로는 슈트라우스가 바이로이트의 하수인이 되었다며 비방했다. 이런 연유로 브람스에 등을 돌리고부터 “나는 인간 대 인간으로 더는 슈트라우스에게 공감할 수 없게 되었다.”라는 말을 남겼다. 그는 그럼에도 불구하고 슈트라우스를 마음 깊이 사랑했다. 슈트라우스가 중병을 떨쳐내고 회복했을 때, 그는 뮌헨의 출판업자 스피츠베그에게 “참으로 감사한 일이오! 슈트라우스가 살아났어! 그에게는 커다란 미래가 있어요. 그는 살 가치가 있는 사람이오.”라는 편지를 보냈다. 또 그는 “슈트라우스는 음악의 교육과 상상력 면에서 뮌헨의 그 누구보다도 뛰어난 사람이오.”라는 말을 늘 하고 다녔다. 뷜로는 리터가 슈트라우스에게 영향을 미친 것에 화를 냈다. 그러면서 “슈트라우스는 활기가 넘치는 놈이라 리터에게도 기력을 나눠주고 다닌다.”며 비아냥거린 적도 있다.

1892년 1월 말, 뷜로는 베를린에서 <맥베스>를 지휘한다고 말해 슈트라우스를 놀라게 하기도 했다. 슈트라우스는 이렇게 답장을 보냈다. “선생님이 제게 큰 호의를 품고 있다는 이 증거가 저에게는 더할 나위 없는 기쁨입니다. 선생님의 직계 제자로서 명예를 얻었던 시절에 비해 최근 몇 년 동안은 예전만큼 호의를 가지고 계시지 않다는 생각이 들어 마음이 울적했었는데, 지금은 너무나 행복합니다.”

여기에 슈트라우스는 인간으로서 그리고 예술가로서 뷜로에 대한 신뢰와 존경심이 결코 흔들리지 않는다는 점을 덧붙였다. "이 세상에 존재하는 그 어떤 것도 선생님을 향한 저의 사랑과 존경과 감사를 앗아갈 수 없을 것"이라고 단언했다. 이 말은 평생에 있어 슈트라우스에게 진실이었다. 뷜로는 사적인 관계와 예술관의 구체적인 차이를 따로 떼어놓을 수 있는 사람으로 보였다는 점에 반가워했다.

한편 2월 말 콘서트는 공연되었고, 슈트라우스가 직접 <맥베스>를 지휘했다. 뷜로는 이에 대해 아내에게 다음과 같은 편지를 보냈다. "맥베스는 광기 어린 작품이었지만, 매우 천재적인 재능을 엿볼 수 있었다."라고. 슈트라우스는 몇 번이나 무대로 불려 나가야 했으며, 그 정도로 성공할 줄은 꿈에도 몰랐다. 그러나 이와 같은 사제 관계에도, 그 내면을 들여다보면 깊은 인간적 슬픔이 숨어 있었다. 이와 관련해서는 2월 5일, 그가 아버지에게 보낸 편지가 대변해준다. 대개 사상의 역사를 돌아보다보면 보수와 진보의 움직임만큼 신기한 것도 없다. 시대가 전환기를 맞이할 즈음, 그 움직임의 변화가 감지되는 순간 인간은 불행해진다. 뷜로는 바그너처럼 시대의 끝까지 직진하지 못했고, 그렇다고 슈트라우스처럼 전방으로 나아가지도 못했다. 바그너와 브람스의 두 길 앞에서는 갈기갈기 찢기고 말았고, 뒤로 돌아가려니 슈트라우스와 말러에게 떨떠름한 얼굴을 보일 수밖에 없었다.

뷜로는 이렇게 불운한 말년을 보내며 울적하게 생을 마감했다. 그의 개인적인 삶 속 비극은 결코 시대의 파도와 무관하지 않을 것이다. 1894년 1월, 슈트라우스는 남쪽 나라를 여행하고 돌아와, 중병에 걸린 스승을 문병하러 함부르크로 갔다. 슈트라우스의 건강에 이집트 여행이 매우 좋은 영향을 주었던 것을 보고, 뷜로는 자기도 먼 나라로 여행을 떠나겠다고 결심했다. 며칠 후 슈트라우스는 기차역까지 쇠약해진 뷜로를 배웅했다. 그리고 2월 12일, 뷜로는 카이로에서 세상을 떠났다.

이야기는 다시 거슬러 올라가, 3월 16일. 슈트라우스는 라이프치히의 리스트

협회에서 <죽음과 변용>을 지휘하고 큰 성공을 거두었다. 그리고 그는 곧바로 다음 날 바이마르로 돌아와 <군트람>의 텍스트를 거의 완성시켰다. 이와 같은 눈부신 그의 부지런함은 결국 한계에 다다랐고, 6월 10일부터는 늑막염을 앓았는데, 기침하면서 지휘를 하다 급기야 상태가 심해져 기관지염까지 얻어 고생해야 했다. 아직 폐가 완전히 회복되지 않은 상태였기 때문에 사람들은 그에게 남쪽으로 여행을 떠날 것을 권유했다.

이듬해 11월, 그는 그리스로 떠났다. 그러나 <군트람>의 텍스트를 손에 들고 떠난 이 여행은 첫 번째 남쪽 여행에 비해 매우 무거운 여행이 되었다. 마이닝겐 시절에는 태양의 빛과 소리에 취했었지만, 이번에는 바그너의 거대한 그림자에 얽매여 수년간 포기하지 않고 매달려온 꿈의 작품을 어떻게든 완성하기로 마음먹었다. 텍스트는 이미 1890년에 완성했고, 그것을 아버지와 리터에게 보내 신랄한 평을 받기까지 했다. 1891년에는 제1막 작곡에 들어갔으며, 리터에게 "지극히 간단한 것으로, 멜로디에는 풍부한 칸틸레네(Kantilene)만이 중요합니다."라고 편지를 쓴 바 있다. 바다 여행은 훌륭했다. 코린토스에서 아테네로, 아크로폴리스와 올림피아로 향하며 내내 감격했고, 좁은 바이마르를 떠나 해방된 느낌을 받았다. 여행 도중 그는 괴테에게 빠져들었고, 특히 <빌헬름 마이스터>를 정독하며 "독일 음악의 일방적인 시야에서 벗어나 세계로 시야를 돌리는 법"을 배웠다.

그는 12월에 이집트로 가서 1893년 3월까지 머물렀다. 카이로에서 즐거운 날들을 보내는 동안 제1막을 작곡했고, 2월 말 룩소르에서 끝을 냈으며 이어 제3막도 계획을 짰다. 룩소르에서 슈트라우스는 아버지에게 끊임없이 텍스트를 보냈다. 그리고 5월 중순에 전체 3막이 완성되었다. 그는 아버지에게 이 음악이 아버지를 흡족하게 해줄 것이라고 편지를 보냈다. 한편 당시 리터는 <군트람>이 바그너풍 음악이라고 느끼고 있었다. 그가 이 작품에 얼마나 진지한 관심을 보였고, 심리적 보상으로 삼았는지, 그것은 실로 감동적인 것이었다. 이처럼 우정의 힘을 입어 완결된 <군트람>(작품25)은 1894년 5월 12일, 바이마르 시기의 대미를 장식하는 공연이 되었다. 그의 제자들이 주인공이 되었고, 막 약혼한 파울리네가 프라이힐트를, 첼러가 군트람을 연기했다. 그 후 이 작품은 공연 횟수가 점점 줄어들다가 결국 깊은 잠에 빠져들게 되었지만, <군트람>이 완성된 이후 슈트라우스는 다음과 같이 언급했다.

"배가 어디로 떠내려갈지 나조차도 호기심 어린 눈으로 바라보고 있습니다. 우리는 스스로 배를 조정하고 있다고 믿지만 실은 늘 우리가 조정당하고 있으니까요."

작가가 심혈을 기울인 대작이라도 청중에게 하룻밤 비평거리로 끝나는 경우가 있다. <군트람>이 바로 그런 경우라 할 수 있다. 하지만 민주적이고 자유의 기운이 넘치는 이 대작은 슈트라우스를 이해하는 데에 있어서 가장 눈여겨봐야 하는 작품이다.

슈트라우스는 1894년 9월에 파울리네와 결혼했다. 그는 평화로운 환경 속에서 작곡에 박차를 가했고 특히 리트의 영역에서 많은 성과를 냈다. 작품27은 그가 결혼을 계기로 파울리네에게 바친 가곡집이다. 여기서 그는 과거 먼 옛날부터 동시대 시인들의 작품을 재료로, 이해하기 쉬우면서 강렬한 인상을 주는 리트에 관심을 쏟았다. <쉬어라 내 마음>, <체칠리에>, <비밀스런 요구>, <아침> 등은 슈트라우스의 명작으로 널리 알려져 우리에게 친숙한 곡들이다. 슈트라우스의 획기적인 리트 명작들은 이 시절에 태어나기 시작했다.

그 외에도 이 시절의 후반기에 일어난 사건으로 주목할 만한 것은, 1894년 여름 바이로이트에서 공연된 <탄호이저>를 들 수 있다. 바그너 부인은 "무척 모던하고, 거기에 훌륭하기까지 했다."며 슈트라우스의 지휘에 감탄했다. 남쪽을 여행하던 중 그가 새로운 마음으로 뮌헨에 가고자 했던 이유는 더욱 큰 무대에서 오페라를 하고 싶었기 때문이다. 또 리터와 아버지, 뮌헨의 훌륭한 오케스트라에 끌렸기 때문이기도 했다. 모든 것이 레비와 에른스트 폰 포사르트

(1841~1921, 배우, 낭독가, 궁정 극장 감독) 일임하에 연주 계획, 권한, 연주회 등에 대한 회의가 이루어졌다. 슈트라우스는 뮌헨 궁정악단 부악장으로서 레비를 돕게 되었다.

제3차 뮌헨 시절

1894년 10월 1일부터 슈트라우스는 뮌헨의 궁정 가극장의 부악장이 되었다. 나중에는 음악총감독 헤르만 레비의 뒤를 잇기로 되어 있었다. 레비는 계속해서 건강에 문제가 있었지만 1896년까지 그 직책에 머물렀다. 슈트라우스는 의견 차이를 관습에 따라 말끔히 처리할 수 있으리라 생각했지만 실제로는 그렇게 되지 않았다. 리허설은 여전히 불충분했고, 레비는 아주 살짝 지휘봉으로 암시를 주는 정도로 오페라를 지휘했다. 그래서 그저 오케스트라의 선의에 맡긴 채 고삐를 죄지는 못 했다. 하지만 슈트라우스는 그 무렵 대단히 활기가 넘쳤다. 바그너 작품을 할 때면 악단원들이 레비, 피셔의 지휘와 그의 지휘를 명확하게 비교해낼 수 있을 정도였다. 그전까지 음악적 혼란이 느껴졌던 <뉘른베르크의 명가수>의 어려운 장면조차 생기가 가득하고 절도 있게 표현했고 한눈에 이해가 되는 작품으로 선보였다. 이곳에서의 생활도 2년째에 접어든 1895년에는 모두가 그의 지휘를 좋아하게 되었다.

그러나 성가신 문제가 생기면서 작업이 마냥 순조롭지는 않았다. 게다가 <군트람> 리허설 때문에 슈트라우스는 부담이 너무 커졌다. 이 작품이 아버지의 뜻과는 맞지 않는다는 것도 느낄 수 있었다. 바그너의 아들 지크프리트 바그너 (1869~1930)는 이 작품으로 슈트라우스와 논쟁을 시작했다. 또한 슈트라우스는 스스로를 바그너의 충실한 제자라고 말하며 <군트람>에 나타나는 바그너의 영향을 구체적으로 열거해가며 지크프리트의 오해를 풀었다. 하지만 온 힘을 다한 오페라가 충분한 성공을 거두지 못하자 신문을 비롯해 슈트라우스의 적이 늘어났다. 1896년에 슈트라우스는 이렇게 말했다. "왜 <군트람>이 나에게 이토록 적을 만들었는지 이해가 안 돼요. 마치 내가 범죄자가 된 기분이 들 정도라고요. 그래요. 사람들은 뻔뻔스러운 거짓말을 하는 사람은 용서하면서 신경에 거슬리는 글을 쓰는 사람에게는 이렇게나 시끄럽죠."

뮌헨으로 온 지 3년 차에 접어든 1896년 가을, 퇴직한 레비의 뒤를 이어 마침내 슈트라우스는 2년 계약으로 음악총감독 자리에 임명되었다. 우선 그는 감독 포사르트와 함께 뮌헨 궁정 극장의 '하기 모차르트 주간'을 준비했다. <돈 조반니>가 그의 마음을 끌어당겼다. 이 오페라는 뮌헨에서 가장 인기가 있었다. 뒤이어 <피가로의 결혼>, <후궁으로부터의 유괴>, <코지 판 투테>, <마술피리>를 슈트라우스가 지휘했다. 이를 두고 옛 음악으로 역행하는 것이라고 한다면 그것은 슈트라우스에게 가혹한 처사다. 이 무렵 뮌헨에서는 제1악장(樂長)을 찾고 있다는 소문이 떠돌았다. 작곡가로서의 명성이 지휘자로서의 명성을 웃돌고 있었기 때문일 것이다. 자리를 부탁받았던 뷜로는 딱 잘라 거절했지만, 그 후 바인가르트너의 구설수도 있었기 때문에 슈트라우스의 임기를 2년 연장하는 것은 당분간 어려워 보였다.

콘서트 지휘에서도 성가신 문제가 끊이지 않았다. 1894년부터 1896년 초까지 그는 2년 동안 음악 아카데미의 콘서트 지휘를 했다. 첫째 날을 장식한 것은 베토벤 <교향곡 7번>으로 슈트라우스의 조용하고 고귀한 지휘는 사람들의 호감을 샀다. 둘째 날은 리스트의 <파우스트 교향곡>을 지휘하여 리스트에 익숙하지 않은 청중을 앞에 두고 보란 듯이 성공을 거두었다. 그밖에 스메타나도 채택되었고 <군트람>의 제1막, 제2막 서곡, 베토벤의 전 <교향곡>과 드디어 새로 작곡한 <틸 오일렌슈피겔의 유쾌한 장난>이 공연되어 점점 호평을 얻어갔다. 이렇게 지휘자 슈트라우스는 자신의 고향 땅에서 찬란한 명성을 쌓았다. 더욱이 1895년 초 뷜로의 후계자로서 베를린 필하모니 지휘도 겸하게 되었다. 이때 그는 마카이, 헨켈, 하르트, 비 등의 저술가나 시인들과 어울려 지내며 이 시대의 가곡을 탄생시켰다.

4월에는 오케스트라를 이끌고 빈으로 건너가 베토벤 <교향곡 7번>과 <뉘른베르크의 명가수> 등으로 호평을 얻어냈다. 빈에서의 성공은 아직 그렇게 대단한 것이 아니었지만, 이 공연으로 슈트라우스는 모틀, 바인가르트너와 어깨를 나란히 하게 되었다. 자신의 작품을 프로그램에 넣는 횟수도 점점 늘려가며 그는 외국으로 연주 활동을 활발히 이어나갔다. 1895년 베를린, 1896년 뤼티히, 쾰른, 뒤셀도르프(이곳에서는 다른 기회로 라인음악제를 지휘한 적도 있다.), 모스크바에서 공연했다. 1897년에는 암스테르담, 바르셀로나, 브뤼셀, 함부르크, 런던, 파리에서 공연했으며 그의 아내도 항상 동행해 그의 가곡을 불러 호평을 받았다. 세기가 바뀌는 이 무렵 슈트라우스를 빼놓고 음악 페스티벌이 열린다는 것은 말이 안 되었다. 1897년 말에는 처음으로 파리를 방문해, 콘코네 콘서트를 지휘했다. 뢰베, 모틀, 니키쉬가 파리에서 언제나 저명한 고전 작품을 지휘한 데에 반해, 슈트라우스는 과감하게 <틸 오일렌슈피겔의 유쾌한 장난>이나 <죽음과 변용>을 지휘했다. 파울리네는 슈트라우스의 가곡을 노래해 대성공을 거두었다.

여러 가지 마찰이 있었던 뮌헨 시절, 슈트라우스는 조금도 녹슬지 않는 힘과 온화함으로 작곡을 해나가고 있었다. 그리고 기술적으로 그의 본질적인 면을 영원히 새겨줄 여러 작품을 탄생시켰다. 우선 1895년 5월, 그는 교향시 <틸 오일렌슈피겔의 유쾌한 장난>(작품28)을 완성했다. 독일인이라면 마음 한편에 자연스럽게 녹아 있는 이 소재는, 슈트라우스가 이 작품 전에도 후에도 다룬 적이 있다. 그는 이미 바이마르 시절 <군트람>을 완성하면서 이 시에 담겨 있는 소재로 오페라를 만들어보기로 마음먹었다. 1889년 키릴 키스틀러의 텍스트에 의한 오페라를 보고 강하게 끌렸던 것이 그 계기였을 것이다. <틸 오일렌슈피겔의 유쾌한 장난>은 슈트라우스 재능 중에서도 그의 건강한 본성을 가장 잘 증명해주는 눈부신 작품이다. 주요 테마의 다성부 변주 총보를 읽어본 사람이라면,

슈트라우스가 얼마나 진지하고 철저했는지 알 수 있다. 그리고 스케르초 형태를 넣어 전개시켰다는 점까지도 잘 알 수 있다. 작품은 무게감도 경쾌하여 마치 가벼운 붓과 같이 미끄러지는 양식과 상상력이 넘치는 이야기, 음으로 그려내는 오밀조밀한 이미지 등이 녹아 있다. 슈트라우스는 이 작품을 통해 표제 음악의 훌륭한 전형을 만들어냈다. 이 곡은 1895년 11월 쾰른의 귀르체니히 콘서트에서 뷜너의 지휘로 초연되었다. 그리고 한 달 뒤에 만하임, 베를린, 뮌헨에서 활발하게 연주되었다. 여러 차례 실패도 있었지만 작품이 지닌 밝은 기운은 그에게 다시 작품에 몰두할 여력을 빌려주었다.

슈트라우스는 그 당시 서정시와 사상에 관심이 많았다. 리터의 영향 등으로 쇼펜하우어에게 푹 빠져 있었다. 그러나 니체를 읽고 나서 책 속의 차라투스트라가 자신의 본성과 닮은 부분이 있다는 사실을 발견한 뒤 그는 <군트람>식 구원의 테마를 버리고 초인의 음악으로 발걸음을 옮겼다. 그리고 삶을 낙관하는, 마치 태양이 빛나는 것처럼 춤을 추는 이야기에 기술적으로 좋은 마음을 담아 작곡하였다. 그 결과 그는 놀랄 만한 작품을 만들어냈다. 슈트라우스는 1896년부터 거의 1년간 이 작품에 근면하게 몰두하였다. 80페이지나 되는 총보를 주의 깊게 써 내려가 8월 말에 <차라투스트라는 이렇게 말했다>(작품30)를 완성하였다. 작품은 자신의 내면적 충동에 따라 써 내려갔기 때문에 <군트람> 때와 마찬가지로 듣는 사람의 이해력은 그다지 고려되지 않았다. '니체에 의한 교향시'라는 부제에 추가로 삽입된 '자유롭게'라는 또 하나의 부제는 약간의 아이러니를 내포한다. 이는 슈트라우스의 표제 음악과 절대 음악이 결국 같다는 것을 보여준다는 점일 것이다. 작품의 초연은 11월 프랑크푸르트에서 이루어졌으며, 슈트라우스가 몸소 지휘봉을 잡았다. 그 후 니키쉬가 베를린에서, 한 달 후에는 슈트라우스가 쾰른에서, 슈흐가 드레스덴에서 지휘했다.

<차라투스트라는 이렇게 말했다> 이후에는 조금 경쾌한 작품이 탄생했다. <차라투스트라는 이렇게 말했다>와 <틸 오일렌슈피겔의 유쾌한 장난> 같은 대작들

틈에, 소재의 한계마저 극복한 표제 음악에 걸맞은 <돈키호테>(작품35)가 1897년 말에 완성된 것이다. 이 작품은 장면 하나하나를 설명하는 편이 좋다는 것이 문제인데, 어쨌든 슈트라우스는 이 작품을 "기사도 성격의 테마에 의한 환상적 변주곡"이라고 했다. <돈키호테>는 음악과 시가 일치를 이루어 지극히 섬세하다. 이 작품은 오늘날에 그다지 연주되지 않는 것 같지만, 슈트라우스의 특징이 선명하다. 뷜너의 지휘로 1898년 3월, 쾰른에서 초연되었다. 이 세 개의 교향시 외에도 가장 웅장한 교향시 <영웅의 생애>가 1897년부터 만들어지기 시작했다.

이 시기에는 중요한 성악곡들이 세상에 나왔다. 곡들은 슈트라우스가 시의 매력에 심취해 만든 것이다. 그의 성악곡 작품들은 음악적 양식에 얼마나 창조력을 발휘할 수 있는지를 보여주는 좋은 예다. 우리는 그 곡들 하나하나마다 새로운 에너지로 가득 차 있다는 것을 발견할 수 있다. 1897년에는 반주 없는 《두 개의 노래》(작품34)가 탄생했다. 이것은 슈트라우스의 강렬한 목적의식과 적중성이 엿보이는 흥미로운 작품이다. 《두 개의 노래》는 <저녁>과 <찬가>로 구성된다. <저녁>은 쉴러의 진지한 울림을 간직한 것으로 여기에는 브람스적인 면모가 강하게 남아있다. <찬가>는 뤼케르트의 시를 고도의 대위법적 기법으로 만든 것이다.

그다음 해에는 관현악 반주의 《네 개의 노래》(작품33)가 만들어졌다. 여기에는 고도의 양식과 다채로운 색채감이 가득하다. 가사는 맥케이, 보드만, 쉴러, 괴테의 작품으로 오케스트라는 매우 음화(音畵)적이다. 계속해서 작품29의 리트는 비어바움의 시로 슈트라우스의 리트 중에서도 대중적인 걸작을 포함한다. 그다음 작품31은 부세의 시로 만든 세 개의 리트로 조용하고 아름다운 울림과 데멜의 「조용한 산책」에 곡을 붙인 모던하고 훌륭한 피아노 반주 작품이다. 작품32는 헨켈, 릴리엔크론에 의한 것이며, 작품36은 『어린이의 이상한 뿔피리』에 의한 것이다. 작품37은 릴리엔크론과 데멜에 의한 것으로, 아내로 인한 행복에 넘치는 작품이다. 작품39인 《다섯 개의 노래》는 뮌헨 시절의 수많은 노래 중

일부이며, 벅찬 감동을 주는 데멜의 리트로 구성되어 있다. 데멜의 정치시로 만든 <노동자>는 인기가 대단해서 지속적으로 연주되었다. 또 <해방되어>라는 곡도 그에 못지않게 유명하며 <아들에게 전하는 노래> 등도 있다. 리트 작품들 외에 보석처럼 빛나는 작품38은 <이노크 아든>이라는 작품으로 테니슨의 텍스트로 만든 피아노 멜로드라마 곡이다. 음화적이고 감정이 세밀하며 내면적인 깊이가 느껴지는 명작이다. 1897년, 1898년에 독일의 곳곳에서 에른스트 포사르트 감독에 의해 수차례 연주되었다.

제3차 뮌헨 시절은 오페라, 교향시, 리트에 이르기까지 이제껏 걸어온 슈트라우스의 총결산이라 해도 좋은 결실의 시기였다. 슈트라우스도 괴테처럼 수축과 팽창을 반복하며 작품을 썼다. 따라서 뮌헨 시절은 젊은 슈트라우스의 결산기라 해도 무방할 것이다. 그는 이 시기에 여러 저술가와 시인들과 교제했다. 페르디난트 슈포르크, 오토 율리우스 비어바움, 프랑크 베데킨트 등. 이들은 슈트라우스와의 관계에서는 그다지 중요하지 않은 시인들이다. 하지만 당시 독일 문학의 상황을 봤을 때 눈여겨보지 않을 수 없는 존재들이다. 음악 동료들과도 여럿 어울리며 서로 의견을 나누었다. 그 누구보다 슈트라우스에게 많은 근심거리를 안겼던 뷜로가 타계해서 적적한 시간을 보내야 했다.

아버지 프란츠가 뷜로의 빈자리를 채워주고도 남을 만큼 당시 부자간의 편지는 둘 사이가 돈독해졌음을 알려준다. 처음에는 편협한 생각으로 아들의 진보적 태도를 제어했던 아버지도 사랑과 긍지로 자식의 작품을 연구했다. 오히려 자식으로부터 배우는 아버지가 된 것이다. 프란츠는 비록 하모니와 멜로디에 대해 보수적인 자신의 의견은 굽히지 않았지만 아들의 새로운 방향을 깊이 이해하고 있었다. 한편 슈트라우스의 눈을 뜨게 했던 리터는 <군트람> 제3막이 바그너적이지 않다며 그와 대립하는 모습을 보였다. 리터는 세월이 지나도 대립 관계가 굳어져 끝내 양보하지 않았다. 그러나 슈트라우스는 그에 대한 존경심을 거두지 않았고, 편지에서도 항상 그를 고귀한 친구라 불렀다. 음악 이론을 가르쳤던 투일레도 슈트라우스의 중요한 친구였다. 슈트라우스는 여행을 떠나면 언제나 자기보다 세 살 위인 그에게 편지를 써 작곡 작업의 현황을 알렸다. 또 그는 투일레의 작품에 늘 경의를 갖고 연구했다. 그러나 이런 투일레도 슈트라우스의 급진적인 발전을 따라갈 수 없었다.

슈트라우스의 성장에 공헌한 투일레, 마이어, 프란츠, 리터, 빌로 등은 1920년에 이르러 모두 고인이 되었다. 슈트라우스가 뮌헨을 떠날 때 어머니에게 말하기를 "아아, 저를 지독하게 혹사시킨 뮌헨의 오케스트라 발밑에 지휘봉을 버리고 가는 게 얼마나 통쾌한지 모르겠어요."라고 편지를 보냈다. 결과적으로 이 시기는 많은 결실을 거둔 때로 보인다. 그는 뮌헨사람들이 <틸 오일렌슈피겔의 유쾌한 장난>이나 <군트람>이라는 새로운 음악을 이해하지 못했다고 해서 전혀 슬퍼하지 않았다. 슈트라우스는 결과를 시간에 맡기고 북쪽의 훨씬 진보적인 베를린을 향해 발길을 뗐다. 이후로는 보수적인 남쪽을 떠나 북쪽으로 전진한 뒤 결국 미국으로 가게 된다. 그는 그로부터 20여 년이 지난 뒤에 뮌헨보다 더욱 남쪽인 빈과 잘츠부르크로 돌아오게 된다.

2. 새로운 음악, 베를린 시절(1898~1919년)

진보적인 지휘 활동

그 당시 뮌헨은 베를린 궁정 가극장처럼 넉넉하지 못했다. 경제적인 면은 물론, 공연이나 휴가 면에서도 슈트라우스에게는 불리한 것투성이였다. 이와 같은 외적 요인은 그가 베를린으로 이주하게 만든 이유 중 하나가 되었다. 독일인이 독일제국의 수도에서 독일의 가장 뛰어난 음악가를 만나고 싶어 하는 것은 당연했다. 하지만 훌륭한 인품과 베를린 음악계를 근본적으로 쇄신할 마음가짐을 갖춘 인물을 찾는다는 것은 도저히 기대할 수 없는 일이었다. 악장이 평소하는 일이라고는 오페라 작품 의뢰가 들어오면 지휘자로 참여할 뿐 그 이상 아무것도 하지 않았고, 지극히 관료적인 태도로 일관했다. 1898년 11월 1일부터 10년간 슈트라우스는 베를린 궁정 가극장 악장으로서 오페라하우스 활동을 시작했다. 그는 온갖 종류의 독일 오페라를 지휘하게 되었다. 단순히 바그너, 모차르트, 베버뿐만 아니라 <아이다>나 <팔스타프>, 글루크의 <오르페오와 에우리디체>, 니콜라이의 <윈저의 유쾌한 아낙네들>, 베버의 <마탄의 사수>, 그리고 본인 작품인 <그림자 없는 여인>과 마이어베어의 <악마 로베르> 등도 지휘했다. 슈트라우스는 그다지 유명하지 않은 오페라들을 조금도 생략하지 않고 풀 버전으로 무대에 올렸다. 그는 이것으로 보수적인 극장장과 청중들에게 경각심을 일깨울 작정이었을지도 모른다. 그러나 만일 그렇다면, 기존의 틀에서 벗어나려는 그의 시도는 실패였던 셈이다. 왜냐하면 음악들의 단순한 조형성이 예상외로 대중의 마음에 쏙 들어서, 어떤 때는 서른 번이나 무대에 불려 나갈 정도로 관객의 환호를 받았기 때문이다. 그가 염원하던 <니벨룽의 반지>는 1899년 6월이 되어 무대에 올랐지만 리허설도 없었던 터라 생각대로 공연이 나오지는 못했다.

슈트라우스가 독일의 신진 예술 작품을 프랑스, 이탈리아, 미국의 것과 대등하게 무대에 올렸다는 점을 통해 베를린에서 어떠한 영향을 받았는지 짐작해볼 수 있다. 공연된 작품에는 한스 좀머(1837~1922)의 <뤼베찰> 등 여러 오페라, 피츠너의 <불쌍한 하인리히>, 코넬리우스의 <바그다드의 이발사>, 달베르의 <카인> 그리고 자신의 작품인 <화재 비상>(작품50), <살로메>(작품54), <엘렉트라>(작품58) 등이 있다. 이를 보고 "오페라 공연이 하나같이 궁정 극장 사람들 누구 하나 먹여 살리기 힘들어 보였지만 막을 수가 없었다."라며 빈정대는 비평가도 있었다.

보수파의 심장이라고 할 수 있는 황제가 슈트라우스를 어떻게 평가했는지는 자료가 별로 남아 있지 않다. 만일 황제인 빌헬름 2세와 슈트라우스 사이가 순조로웠다면 그것은 황제가 그의 음악이라고는 리트 2~3곡 정도 아니면 <군대 행진곡> 외에는 거의 듣지 않기 때문일 것이다. 황제에게 음악이라는 것은 슈트라우스가 생각하고 있던 것과는 동떨어져 있었던 것 같다. 그렇지만 어쨌든 두 사람의 만남은 매우 온화한 분위기 속에서 이루어졌다. 황제 앞에서 <군대 행진곡>이 연주되었을 때 그 옆에 있었던 슈트라우스는 그 곡에 흥미를 느껴 눈 깜짝할 새에 <용기병 연대의 관병 행진>을 써서 빌헬름 2세에게 헌정했다. 그리고 빌헬름 2세는 그에게 훈장을 수여했다. 그가 지휘하는 오페라를 종종 보러 갔던 황제는 그의 음악에 감탄하며 귀를 기울였다. 과연 황제가 그의 사고방식을 얼마나 이해하고 있었는지는 카셀의 남성 합창단 콩쿠르 때에 심사관과 나눈 대화를 통해 알 수 있다. 슈흐에 대해서 슈트라우스가 현대성이라는 말을 운운하자 황제는 반론을 제기하며 이렇게 말했다고 알려져 있다. "이래서야 나 원 참, 내가 예쁜 뱀을 가슴에 키우고 있었구나."

지금까지 오페라 지휘자로서 그의 면모를 돌아보았다. 콘서트 지휘자로서의 활동을 들여다보면 그는 그다지 축복받지 못했다. 그의 선배였던 펠릭스 바인가르트너는 오페라 지휘를 그만두었지만, 왕립 악단의 콘서트 분야를 10년간 꽉 잡고 있었다. 또 그 유명한 아르투르 니키쉬 역시 인기가 있어서 그의 거점인 라이프치히에서 베를린 필의 콘서트에 종종 객원 지휘자로 등장했다. 그래서 슈트라우스는 무척 고단하게도, 기술적으로 손을 봐야 하는 베를린 톤퀸스틀러 오케스트라를 이끌며 현대 작품을 연주해야만 했다.

　　연간 10회 열리는 심포니 콘서트 지휘자로 왕립 악단과 계약한 것은 1908년 4월 중순에 이르러서였다. 그것도 바인가르트너가 빈 국립 오페라극장 지휘자가 되어 대리인이 필요해졌기 때문이었다. 황실 악단은 감독이 마음에 들어 할 만한 사람을 찾는다며 라우구스나 슈흐 혹은 그 밖의 객원 지휘자를 고용하는 교묘한 방식을 써서 끊임없이 슈트라우스를 무시했다. 결국에는 그의 베토벤 지휘가 사람들에게 강렬한 인상을 남겨 그를 선택하지 않을 수 없게 되었지만 말이다. 그는 이렇게 동시대 사람들의 마음에 온 신경을 집중시키며 베를린 시절을 보냈다. 그중에서도 그의 독무대나 다름없었던 톤퀸스틀러 오케스트라는 더욱 그러했다. 악단은 악단원이 90명으로 늘었고, 특히 동시대 음악을 연주하는 데에 힘을 쏟았다. 리스트의 교향시 전곡, 브루크너의 교향곡 1번과 3번, 알렉산더 리터의 작품을 제외하고는 모두 살아 있는 사람의 작품을 공연했다. 또한 그전까지는 하찮게 여겨졌던 리스트의 <햄릿>을 성공적으로 올려 환호를 받았다. 톤퀸스틀러 오케스트라의 지휘를 시작한 건 1901년 10월부터였고, 처음에는 연간 6회를 공연했다. 첫 콘서트에서는 리스트의 <교향시 1번 산악교향곡>과 브루크너의 <교향곡 3번>(열다섯 차례 오케스트라 리허설이 있었다.), 스감바티의 <피아노 협주곡>이 연주되었다. 그리고 그 후 피츠너, 실링스, 투일레, 에르테르, 쉬라흐, 브레셔, 클라우스 프린츠하임(19세), 비숍, 마라, 보르스, 하우제거, 레츠니체크, 후버, 댕디, 샤르팡티에, 브뤼노, 차이콥스키, 파데레프스키, 스메타나, 스탠포드, 엘가, 레플러 보스턴 등 다양한 작곡가의 이름이 연주 제목에 올라 있다.

사람들은 궁금할 것이다. 슈트라우스가 왜 형식도 멜로디도 없는 작품을 우선시하는지 도무지 이해할 수가 없다고. 그러나 슈트라우스는 "형식과 멜로디는 시대마다 변해왔고 또 변하는 것이 아니냐."고 응수했다. 예전에는 멜로디도 형식도 없다고 여겨졌던 많은 곡이 이제는 길거리에서 들을 수 있는 곡이 되지 않았는가? 좋은 것과 나쁜 것. 예술 작품의 이 두 부류는 저절로 자연스레 결정되는 것이다. 구태여 소란을 피우거나 밀어낼 일이 아니다. 이류 예술가들이나 그런 논쟁에 끼어들고 싶어 하는 법이다. 그는 그가 무대에 올라가도록 힘쓴 작곡가의 작품에 대해서도 냉정함을 잃지 않았다. 또한 설사 무대에서 엉망이더라도 훌륭한 사람이라면 모든 것을 결과로 판단하지 않는다고 말했다.

그는 오케스트라를 이끌고 해외로 활발하게 연주 여행을 떠났다. 1902년 3월에는 독일 남부, 이탈리아, 오스트리아, 남프랑스, 스위스 등으로 건너가 주목을 받았다. 빈으로부터 익숙한 옛 작품의 의뢰가 오면 "저희는 보수적인 작품은 하지 않습니다."라고 거절했다. 이 같은 오케스트라 지휘는 1903년 여름으로 끝이 나게 된다. 그 이유는 수고에 비해 보수가 너무 적었기 때문이었다. 비록 짧은 기간이긴 했지만, 그의 활동은 진보적 음악사에 매우 중요한 것으로 영원히 기억될 것이다.

이 시기에 슈트라우스가 전력을 기울였던 또 하나의 일은 저작권 확립이었다. 그는 창작자의 정신적 노력을 경제적으로 보호하기 위해 열정을 바쳤기 때문에 예술품이라는 완전한 형태의 결과물이 경제상의 이유로 침해당하는 것을 참을 수 없었다. "모차르트의 유명한 멜로디를 저급한 오페레타로 추락시켜 <세 소녀의 집(Das Dreimäderlhaus)>이 인기를 얻는 일이 가능한 한 저작권법 제정은 시기상조다."라는 그의 말은 지금도 널리 알려져 있다. 슈트라우스가 이 일을 추진하며 "이거면 됐다."라고 작성했던 초안이 1957년 슈트라우스 협회의 잡지에 게재되었다. 여기에 그 글을 옮겨 보겠다.

"저작권자는 저작 이용권 외에 작품에 대한 개인적 이해의 불법 침해, 특히 예술가의 표현 의지 변경이나 위조에 대해 보호받는다. 이러한 변경이나 위조가 작품 자체의 변경 때문이든 형식을 바꾼 재현 때문이든, 예술적 표현 의지로 인해 수정되어버린 것이든, 어떤 것이든 보호받는다는 사실은 변함이 없다. 저작권자가 어떠한 명칭을 써서 보호할지는 자유다. 작품 자체와 그 표제 및 저작권 명칭에 대해 법으로 정한 경우 외에는 본인의 허가 없이 변경을 가해서는 안 된다. 이와 같은 보호권은 예술 혹은 국민의 교화에 있어 중요한 작품의 경우 저작권자의 사후에도 그 기한이 소멸된 후에도 변함없이 지속된다. 규칙과 법률에 의해 문학, 음악, 예술의 이해관계를 보호하는 업무를 하는 공공 기관 및 사설 단체는 저작권자의 사후 법적 권리를 가진 후계자가 없을 경우, 신고가 되지 않았을 경우, 앞서 기술한 것처럼 작품이 잘못 사용되는 것을 중지 혹은 금지시키도록 재판 조치를 취할 권리를 무기한으로 갖는다."

이 운동으로 슈트라우스는 여러 차례 오해를 샀다. 하지만 게재된 글을 보면 그가 작가와 그 가족의 경제적 보호뿐 아니라 진정한 문화 육성을 위해서 이 운동을 했다는 것을 명확히 알 수 있다. 전체주의 국가가 이 법을 악용할 우려가 있지만 당시 그의 생각은 그렇게까지 첨예하지 않았다.

독일의 수도 베를린에서 슈트라우스처럼 다혈질인 사람이 이런 일에 손을 뻗은 것은 당연한 일이었다. 그는 1878년경 김나지움 시절 친구인 프리드리히 레쉬와 둘이서 이 일에 착수했다. 레쉬는 법률을 공부했지만 1890년경 음악가로 진로를 바꾼 인물이다. 이 문제는 두 사람이 결탁해 독일 음악의 경제 문제에 몰두하면서부터 베를린을 중심으로 널리 알려졌다. 비로소 해결된 것은 1913년 6월, 레쉬가 예나의 톤퀸스틀러 축제에서 예나대학 명예법률 박사로 임명될 무렵이었다.

아직 슈트라우스가 뮌헨에 있을 때였던 1898년 8월, 그는 <파르지팔> 보호 문제에 관한 글을 보냈다. 거기에는 분명한 어조로 사실과 요구 사항, 전망에 대해 쓰여 있었다. 이제 이 운동은 베를린에서 동시대 사람들의 힘을 얻어 한층 더 강하게 퍼졌다. 그는 여기에서도 자신의 예감을 믿고 올바른 길을 향해 똑바로 나아갔다. 우선 음악가의 경제적 보호를 위해 그에게는 두 개의 조직이 필요했다. 하나는 일반 독일 음악협회였고 또 하나는 1901년부터 시작된 현대 음악가를 위한 베를린 톤퀸스틀러 오케스트라의 콘서트 연주였다. 1898년에 그는 레쉬와 독일 음악가조합을 만들어 저작권 보호를 목표로 활동했다. 먼저 이를 위해 저작권법 개정안을 만들었다. 이 방면에서 독일은 다른 나라에 비해 뒤떨어져 있었다. 1898년 5월 중순, 슈트라우스와 레쉬, 좀머는 제국 법제국에 초대를 받고 이틀간 회담을 했다. 그들은 갖가지 어려운 문제들을 검토한 후 독일 국회에 개정안을 제출하기 직전까지 이르게 되었다.

이미 그보다 1년 전인 1897년 6월, 마인츠 톤퀸스틀러 축제를 계기로 좀머가 국회에 진언할 계획이 있었다. 하지만 이 회의에 작곡가들이 불참해 허사가 되었다. 슈트라우스는 라이프치히 음악 주간 잡지에서 이 문제를 강력하게 호소한 바 있다. 이 초안이 실제로 적용될 때까지 그 후로도 세 방면에서 분쟁이 일어났다. 이에 슈트라우스는 발언을 하거나 글을 쓰는 방식으로 매번 관여하였다. 또한 그는 음악가들과 출판 관계자, 콘서트 주최자와 수차례 다툰 끝에 겨우 설득에 성공했다. 슈트라우스는 자신의 가까운 친구인 실링스와 레쉬와 그 밖의 음악가들에게 편지를 보내 '조합이 작품의 연주 권한을 대행해야 하는 이유'에 대해 절실하게 호소하며 양해를 구했다. 하지만 음악가들의 복지를 위해 불가결한 이 방안이 음악가들의 강력한 반대에 부딪히기도 했다. 그는 언짢은 마음에 실링스에게 이런 글을 쓰기도 했다. "작곡가마다 저마다 자신에게 꼭 필요한 편집자를 알고 있어. 다른 방법도 있을 텐데 말이야. 나는 이 무리에서 뛰쳐나가 직업을 바꾸고 싶을 정도야."

인세국 설립을 위해 필수적인 돈을 마련하는 일은 대단히 힘들었다. 1902년 말, 결국 설립자 슈트라우스, 레쉬, 실링스, 좀머는 이 일에 사비를 다 쏟아부었다. 그리고 소수의 아군을 얻어 다시 다툼을 계속했다. 그들에게 적이란 대개 동료 음악가들이었다. 레쉬의 줄기찬 노력으로 인세국에 필요한 거액의 돈이 모였고, 그 후로는 저항도 멈췄다. 1912년에는 저작권법을 기계 재현(녹음)에 연관시키는 문제로 반대에 부딪혔다. 1911년 빈에도 자매 시설이 생기면서 조합과 대립하기 시작해 문제가 되었다. 이때는 이미 슈트라우스가 창작 작업에 열중해 이들 운동에서 멀어진 상태였다.

두 번째 갈등은 일반 독일 음악협회를 둘러싼 것이었다. 새로운 세기가 시작할 무렵, 독일 음악에 결정적인 영향을 미쳤던 이 단체의 움직임에 변화가 일기 시작했다. 슈트라우스는 브람스나 브루크너 같은 보수적인 성향의 작품이 공연되는 것을 보고 정신적으로 초석을 다지기 위해 결정적인 운동에 적극적으로 나서야 한다고 생각했다. 실제 독일 음악협회는 1861년에 리스트가 바로 그러한 목적으로 설립한 것이었다. 슈트라우스 역시 그 목적을 위해 회장이 되었다. 그는 이 기회를 이용해 레쉬와 실링스 등을 불러 협력하며 활동했다.

1901년, 슈트라우스는 프리츠 슈타인바흐의 뒤를 이어 하이델베르크에서 회장으로 선출되었다. 독일 음악협회가 개최한 톤퀸스틀러 축제는 슈트라우스에게 많은 편지를 쓰게 했다. 그는 연주 프로그램으로 골머리를 썩여야 했고, 지부와 연락하고 감사 인사도 준비해야 했다. 위원회는 200건이나 쏟아지는 신청 중에 극히 일부밖에 상연할 수 없기 때문에 슈트라우스에게 구체적인 탈락 이유를 요구했다. 하지만 슈트라우스는 그건 자기 일이 아니라며 답변을 거절했다. 슈트라우스는 접수된 작품을 시험하는 자리에 입회하였다. 그렇지 않은 때에는 그 일을 실링스나 궁정악장 알로이스 옵리스트에게 위임해 작품에 대해 지휘를 봐주었다. 실링스는 공연에 부적합하다고 여겨지는 것을 극비로 포장해서 반송하였고, 남은 작품은 회원의 의견을 구해 신중하게 답변을 고민한 뒤 처리했다.

선정 방침은 슈트라우스의 의지를 이어받아 진보적인 작품들이 뽑혔다. 훌륭한 작품이더라도 옛날 방식의 것들은 퇴짜를 맞았다. 어떤 작품이 공연될지는 통상적으로 최종 리허설까지 비밀에 부쳐졌다. 슈트라우스를 가장 괴롭혔던 것은, 언뜻 보면 의욕으로 충만한 42행이나 되는 거대한 총보이지만(베토벤은 불과 12행이다.) 막상 내용은 대단한 것이 없는 작품이었다. 그는 "톤퀸스틀러 축제를 전부 모차르트로 구성해서 이런 사람들에게 형식의 가치와 진정한 재능이 무엇인지 똑똑히 알려주겠어."라며 이따금 농담처럼 말하곤 했다.

그가 회장으로서 달성한 일을 보면 올바르고 선의가 넘쳐났으며 개인적인 감정을 개입시키지 않았고 순수했다. 모두에게 해당하는 일이라며 그가 강조한 것은 다음과 같다. "조금이라도 올바른 사람이라면 말을 회피해서는 안 되죠. 개인적인 감정은 생각하지 말아야 합니다. 당파성은 티끌만큼도 있어서는 안 되고, 일방적인 비난을 해서는 안 됩니다." 1903년 7월, 그는 자신을 가리켜 '객관성 맹세를 한 회장'이라고 칭했다. 그의 조치는 구체적이었으며 어떻게 처리할지는 지시에 그칠 뿐이었다. 그는 1903년 런던에서 병으로 요양하느라 바젤의 톤퀸스틀러 축제에 가지 못했다. 그 당시 이런 글을 남기기도 했다. "또다시 두세 명의 젊은 재능이 세상에 알려진다는 것은 기쁘기 그지없는 일이다. 아직 충분히 인정받지 못한 사람들이 더 많이 인정받게 되는 것은 경사스러운 일이다." 반대로 그다지 좋아 보이지 않는 작품이 공연되었을 때는 "시간을 두고 판단하라! 누군가를 지나치게 높이 평가할까봐 걱정할 필요 없다. 누군가의 앞길을 방해할 작정이라면 20점이라도 높은 점수를 주어라. 문제는 그 사람이 무엇을 원하고 무엇을 할 수 있는가다."라고 말했다.

1904년에는 브루노 발터의 작품에 대해 "이것은 매우 훌륭한 작품이다. 양식면에 있어 거대하고, 독창성이 풍부해 품격 있고, 감각은 강하고 대범하다."라고 말한 바 있다. 이렇게 그는 1909년까지 회장직을 수행했다.

음악제는 그의 주최 아래 1902년(크레펠트), 1904년(프랑크푸르트), 1905년(그라츠), 1906년(에센), 1907년(드레스덴), 1908년(뮌헨), 1909년(슈투트가르트)에서 계속해서 열렸다. 그의 영향으로 젊은 음악가의 이름이 잇따라 발굴되었다. 말러는 1902년 <교향곡 3번>으로 세상에 알려졌다. 말러에 이어 피츠너, 실링스, 비숍, 좀머, 달크로즈, 베에, 샤임플러그, 바이스만, 레거, 볼프 페라리, 안드레에, 하우제거, 람페, 델리어스, 브라운펠스, 클레나우, 마르트, 유온, 노렌, 제클레스, 쇤베르크 등이 이름을 알렸다. 슈트라우스는 쇤베르크의 <구레의 노래>에 대단한 관심을 가졌다. 쇤베르크가 1911년 가까스로 곡을 완성했을 때에는 그를 위해 리스트의 상금을 전해주었다.

"이것은 리스트가 제공한 기금의 이자를 토대로 독일 음악협회를 통해 매년 재능 있는 작곡가나 피아니스트 중 한 명에게 수여하게 되어 있던 상이다. 그와 동시에 그는 쇤베르크를 슈테른 음악원의 작곡 교사로 추천했다.…… 교향시 〈펠레아스와 멜리장드〉는 슈트라우스의 권유로 탄생한 곡이었다. 슈트라우스가 메테를링크의 연극을 오페라 대본으로 만들면 어떻겠냐고 제안했던 것이었다.[4]"

이처럼 20세기 음악의 대가 쇤베르크도 슈트라우스 덕분에 세상에 나오게 되었다. 우리는 쇤베르크가 슈트라우스의 새로운 작곡법을 배워 끝내 그것을 뛰어넘었다는 사실을 잘 알고 있다. 그가 슈트라우스로부터 어떻게 새로운 것을 발전시켜 갔는지에 대해서는 앞으로 뛰어난 비교 연구가 나오기를 기대해야겠다.

동독의 사회주의 음악가 한스 아이슬러 역시 슈트라우스의 힘으로 25세 때 표창을 받았다(『동독 레클람 문고—Hanns Eisler』). 보수적 성향이 많이 엿보이는 비평도 있었지만 그것은 슈트라우스의 본심이 아니었다. 그의 마음은 늘 철저하게 협회의 진보 경향 쪽으로 기울어 있었다.

독일 음악이 시들지 않고 계속해서 새로운 샘물을 뿜어낼 수 있었던 것은 슈트라우스의 공이 크다. 그가 모든 일에서 손을 뗀 후, 위원회는 톤퀸스틀러 축

4) 슈트켄슈미트, 요시다 히데카즈 역, 『쇤베르크』, 음악지우사

제에 톤퀸스틀러 회원의 작품을 어쩌다 선택했다는 비난을 받은 일이 있었다. 그렇다고 해서 그 선택으로 인해 누군가가 해를 입는 것은 아니었다. 또한 유명한 회원 작품으로 다섯 차례 콘서트를 열어 관객을 끌어모아야만 하는 사정이 있었을지는 모르는 일이다.

음악 비평과 작곡

슈트라우스에게는 상당한 비평 정신이 있어서 그는 신선한 저널리즘과도 같았다. 또한 베를린뿐만 아니라 모든 독일 음악의 복잡한 흐름에 생기 넘치는 반응을 보였다. 음악가 중에서 슈트라우스만큼 전문 음악 평론가를 격렬하게 거부한 사람은 없었다. 그리고 이러한 성향은 베를린 시절에 정점에 달했다.

여기서 당시 절대적이었던 음악 평론가 한슬리크에 대해 살펴볼 필요가 있다.[5] 한슬리크(1825~1904)만큼 슈트라우스의 생각과 대립했던 사람은 없어 보인다. 그는 모차르트, 베토벤, 슈만에게는 존경의 말을 아끼지 않았으나 바그너, 베를리오즈, 리스트, 브루크너는 통렬하게 공격했고 사사건건 브람스를 치켜세웠다고 알려져 있다. "예술 장르로서 오페라의 문제점은 수단이어야 하는 음악이 목적이 되고 목적이어야 하는 드라마가 수단이 되었다는 데에 있다."라는 바그너의 명제에 한슬리크는 정면으로 반대했다.

그는 음악을 극적 표현을 위한 수단으로 이용하는 오페라를 가리켜 '음악적 요괴'라고 평가 절하했다. 게다가 그의 주장은 다음과 같은 결론에까지 도달했다. "시와 음악 혹은 시와 오페라의 결합은 곧 신분이 서로 다른 연인의 결혼과도 같다. '음악 = 여자'가, 그녀를 위해 모든 것이 규정되어 있는 '이야기=남자'와 하는 이 왼손잡이 결혼(left—handed marry)[6]은 참으로 허망하다." 그에게 있어

---

5) 한슬리크, 와타나베 마모루 역, 『음악미학』, 이와나미 문고
6) 귀족이 미천한 신분의 여자를 아내로 맞이하는 것을 의미한다.

서 언어란 단순한 표시이자 표현의 목적 완수를 위한 수단이었고, 음악이야말로 실체가 있는 물질이자 목적 그 자체였다. 음악에 있어서 형식의 자립성, 어원에 있어서 표현 수단으로서의 '음(音)'에 대한 절대적인 지배력은 서로 배타적으로 대립하기 때문에 두 원리를 혼합시키는 것은 논리적으로 불가능하다는 것이다. 또 그러한 실패를 한 것이 바로 바그너이고 그의 추종자들이며, 그들의 음악은 그 자체로 만족할 수 있는 형식미는 배척되었고 '의미'라는 환영이 압박을 가하고 있다고도 했다.

이처럼 한슬리크는 언어의 유추를 애써 배제하려고 했다. 반대로 슈트라우스의 오페라는 언어를 매우 중요시하였고 언어로부터 음악을 추동해갔다. 한슬리크의 말을 빌리자면 슈트라우스는 그야말로 왼손잡이 결혼을 했던 것이었다. 슈트라우스의 오페라는 한슬리크의 주장을 뒤집으려는 듯 작품 하나하나에 강력하게 언어와의 결합을 이루어나갔다. 한슬리크는 슈트라우스의 성과인 표제 음악을 강하게 부정했다. "기악은 일정 수준, 내용을 생각하지 않는다. 그렇지 않으면, 음악 안에 있는 것이 아니라 음악 옆으로 물러나게 된다. 그것은 하나의 표제를 음으로 번역하는 꼴이 되며, 그 음은 이 프로그램이 없으면 이해되지 못하고 끝나버리고 만다." 이렇게 말하며 그는 베를리오즈와 리스트를 공격했다.

슈트라우스의 교향시 역시 당연히 격하게 공격당했을 것이다. 한슬리크의 말에 따르면, 아무것도 할 줄 모르는 사람이 의향(intention)이란 것을 갖게 된다. 그의 논리대로면 슈트라우스는 아무것도 못 하는 사람이 된다. 한슬리크가 말하는 음악의 내용이란, 울려 퍼지면서 움직이는 형식이자 조형 예술에서의 아라베스크이며 또 불꽃과도 같은 것이다. 그것은 어떤 템포를 가진 운동이며, 감정이 아니라 감정 속에 있는 일종의 속성인 것이다. 즉 증대, 감소, 서두름, 주저, 인공적인 뒤섞임, 전진과도 같은 관념인 것이다. 슈트라우스의 비평 활동은 이와 같은 19세기적 음악 학설에 저항하기 위한 것이었다고 해도 과언이 아니다.

슈트라우스는 《데어 모르겐(아침)[7]》이라는 베를린의 음악 잡지 제1호(1907년 6월)에서 음악 평론가에 대한 참을 수 없는 혐오를 고백한 바 있다. 또한 레오폴트 슈미트가 『현대의 음악 생활에서』라는 책을 출판했을 때 슈트라우스는 "꼭 내가 레오폴트 슈미트 씨에게 나의 오페라 <엘렉트라>의 서곡을 써달라고 부탁한 것 같은 재밌는 기분이 들었다."라고 빈정댔다.

슈트라우스가 글을 쓰며 계몽을 위해 싸울 때의 거장다운 모습은 왕년의 슈만을 떠올리게 한다. 그런 점에서 그는 슈만의 제자라고 말할 수 있겠다. 그는 두 번째 뮌헨 시절부터 음악의 현 상태를 고양시키려는 움직임에 동조하는 전문 잡지의 지지를 얻었다. 슈트라우스는 1896년 실링스에게 다음과 같은 편지를 썼다. "당신은 작곡가 외의 활동으로는 행복을 느끼지 않으시니 비평 같은 일로 쓸데없이 시간을 뺏기지 않도록 하시오." 그는 이렇게 경고하면서 표현력이 뛰어난 실링스나 예술의 재능과 양심을 지닌 헬릭스 폰 라트에 협력하였다. 또한 진보적인 남독일 음악 신문과 결탁하고자 했다. 1905년 톤퀸스틀러 회의가 끝나고 그는 그라츠 신문에 다음과 같은 기사를 보냈다.

> "빈의 예술 평론가들이 그라츠의 친구들을 본받았으면 좋겠다. 빈은 유감스럽게도 영원한 미의 법칙이 지배하고 있다. 우리는 그것을 꼭 한번 보고 싶은데, 지금으로서는 불가사의한 비밀에 둘러싸여 한슬리크 씨와 그 동료의 가슴 속에 잠들어 있을 뿐이다."

특히 이러한 내용을 더욱 분명하게 언급한 적이 있는데, 그것은 1903년 출간된 어떤 책의 서문에 실려 있다. 그 내용을 옮기면 다음과 같다. "분명하지 않지만, 전형적인 표상을 통해 우리는 음악사 속에서 점점 확실하고 개성적이고 친밀한 이념의 범주 안에 들어와 있는 진화를 마주할 수 있다. 그리하여 새로운 형식의 요소가 계속 발전하는 것이며, 이러한 발전을 부정하고 어떤 의미에서

---

7) 슈트라우스가 발행하고 불과 3개월 동안이었지만 대표직을 지낸 잡지이다.

폐쇄해버리는 듯한 뒤처진 예술관은 살아남지 못할 것이다."

그는 1907년에 앞서 언급한 《데어 모르겐》에서 <음악의 진보파 아리아>라는 기사를 기고했다. 슈트라우스는 기사에 음악가와 음악을 수용하는 사람들 사이에 존재하는 신문과 잡지야말로 자연스러운 진보를 방해하는 존재라고 서술했다.

"활동적이고, 최종 판정을 결정짓는 요인이 되는 것은 그 무엇에도 얽매이지 않고 음악 자체를 음미하는 대중들이다. 그들은 소박한 감수성과 새롭고 중요한 모든 예술 작품을 받아들일 힘을 가지고 있다는 사실을 잘 증명해왔으며 또 믿을 만한 진보 사상을 이끌어왔다. 그러나 불쾌한 비평과 경쟁을 일삼는 편견이 그들 사이를 가로막는다."

그 좋은 예로 슈트라우스는 드레스덴에서 리스트가 사람들에게 대단히 큰 감동을 불러일으켰을 때, 정작 비평가들은 당시 그 작품을 모르고 있었던 점을 들었다.

"업계 전문가들이 상상력도 없으면서 오로지 좋은 평을 받으려고 안달이 난 나머지 이미 지나간 시절의 작곡법을 멋대로 쓴다. 내키는 대로 억지를 부리며 온갖 표현 수단이 확대되는 것에 반대하며, 예술에 있어 음의 영역이 확장되는 것을 매도한다. 그리고 지나간 시절 이미 죽어버린 미학의 예술적 감각을 트집 잡는 비평가 패거리와 한통속이 되어 격렬한 반동파가 되고 더욱더 공공연히 설쳐대며, 예전보다 한층 더, 열심히 전진하려는 자의 생명을 억압하려고 한다."

슈트라우스는 이와 같은 반동이 나타난 것이 드레제케가 호소한 '음악에서의 혼란'부터라고 말했다. 그는 앞서 언급한 레오폴트 슈미트의 서문에서 조금 더 온건한 톤으로 이러한 주장을 이어갔다. 이 서문은 명확한 시야, 뛰어난 문체, 고귀한 사고방식으로 사람들의 마음을 매료시켰다. 슈타이니처는 "하긴 첨예한 여우의 책에 사자가 서문을 쓴다면 다른 여우의 악행에 관해서는 쓰지 않을 테니까."라고 했다. 예를 들면 슈트라우스는 거기서 좋은 비평의 장점을 추리고 나쁜 비평의 해악은 별로 지적하지 않았다. 또한 아무리 옳지 않은, 부정적인 평론이 실려도 정말로 좋은 작곡이라면 반드시 그 면모가 드러날 것이라며 관대하게 기술했다. "그러나 그 평론가가 고령이 되거나 죽어버리면 그것이 예술에 가하는 해악은 정말로 막대해지는 경우가 많다. 그래서 사람들이 비평에 이의를 제기하고 싶어 하는 것이다."

슈트라우스의 비평에 대한 일면을 보여주는 예로, 1903년 라인 음악·연극 신문의 기사를 주의 깊게 볼 필요가 있다. 그는 거기서 슈포어, 라흐, 볼크만, 코르넬리우스, 리터 등 이류 음악가들을 대변했다. 또한 오늘날 일방적으로 사랑받는 약간의 일류 거장 베토벤, 바그너에 반발하여 무언가를 언급해주는 것이 '신문의 과제'라고 주장했다.

"이들 거장에 비교하며 무엇이 부족한지를 지적하기보다, 그들도 충분히 갖추고 있는 가치나 그들의 순수한 부분을 명확히 추려내어 청중에게 보여주는 편이 더 유익하지 않을까? 아무 문제도 없던 시대에 만들어진 수많은 작품이 우리 시대의 오페라 무대 위에 올라오고 사람들은 그 작품이 진지한 비평의 대상이 되지 않는다는 사실에 그다지 고민하지 않는다. 그러나 베를리오즈의 〈벤베누토 첼리니〉가 리허설을 시작하고 코르넬리우스의 〈시드〉가 이따금 무대에 오르고 새로운 〈틸 오일렌슈피겔의 유쾌한 장난〉이 공연되면 이 모든 작품은 죄다 철저한 조사의 대상이 될 것이다. 결국 이 작품들은 최상의 이론에 부합하지도 않는다. 또한 극히 일부 사람들에게조차 쓸모없다는 평가가 내려와 그저 한쪽에 치워두거나 아니면 따뜻한 마음으로 받아들일 수 없는 처지가 될 것이다. 그런 식이라면 작곡가도 지휘자도 감독도 노력해봤자 별 이득이 없을 것이다. 하지만 그럼에도 불구하고 천재는 언제나 자신의 길을 걷는다. 그리고 그런 비평을 거스르는 경우도 드물지 않게 일어난다. 정말로 뛰어난 작품이라면 신랄하게 공격을 받더라도 곧바로 사라지지 않는다. 앞서 말한 이류 거장들은 최고의 경지에 오를 뛰어난 작품은 못 만들어도, 대중에게 길잡이가 될 수 있도록 애정과 따뜻한 태도를 담아 창작의 기반을 마련해놓을 것이다. 창작에 대한 이해와 존경이 있어야지만 위대한 것을 깊이 있게 이해할 수 있으며 수많은 나쁜 작품을 궁지에 몰 수 있다. 이렇게 예술과 청중 양쪽이 모두 이득을 얻는 것이다."

슈트라우스는 1905년 오베르의 <청동말>을 봤을 때와 황제가 베를린의 오페라에 대해 질문했을 때 이와 비슷한 내용으로 설명했다. "독일의 작곡가들은 프랑스인들과 달리 자신의 작품을 세상에 내놓는 데에 서툴러서 이류 정도의 재능을 가진 사람은 아주 곤란을 겪는다."

1910년 신자유 신문에 실린 <모짜르트의 코지 판 투테>라는 기사도 주목할 만하다. 거기에는 에두아르트 데프리엔트가 다 폰테의 원작을 망쳐 그것을 다시 레비가 좋게 개선한 공로가 상세히 적혀 있다. 1913년 12월 13일 《베를린일보》에 실린 이 기사는 시립오케스트라에 대한 진언으로 뉘른베르크 시장 앞으로 보내졌다. 기사에는 여러 정치 당국 사람들이 참고해야 할 요소가 많다. 슈트라우스의 비평 활동은 지금 봐도 직접적인 반향을 일으킬 만한 암시가 풍부하게 담겨 있다. 빌리 슈는 그가 보낸 기사를 모아 책으로 출판했다.

이처럼 슈트라우스는 동시대의 선두에 서서 베를린의 오페라, 콘서트, 음악비평계를 누비고 다녔다. 불안한 나날 속에서도 그가 가장 중요하게 여긴 일은 언제나 작곡이었다. 베를린에서 지낸 1898년부터 1906년까지 그의 작곡 활동과 지휘 활동을 떼어놓고 고찰한다는 것은 불가능한 일이다. 베를린으로 이주하고 몇 달이 흐른 뒤 1898년 12월 27일 샤를로텐부르크에서 그는 뮌헨에서 시작한 교향시 <영웅의 생애>(작품40)를 완성했다. <영웅의 생애>는 현대 음악의 발전에 큰 역할을 한 작품이다. 이 작품은 화음의 기초가 되는 카덴차가 많아 그의 만년 작품 중에서는 옛 형식에 더 가깝다. 작품의 구조는 새로우면서 대담하게 구성되어 있기 때문에 쉽게 이해할 수 있는 곡은 아니다. 또 단순한 옛 멜로디 형식에 자주 나타나는 반복 진행, 화음의 기초를 따른 멜로디의 보다 높거나 보다 낮은 반복, 기술적인 면에 있어서 고전 작품과의 공통점이 돋보인다. 특히 제1악장 전체와 사랑 장면, 느릿한 후반부에서 그렇다. 그러나 전체 내용을 알게 해주는 몇 안 되는 표제만으로 충분히 창의적인 면모를 보여준다. 슈트라우스가 이렇게까지 스스로를 정직하게 표현한 것을 보면 그가 뛰어난 작곡가임을 부인할 수 없다.

<영웅의 생애>는 1899년 3월 프랑크푸르트에서 초연되었다. 이때 지휘는 슈트라우스가 직접 했으며 빌리 헤스가 바이올린 솔로를 연주했다. 이 작품은 베를린에서도 무대에 올랐는데 여기에 멈추지 않고 쾰른과 뒤셀도르프에서도 공연되었다. 베를린의 음악가 고틀리프 노렌은 훌륭한 오케스트라 변주곡을 자신의 테마로 써 내려갔다. 노렌은 그 안에 영웅과 적의 테마를 넣어 그 곡을 슈트라우스에게 바쳤다. 그런데 바로 그 이유로 <영웅의 생애>는 공연 금지를 당했고 해당 출판사가 몇 년을 호소한 끝에 겨우 해결했다. 물론 두 사람에게는 아무래도 상관없는 일이었지만 말이다.

<영웅의 생애>는 그의 삶에 가까운 내용으로 사적인 작품이라 할 수 있지만, 실제로는 넓은 세계에 통용되는 진지한 시가 많다. 《두 개의 큰 노래》(작품44)는 바리톤을 위한 것으로 첫 번째 곡은 데멜의 시, 두 번째 곡은 뤼케르트의 시다. 특히 후자는 시인의 감정을 절실하게 파고드는 <밤의 산책>이라는 곡이다. <밤의 산책>은 따뜻한 태양 빛을 맞으면서도 마음이 차갑게 떨리는 것처럼 느껴지는 곡이다. 마치 고귀한 예술 안에 유령의 전율이 살아 움직이는 것 같다. 또 《두 개의 노래》(작품51)에서 첫 번째 노래 <산골짜기>는 울란트의 시로 텍스트의 깊이를 잘 파악하여 작곡한 곡이라 울림이 많고 부르기도 쉽다. 두 번째 <외로운 남자>는 하이네의 시로 조용하고 아름답다는 인상을 풍긴다.

그는 베를린에 가서 처음에는 남성 코러스 곡을 만들었다. 그의 작곡 작업은

그가 프랑크푸르트 황제상 콩쿠르의 심사위원일 때 활발했다. 《두 개의 남성 합창 헬더의 모든 민족의 소리》(작품42)는 생기 있게 대조를 이루고 있다. 《세 개의 남성 합창 헬더의 모든 민족의 소리》(작품45)는 아버지에게 바치는 남성 합창곡이다. 이 작품은 하모니가 단순한 것이 특징이며 아버지가 좋아하도록 마음을 쓴 곡이다.

베를린 시절의 초반에는 뮌헨 시절에 이어 서정적인 리트를 작곡했다. 1899년 부터 1901년까지 작품41, 43, 46, 47, 48, 49의 여섯 곡을 합쳐서 서른한 곡의 리트 가 탄생했다. 작품41에는 데멜의 시로 작곡한 <자장가>가 있고, 작품43에는 클 롭슈토크, 울란트, 뷔르거의 시가 훌륭한 음악으로 승화되어 있다. 작품46은 뤼 케르트, 작품47은 울란트의 시를 작곡한 것이다. 아마도 슈트라우스에게는 옛 멜로디나 옛 감각의 낭만주의 문학보다 현대 시인과 작업하는 것이 더욱 효과 적이지 않나 싶다. 작품46, 47, 49는 새롭기는 하지만 그의 명성을 크게 높이 는 데에는 도움이 못 되었다. 오히려 그를 작아 보이게 만든 면도 있었다. 동시 대 작가의 작품은 작품48로 헨켈의 네 개의 시를 작곡한 것이었는데, 테너를 위 한 <겨울의 축복>과 <나는 떠오르네>가 훌륭하다. 비어바움의 시로 작곡한 <친 근한 환영>이 작품48에 속하는데 이 곡은 뜻밖의 성공을 거두었다. 이 작품은 문자 그대로 친숙하고 매혹적인 시적 재능이 꽉 찬 가곡이다. 데멜의 시는 작품 49에서도 찾아볼 수 있다. 작품56은 1903년부터 1906년까지 작곡한 것으로 여섯 곡 중 네 곡을 어머니에게 바쳤다. 이 작품은 슈트라우스의 굉장히 다른 두 가 지 면모를 잘 드러낸다. 소박하고 간소하고 단순한 성질은 괴테나 하이네의 곡 에 자주 나타난다. 반면 마이어, 헨켈의 시에 의한 곡에서는 깊은 영혼이 느껴진 다.

이 시기 슈트라우스의 작곡 활동에서 가장 중요한 대목은 그가 오페라로 전 향했다는 것이다. 그 이유는 당시 베를린 사람들이나 그 환경에 강한 자극을 받 았기 때문일 것이다. 에른스트 볼초겐의 대본에 곡을 붙인 <화재 비상>은 네덜 란드 전설을 소재로 한 1막짜리 작품이지만 공연 시간은 상당히 길다. 그가 이 작품에 착수한 것은 1900년 5월경이었다. 슈트라우스는 <군트람>의 실패 후 실망한 나머지 오페라를 쓰려는 의지를 잃고 말았다. 그리고 이 텍스트를 발견하기까지 상당히 긴 세월이 허무하게 흘러갔다. 그는 <군트람>에 최선을 다했지만 결국 이해받지 못했다. 그래서 이번에는 청중 속으로 내려가 이해하기 쉬운 작품을 만들고자 했다. 그러한 점이 소재의 선택에서부터 잘 드러난다. 그러나 그는 소재를 찾는 데 늘 진지했으므로 그런 목적이 전부라고는 단언할 수 없다.

<화재 비상>의 텍스트는 훌륭하지만 쿤라트의 연설을 더 짧게 해야 했다는 평을 들었다. 작품은 1901년 11월 21일에 드레스덴에서 슈흐가 초연하여 눈부신 성공을 거두었다. 그리고 잠시 시간을 두고 베를린에서도 공연되었고 1902년 1월 말에는 빈에서 말러의 지휘로 눈부신 성공을 거두었다. <화재 비상>은 2년 동안 서른 개 이상의 극장에서 연주되었다.

우리는 여기서 그의 음악 인생에 있어 중요한 단계가 그가 가장 불안정했을 때에 닥쳐왔다는 사실을 잊어서는 안 된다. 1901년 6월 슈트라우스는 독일 음악 협회장에 취임하고 톤퀸스틀러 오케스트라의 지휘자로 취임해 일에 파묻혀 있었다. 그뿐 아니라 '슈트라우스의 밤'이라는 행사가 여기저기서 개최되어 바쁜 시기를 보냈다. 아내와 리트 협연을 하고 큰 사랑을 받은 적도 여러 번 있었다. 1902년 2월과 3월에는 베를린 톤퀸스틀러 오케스트라와 대규모 연주 여행을 했다. 이어서 6월 말 다시 빈에서 두 번의 콘서트에서 지휘를 맡았으며 1903년 5월까지 <타유페르>(작품52)를 작곡했다. <타유페르>는 울란트의 발라드로 혼성 합창곡이며 대규모 오케스트라의 반주가 함께한 곡이었다. 이 곡은 하이델베르크대학의 명예교수 취임에 대한 감사의 의미로 작곡한 것이었다. 대형 홀을 위한 거대한 곡은 슈트라우스가 직접 1903년 10월 하이델베르크에서 초연을 올렸다. 뒤이어 역사물에서 소재를 가져온 <음유 시인의 노래>(작품55)가 탄생했다. 이것은 남성 합창과 오케스트라를 위한 곡으로 클롭슈토크의 시에 음악을 붙인 것이며 벽화와도 같은 선명한 인상을 준다.

1905년 <살로메>부터 1912년 <낙소스의 아리아드네>에 이르기까지는 끊임없이 오페라가 탄생한 빛나는 시기였다. 이때 그가 발표한 관현악 작품은 <가정교향곡>(작품53)이 있다. 이후 관현악곡은 축제의 서곡을 포함해 단 한 곡도 작곡하지 않았다. 그는 <가정교향곡>에 깊은 애정을 담아 철저하게 교향시의 형식이 되도록 자유자재로 기술을 구사하여 1903년에 완성했다. 그리고 <가정교향곡>을 아내와 아들 프란츠(1897년생)에게 바쳤다. <가정교향곡>은 단숨에 써내려간 곡으로 전체가 네 부분으로 나뉘었으며 여러 표제를 붙여 작곡가의 생각을 좇아갈 수 있게 만들었다. 남편의 테마, 아내와 아이의 테마, 아이와 요람과 종의 테마가 있으며 시적 테마에 따른 변주가 중심이 되는 곡이다. 모티프는 훌륭하며 인상과 표정이 풍부한 반면 예리한 개성은 강렬해 보이지 않는다. 마지막 푸가는 멈출 줄 모르는 신선함을 선보이는데 고전파 시대 작품에서도 유례를 찾아볼 수 없을 정도다. 또 작품에 감춰진 4악장의 특성이 절대 음악으로 전향한다는 의미가 아니냐는 추측을 불러일으키곤 했다. 작품의 표제가 작품을 어렵게 만든다는 비난도 있었다. 하지만 슈트라우스는 그런 말에 대꾸하지 않았고 대상에 맞게 그저 부여받은 예감에 따라 만든 것이라고 말했다.

그에게는 자연스러운 일이었지만 대규모 오케스트라를 동원해 자신의 내면적인 삶을 드러낸다는 것은 당시 사람들에게 이해받기 어려웠다. 이와 같은 표현 대상과 수단 사이의 모순이 고전 음악에 익숙한 사람들에게는 기묘하게 느껴졌던 것이다. 심포니 형식의 크기와 아기자기한 가정생활 이야기 사이에서 발생하는 모순은 리얼리즘을 실천하는 슈트라우스에게는 모순조차 아니었다. 그는 그 안에서 많은 삶과 정신적인 내용을 훌륭하게 표현해냈다. 이렇게 해서 가정이라는 삶의 좁은 공간을 도입한 것이 곧 슈트라우스의 내면성을 증명해주었다. 또 사람들이 얼마나 그를 외면적으로 인식하고 있었는지를 보여주었다.

누군가의 일상을 표현하기 위해서는 오케스트라 말고 다른 장르를 써야 한다는 사고방식이야말로 오히려 이해받지 못하게 될 것이다. 유명 예술가의 삶이 돈키호테나 오일렌슈피겔의 삶보다 못한 소재라고 단언해서는 안 된다. <가정교향곡>은 예술가인 척하지 않는 자유분방함으로 더욱 깊은 재미를 선사해 준다. 그 후의 음악 애호가들마저 고전적인 통념으로 이 곡을 부당하게 취급했던 것은 아닐까? 물론 이러한 오해는 애초부터 신대륙 미국에서는 있을 수 없는 일이었는지도 모른다. 어쨌든 이 곡은 뉴욕 초연용으로 고려되었고 뉴욕 심포니의 젊은 지휘자 한스 베츨러가 열심히 익히며 준비했다. 슈트라우스는 1904년 2월 23일 급행선 몰트케로 미국에 건너갔다. 실링스에게 보낸 그의 편지는 당시를 이렇게 전하고 있다. "4주 동안 21개의 콘서트, 20개의 오케스트라를 지휘했고 거기다 낮이고 밤이고 여행을 하며 온갖 대접과 소란을 경험했습니다."

연주 여행의 성공은 매우 값진 것이었고 슈트라우스 부인도 콘서트마다 네다섯 개의 노래를 불렀다. 4월까지 전체 공연 중 슈트라우스는 아내와 35회 출연했다. 뉴욕시는 2월과 3월에 네 차례 슈트라우스 예술제를 열었다. 예술제 엔딩 무대에서 슈트라우스가 직접 <가정교향곡>을 지휘했고 슈트라우스 부인은 남편의 음악인 관현악 반주 가곡을 불렀다. 3월에는 어느 백화점의 사장이 콘서트 2회 공연 지휘를 부탁하며 천 달러를 지불했고 연주회장으로 쓰도록 백화점을 개장해 콘서트홀을 만들었다. 공연을 위한 완벽한 준비가 되어 있다고 파악한 슈트라우스는 이의 제기 없이 요청을 수락했다. 그러나 이 공연은 나중에 호되게 공격받았다. 이에 대해 슈트라우스는 4월 10일 베를린 음악 신문에서 다음과 같이 답변했다. "진짜 예술은 어떠한 공간도 고귀한 것으로 만든다. 아내와 아이를 위해 정당하게 돈을 버는 것은 나쁜 일이 아니다. 이건 예술가라고 해도 마찬가지다."

슈트라우스는 미국에서 돌아오는 길에 프랑크푸르트 톤퀸스틀러의 계획과 <가정교향곡> 공연 문제로 주최자와 편지를 주고받았다. 그는 <가정교향곡>을 하우제거의 <빌란트(Wieland der Schmied)> 다음 순서로 공연하고 싶지 않다고 말했다. "<빌란트>는 힘차고 훌륭한 작품이고 <가정교향곡>은 전반적으로 지극히 수채화풍이기 때문에 그런 순서라면 악영향이 있을 것이다."라는 것이었다.

　1904년 4월 18일 그는 뉴욕을 떠났고 쉴 시간도 없이 5월 초 레겐스부르크에서 열린 바이에른 음악 축제를 지휘하였다. 여름에는 프랑크푸르트의 톤퀸스틀러 오케스트라 축제에서 <가정교향곡>을 지휘했다. 이때 그의 삶에서 결정적인 의의가 있는 <살로메> 작곡을 시작했다. 다음 해에는 그라츠에서 톤퀸스틀러 오케스트라 축제가 있었지만 갑작스럽게 아버지의 사망 소식을 듣고 뮌헨으로 돌아가야 했다. 이어 구스타프 말러가 빈에서 <화재 비상>을 멋지게 공연했다. 1906년 6월에는 <가정교향곡>이 파리에서 성공적으로 무대에 올랐고 빈과 로마에서는 1907~1908년에 성공을 거두었다. 1908년 5월에는 베를린 필을 이끌고 프랑스, 스페인, 포르투갈, 이탈리아, 스위스, 남독일로 연주 여행을 떠나 눈부신 찬사를 받으며 유럽 전역에 널리 알려졌다. 이와 같은 활동이 끝나자 그는 서둘러 뮌헨 근교 가르미슈로 떠나 그곳에서 <엘렉트라>를 완성했다. 이곳에는 에마누엘 자이들의 근사한 계획으로 마침내 완성된 산장이 있었다. 그의 활동 본거지인 독일의 북단 베를린에서 아득히 먼 남쪽 끝이자, 드레스덴이나 빈, 고향 뮌헨에서 떨어져 작업과 생활을 할 집이 생긴 것은 우연이 아니었다.

새로운 오페라의 시대

　그가 베를린에 왔을 무렵, 베를린은 독일 문화의 중심지로 부상하여 수많은 작곡가와 지휘자가 사람들의 마음을 생기 있게 움직이고 있었다. 하지만 슈트라우스가 처음부터 <살로메>로 대대적인 성공을 거둘 것이라고 예상한 것은 아니었다. 슈트라우스는 진보적인 시인과 작곡가들을 접하고 헨켈의 시로 <쉬어라 내 마음>과 하르트의 <체칠리에>와 맥케이의 <비밀스런 요구>를 작곡하였다. 새로운 시대의 슈트라우스는 서서히 자리를 잡아가고 있었지만 아직 태양처럼 떠오른 기세라고는 할 수 없었다. 그의 모차르트와 바그너의 경탄할 만한 연주는 이미 유명했지만 늘 감독의 지시에 따를 수밖에 없었다.

자신의 작품인 모던한 교향시를 연주하는 것도 자유롭다고 말하기는 어려웠다. 그도 그럴 것이 황실 가극장의 관현악 지휘는 언제나 바인가르트너가 맡았고 전통 방식의 열띤 성원으로 환영을 받는 아르투르 니키쉬가 나타났기 때문이다. 그래서 그는 앞서 언급한 대로 모던한 콘서트를 열기 위해 베를린 톤퀸스틀러 오케스트라에 열중했다. 이러한 상황 속에서 슈트라우스는 1908년 베를린 궁정 가극장의 음악총감독이 되어 황제 빌헬름 2세와 자주 만나 자신의 예술관을 표명하였다. 그는 음악계에 좋은 영향을 남기며 궁정 콘서트의 지휘도 하게 되었다. 그러나 베를린에서 그의 오페라 무대는 결코 볼 수 없었다. 슈트라우스의 오페라가 공연되는 곳은 드레스덴이었다. 슈트라우스는 옛 건축으로 아름다운 이 바로크 도시를 특별히 사랑하여 오페라를 만들 때 참고로 삼았다. 엘베강가의 오페라극장을 특히 사랑했고 세계적으로 유명한 츠빙거 궁전을 산책하며 화랑과 옛 교회를 다녔다. 또 호텔 벨뷔에서는 축하 행사가 자주 열렸다. 여기서 결정적인 대작 <살로메>부터 <엘렉트라>, <장미의 기사>를 거쳐 그의 중요한 오페라가 연달아 공연되었다. 그는 작곡가로서 독일에서 확고한 지위를 얻게 되었다.

다음으로 베를린 시절의 후반기인 1908년부터 1919년경까지를 살펴보겠다. 1908년부터 1912년경까지는 <살로메>, <엘렉트라>, <장미의 기사>, <낙소스의 아리아드네> 순으로 오페라 대작들이 작곡되었다. 그러나 그 후 1912년부터 1919년까지는 오페라 이전으로 다시 돌아가 리트, 피아노곡, 교향시 등의 작곡이 두드러졌다. 이 시기 발표된 오페라는 <그림자 없는 여인>뿐이었고, <요제프의 전설> 같은 발레곡이 있었다. 흐름상 어느 한 분야를 중점적으로 집중하지 않은 느낌으로, 활발한 대작이 즐비했던 전반기와 대조적인 시기였다. 그는 들숨과 날숨을 쉬듯, 창작 활동도 확대와 수축을 되풀이한 것이다. 두 시기 사이에는 전쟁이 가로놓여 있었고 슈트라우스의 50번째 생일도 있었다. 이때는 명성의 정점에 선 그에게 있어서 성장이 멈춘 어려운 시기였다고 할 수 있다.

런던과 뉴욕의 성공에 이어 유럽에서는 슈트라우스를 알리는 행사들이 개최되었다. 일류 예술가로서 슈트라우스의 연주회가 잇달아 열렸고 교향시뿐만 아니라 초기 소나타에 이르기까지 여러 타이틀로 올랐다. 또한 <군트람> 같은 오페라도 자주 공연되었다. 그는 초청받거나 혹은 자진해서 지휘하기도 했다. 사흘에서 열흘 규모의 '슈트라우스 주간'이 1908년 비스바덴, 1909년 드레스덴, 1910년 프랑크푸르트와 뮌헨에서 열렸다. 이어 1911년 크레펠트, 쾰른, 헤이그에서 1912년 슈투트가르트, 1913년 칼스루에, 베를린에서 열렸다. 공연을 계기로 그의 명성은 더욱 높아졌다. 1907~1908년 겨울에는 파리에서 <살로메>를 여섯 차례나 지휘했다. 1908년에는 베를린 궁정 가극장의 음악총감독이 되었으며 1909년에는 베를린 예술 아카데미 회원이 되었다. 같은 해 슈투트가르트에서 톤퀸스틀러 축제를 지휘했다. 결국 8년의 활동이 좋은 성과를 내어 환호 속에 협회의 명예회장이 되었다. 고향 땅 뮌헨에서는 그를 1910년에 막시밀리안 교단 기사로 임명했으며 1911년에 바이에른주는 뮌헨의 피나코테크에 그의 흉상을 세웠다.

이처럼 겉으로 드러난 성과 못지않게 그는 대작 오페라를 척척 작곡하며 눈부신 업적을 쌓아나갔다. 그는 바그너를 본받아 작품마다 완전히 새로운 양식을 창조해냈다. 교향시의 음악성을 언어와 하나로 엮은 <살로메>, 어둡고 거대한 에너지로 가득 채운 <엘렉트라>, 즐겁고 밝고 문학성까지 풍부한 <장미의 기사>(작품59), 바로크의 깊은 영혼을 녹여낸 <낙소스의 아리아드네>(작품60) 등 그의 오페라는 작품을 깊이 이해하는 사람들에게 지금껏 한 번도 본 적 없는 신선함을 안겨주었다.

슈트라우스의 <살로메>는 오스카 와일드의 프랑스어 희곡을 헤드비히 라흐만이 번역한 버전을 텍스트로 하였다. 오스트리아의 시인 안톤 린트너가 슈트라우스에게 오페라 대본을 쓰겠다고 나섰다. 슈트라우스는 역사물, 특히 고대 이스라엘의 시에 관심이 있어서 그의 제안을 승낙하였고 안톤 린트너는 텍스트의 일부를 보내왔다. 그러나 슈트라우스는 탐탁지 않은 기분이 들었고 다시 오스카 와일드의 원작을 읽었다. 그리고 자신이 첫 줄을 번역하고는 곧바로 작곡할 결심을 하고 헤드비히 라흐만의 대본에 몰두했다. 그는 처음에는 요하난을 중요하게 생각하지 않고 그로테스크한 음악으로 했다. 그러자 살로메와 헤롯왕, 다섯 명의 유대인 모두가 아름답게 그려지지 않았고 전체적으로 단조로워질 위험이 있었다. 이에 콘트라스트를 더욱 강화하기 위해 요하난에게 진지한 음악을 부여했고 점차 요하난을 위한 온화한 음악이 늘어나게 되었다. 그리고 그는 오케스트라를 거대하게 구성해 몇 안 되는 극장에서밖에 상연할 수 없게 만들었다. <엘렉트라>에서도 그랬지만 <살로메>에서는 고대의 소재가 사상이나 세계관보다는 성격 묘사와 그 심화를 위해 쓰이고 있다. 정열이 묘한 생동감을 지니며 그것이 예술의 대상이 된 것이다. 인물의 내적, 외적 체험이 음악에서 깊이 감지되면서 어디서도 보지 못한 표현력이 탄생한다.

　　<살로메>는 1905년 6월에 완성되었다. 슈흐가 지휘하는 리허설에 참석하기 위해 베를린에 있던 슈트라우스는 자주 드레스덴을 찾았다. 마침내 12월 드레스덴 궁정 극장에서 102명의 음악가가 초연을 올렸다. 작품은 세계적으로 유명한 그의 성공작이 되었다. 그해 겨울 연속으로 공연이 이루어졌고 5월에는 그라츠에서 슈트라우스가 직접 지휘했다. 베를린에서도 흔쾌히 그를 초청했다. 뮌헨, 슈투트가르트, 뉴욕, 브뤼셀, 나폴리에서도 대성공을 이어가며 파리에서도 몇 번인가 슈트라우스가 직접 지휘했다. 베를린, 빈, 런던 등에서는 공연 금지를 둘러싼 문제가 일기도 했다.

　　그러는 사이 1906년에 이미 <엘렉트라> 작곡에 대한 소식이 퍼지고 있었다. 그는 어느 친구의 추천으로 후고 폰 호프만스탈에 주목하기 시작했다. 슈트라우스는 호프만스탈의 「엘렉트라」를 보고 탄탄한 텍스트에 시로는 표현할 수

없는 많은 것이 있다는 것을 확인했다. 오레스테스와 엘렉트라가 만나는 부분이나 살로메의 춤에 해당하는 마지막 장면, 클리템네스트라의 모습에 일찍이 없던 효과를 내보고자 마음먹었다. 대본의 작곡에 본격적으로 몰두하여 몇 번이나 고쳐 쓰기를 거듭하는 사이 펜은 갈수록 급속하게 움직였다. 또한 그리스 여행 때 본 조형 예술의 디오니소스적인 것에 영감을 받은 덕분에 작품 전체가 빈틈없이 정리되어 갔다. 이렇게 해서 이 곡은 1909년 1월 드레스덴에서 슈트라우스 축제 첫째 날에 초연되었다. 전날 오스카 비는 슈트라우스에 관한 강연을 했다. 그 후 <엘렉트라>, <살로메>, <화재 비상>, <가정교향곡>, 또 한 번 <엘렉트라>로 슈트라우스 공연의 날이 계속되었다. <엘렉트라>가 <살로메>만큼 인기가 없었다고 해도 그것은 어디까지나 살로메의 춤처럼 센세이셔널한 부분이 없고 너무 진지한 곡이기 때문이었다. <엘렉트라>는 감정이입의 힘, 조형의 힘으로 여태 그 어떤 오페라에서도 볼 수 없었던 천재적인 반향을 보였다. 드레스덴에 이어 뮌헨, 프랑크푸르트, 베를린에서도 공연되었다. 특히 빈에서는 인기가 있었으며 그라츠, 쾰른, 함부르크, 하노버를 비롯해 많은 도시에서 공연되어 다시 재빠르게 프랑스어, 영어, 이탈리아어, 보헤미아어, 헝가리어로 공연되었다. 특히 런던, 프라하, 프랑크푸르트에서는 슈트라우스가 직접 지휘해 주목을 받았다.

베를린 시절 그가 작곡한 오페라 <장미의 기사>와 <낙소스의 아리아드네>는 경탄할 만한 결과물이다. 그런데 <엘렉트라>와 <장미의 기사>는 상당히 다른 작품이었다. <엘렉트라>의 초연 때 슈트라우스는 "다음에는 모차르트풍의 오페라를 쓰겠다."라고 말한 바 있다. 그 무렵 호프만스탈이 <장미의 기사>를 쓰고 있었기 때문에 <장미의 기사>는 모차르트라는 이상향이 강하게 드러나도록 이미 계획되어 있었을 것이다. 호프만스탈은 작품 일부가 완성될 때마다 그것을 즉시 슈트라우스에게 보냈고 슈트라우스는 곧바로 작곡에 착수했다. 1909년 5월 슈트라우스는 어느 날 밤의 연회에서 신작 일부를 꽤 길게 들려주었다. 이 무렵 가르미슈에서 총보가 완성되었고 상연 단계에 이르렀지만 드레스덴 총감독과 이견을 좁히지 못해 하마터면 <장미의 기사>의 공연을 못 할 뻔했다. 이 사건에 대해서는 1910년 10월 슈트라우스가 일반 음악 신문에서 설명한 적이 있다. 슈타이니처에 의하면 그 글은 대단히 훌륭하고 이성적이며 아름다운 기사로, 문장력도 뛰어났다고 한다.

이 무렵 호프만스탈은 밝은 것, 일상성이 강한 것, 유쾌한 것을 원하고 있었다. 텍스트 일부만을 보내 그때그때 작곡된 것을 받는 어려운 상황이었음에도 불구하고 호프만스탈의 텍스트는 경탄할 만한 고도의 통일감과 평온한 감수성, 대담한 유머가 지배하고 있었다. 그러나 소설의 모티프가 많았고 아름다운 장면이지만 음악에는 어울리지 않는 부분이 있었다. 3부로 구성된 텍스트 역시 일반적인 음악극의 장점과는 거리가 있었다. '멜로디로 흐르다 리듬으로 끊어지며 아름다운 음악이 되기보다는 오히려 온화한 빈의 드라마에 어울리는 이 문체가 어떻게 오페라가 될 수 있는가'라는 난제에 직면한 것이었다. 그러나 훌륭한 텍스트는 반드시 훌륭하게 이용할 길이 열린다. 슈트라우스는 네 시간에 걸쳐 섬세한 색채와 울림으로 부드럽고 가볍고 풍부하게 흘러가듯 정경과 언어를 따라 꽃이 핀 것 같은 신선한 폴리포니를 만들어냈다. 그리고 2중창이 곳곳에 클라이맥스를 쌓아 올렸고 거기에 왈츠가 아로새겨져 3중창이 전체를 통일감 있게 끝맺도록 했다.

<장미의 기사>는 슈트라우스 창작의 정점이자 음악 사상의 전통과 창조를 융합시킨 빛나는 걸작이다. 1911년 드레스덴에서의 성공적인 초연은 <살로메>나 <엘렉트라>에 뒤지지 않았다. 이곳은 슈흐가 1894년부터 <군트람>을 제외한 슈트라우스의 모든 무대 작품을 상연한 곳이었다. 1901년의 <화재 비상>, 1905년의 <살로메>, 1909년의 <엘렉트라>, 1911년의 <장미의 기사>가 연달아 관객을 만난 것이다. 라인하르트가 감독하여 눈부신 성공을 거두었고 50회에 달하는 공연 티켓이 순식간에 매진되었다. 2월에는 뮌헨에서 그리고 밀라노에서 계속해서 상연되었다. 3월 드레스덴 공연에는 <장미의 기사>를 위해 베를린에서 출

발하는 특별 열차가 제공되었다. 빈과 체코에서도 예외는 아니었다. 베를린과 쾰른에서도 마찬가지였다.

이와 같은 슈트라우스의 절정기에 등장한 것이 <낙소스의 아리아드네>에 대한 악평이었다. 여기서 슈트라우스는 모차르트보다도 더욱 고풍스러운 스타일을 취해 다성악적인 것을 대폭 사용하였다. 그래서 작품은 매우 기교적이면서도 연극과 오페라를 하나로 묶겠다는 전대미문의 시도로 완성됐다. 1912년 4월에 오페라 <낙소스의 아리아드네>가 완성되었다. 이 작품에는 두 개의 서곡, 노래, 팬터마임 음악, 발레곡 등이 들어가 있었다. 연극은 각색을 거쳐 2막으로 축소되었고 호프만스탈이 그것을 훌륭하게 구성하고 번역했다. 코미디에 이어 시인은 부를레스케풍으로 서정적인 1막의 <낙소스의 아리아드네>를 썼고 멋진 연극 속 대화가 이어지도록 구성했다.

주르댕이라는 귀족은 단지 심심하다는 이유로 오페라 세리아와 오페라 부파, 즉 정가극과 희가극을 동시에 상연하라고 명령한다. 진지함과 해학이라는 오랜 전통에 그 두 가지를 동시에 해버린다는 표현주의적 새로움이 추가되었다. 거기에 바로크 정신이 중심에 자리 잡아 통일성을 꾀하는 멋진 착상이었다. 문학 장르의 연속성이 이론이 아닌 피부에 닿는 생활과 예술이 되도록 했다. 그러나 희극 부분은 20분 예정이었음에도 1시간으로 늘어났다. 그에 못지않게 긴 오페라가 이어졌기 때문에 공연은 점점 더 난해해졌다. 1912년 10월 이틀간 슈트라우스는 직접 슈투트가르트에서 지휘했고 계획대로 라인하르트가 연출을 맡았다. 당시 유럽의 3대 예술가인 시인 호프만스탈, 음악가 슈트라우스, 연출가 라인하르트가 함께 한 무대를 선보였다.

<낙소스의 아리아드네>는 뮌헨 등에서도 상연은 되었지만 사람들은 너무나도 의미심장한 내용을 이해하지 못했다. 늘 있는 일이었지만 특히 전쟁 직전의 유럽인은 중대한 작품에 누차 냉담했다. 또한 대중의 구미를 당길 것들만 유행하는 얄팍한 분위기가 형성되어 있었다. 슈트라우스와 호프만스탈은 이 작품

을 이해시키고자 이후에도 몇 번이나 노력을 거듭했지만 소용이 없었다. 결국 미래의 후손들을 위한 작품이라며 포기해야 했다.

제1차 세계대전을 전후로

<낙소스의 아리아드네> 제1고로 슈트라우스의 예술적 개성이 완벽하게 그 날개를 펴가던 오페라 창작의 시대는 일단 끝이 났다. 그리고 1912년부터 1919년까지에 해당하는 시기에 그는 오페라 이전의 모든 형식을 다시 한 번 선보였다. <축전 서곡, 빈 콘체르트하우스의 헌당식을 위하여>에서의 순수한 오케스트라 음악, 표제에 의해 형성된 <알프스 교향곡>, <독일 모테트>에서의 무반주 코러스, 마지막에 만들어진 리트 등이 이 기간 탄생한 작품들이다. 그 사이에는 무언극에 가까운 <요제프의 전설>도 있다.

이 시기 맨 처음 세상에 나온 작품이 <축전 서곡, 빈 콘체르트하우스의 헌당식을 위하여>(작품61)였다. 이 작품은 1913년 10월 빈 콘체르트하우스의 헌당식을 위해 5월에 가르미슈에서 작곡되었다. 이토록 완전히 슈트라우스적인 고조와 유연함을 갖춘 풍성한 멜로디의 오케스트라 곡을 사람들은 기회주의적 작품이라며 프로그램에서 빼놓기 일쑤였다. 슈타이니처는 '그것은 거대한 오케스트라 준비를 피할 구실'이라 지적한 바 있다. 점점 고조되는 기악 연주의 계획적인 질서를 따르는 이 작품에 오케스트라의 공간적 배치를 고려하여 트럼펫을 오케스트라 상부에 둔다는 것도 유의해야 한다. 이 곡은 여러 기악 부문의 주도면밀한 배치 외에도 리듬이나 박자, 강약 배합에 명석하게 주의를 기울였다. 그래서 작품61은 화려한 축제 기분을 느끼게 해주고 날카로운 윤곽이 돋보이며 고상하면서 기지 넘치는 클라이맥스가 감정을 고조시키는 명작이다.

작품61이 세상에 나오고 몇 주가 흐른 1913년 12월, 슈트라우스는 가르미슈에서 <독일 모테트>(작품62)를 작곡했다. 이 작품은 프리드리히 뤼케르트의 시에 곡을 붙인 것으로 4명의 솔로와 16명의 혼성 합창을 위한 것이었다. 감동적이고 장중한 뤼케르트의 저녁 기도가 그대로 멜로디에 취합되어 있는 곡이다. 그는 기악과도 같은 음색이 돋보이는 성부를 4옥타브 범위로 압축하여 음악의 의미를 예전처럼 폭넓은 것으로서 이해하고자 했다. 문득 성악뿐인 <독일 모테트>의 높은 음역은 플루트나 바이올린으로, 낮은 음역은 첼로나 콘트라베이스로 바꿔보고 싶다는 생각이 들 정도였다. 이 곡은 1913년 12월에 베를린 필하모닉 오케스트라에 의해 초연되어 깊은 인상을 남겼다.

다음 해 발표된 <요제프의 전설>(작품63)은 <독일 모테트>와 대조적이면서 언뜻 보기에 모순되는 작품으로 해리 케슬러와 호프만스탈이 쓴 것이었다. "청년 요제프는 포티파 공주와 그 손님 앞에서 춤을 춘 뒤 밤중에 찾아온 음란한 공주의 방문을 거절한다. 이후 공주는 남편에게 요제프가 자신을 덮쳤다고 거짓 호소를 하는 바람에 그는 쇠사슬에 묶이는 신세가 된다. 다행히 천사가 내려와 그를 풀어준다." 이러한 줄거리가 케슬러와 호프만스탈의 텍스트에 빼곡한 글자로 설명되어 있다. 이 이야기는 슈트라우스의 기발한 아이디어로 러시아 발레, 니진스키를 위한 무도곡으로 만들어졌다. 슈트라우스의 작곡 작업은 니진스키 이론에 자극을 받아 속도가 붙었고 1914년 파리의 그랜드 오페라에서 초연되었다. 그러나 <요제프의 전설>은 전쟁에 가로막혀 독일의 청중 앞에서는 좀처럼 공연되지 못했다. 1920년 이래로 작품의 맥이 끊어졌다는 것이 유감스럽다. 이 작품은 슈트라우스라는 작곡가가 온전히 드러날 만큼 진지하게 작곡된 것이다. <요제프의 전설>은 다채로운 기악으로 표현된 성격 묘사와 순수하게 감각적인 세계, 논리적인 예리함을 감상할 수 있다. 줄라미트의 불타는 사랑의 춤, 포티파가 청년의 매력을 느끼는 대목에서 전해지는 기독교적 신비에는, 살로메와 요하난에게서 봤던 숭고한 정신세계의 만남이 느껴진다. 이러한 비교적 쉬운 발레 음악에서는 슈트라우스 작품에 항상 나타나는 대위법을 볼 수 없다.

하지만 가능한 한 오케스트라의 효과를 높이려 했던 면에서는 그 목표가 달성되었다고 할 수 있다.

1913년과 1914년에는 이렇게 축제곡, 모테트, 발레곡이라는 매우 다른 형식의 세 작품이 잇따라 만들어졌다. 사상적으로 보면 아무런 성격이 없는 듯 보이지만 음악적으로는 이 음악들 안에 그 시절 그의 모습이 담겨 있다.

1914년 6월 슈트라우스의 50번째 생일, 그의 고향 뮌헨은 경의의 의미로 도로에 그의 이름을 붙여주었다. 또 옥스퍼드대학은 그를 명예박사로 임명했으며, 프랑크푸르트의 니콜라스 만스코프는 '리하르트 슈트라우스 아르히프'를 창립했다. 슈투트가르트의 음악 신문은 오스발트 쿤의 글로 슈트라우스를 매우 칭송하였고 그의 생일과 작곡가 글루크의 특집 일이 겹치는 것을 반겼다. 신문은 글루크가 음악극의 창조자라면 슈트라우스는 오늘날의 음악극에 대한 인식을 완성시킨 인물이라고 평했다. 또한 베를린에서는 슈트라우스의 생일을 맞이하여 다음의 사실들을 공표했다. 베를린 궁정 오페라극장에서 <화재 비상>이 20회, <살로메>가 98회, <엘렉트라>가 40회, <장미의 기사>가 89회, <낙소스의 아리아드네>가 38회 상연되었다는 내용이었다.

1915년 2월, 슈트라우스는 100일 동안 <알프스 교향곡>(작품64)을 완성했다. 1911년부터 만들기 시작했던 오케스트라와 오르간의 명곡이다. 초연은 10월 베를린 필하모니에서 이루어졌고 슈트라우스가 직접 드레스덴 궁정악단을 이끌었다. 이 작품에서 강조되어야 하는 점은 두 가지이다. 하나는 슈트라우스가 아니면 그 누구도 쓸 수 없는 것이라는 것이다. 다른 하나는 총보에 적힌 수많은 표제를 하나도 모르는 사람이거나 알아도 잊어버릴 수 있는 사람에게만 완벽한 인상을 남긴다는 것이다. 그의 다른 교향시들과 마찬가지로 <알프스 교향곡>을 듣는 사람들은 너무 깊이 파고든 나머지 직감의 감각을 꽁꽁 묶어버리는 일이 많았다. 이 작품을 표제만으로 읽어내려 한다면 '알프스에서의 하루'라는 표제로 충분하다. 그것만으로 알프스의 장대함을 또렷하게 느낄 것이다. 투명한 묘사들은 표제에 대한 정확한 지식 없이 들어야 한다. 외부의 것이 아닌, 내부적으로 무언가를 일으키는 것이 이 음악의 핵심이며 엄선된 아름다운 테마의 변형과 혼잡이야말로 진정한 예술이다.

1916년 <낙소스의 아리아드네>의 개작도 눈여겨봐야 할 문제다. 무대 작품과 아리아드네의 오페라. 그는 이렇게 완전히 다른 두 개로 찢긴 불행한 작품을 어떻게든 개작해보기 위해 중간에 있는 인테르메초를 오페라의 제1부로 만들고 다시 오페라 부분을 붙여 드라마를 없애기로 했다. 그렇게 해서 작곡가 역할은 생기발랄한 여자 가수가 연기하며 의상실의 유쾌한 시작 부분이 연출되었다. 이것은 기발한 발상이기는 했다. 하지만 이렇게까지 수정하면 좀처럼 통일감을 내기 어렵고 작품을 준비하는 데 시간이 오래 걸린다. 그래서 사람들의 좋은 반응을 기대할 수 없었다. 제2부에서는 제1부의 주인공인 작곡가가 자취를 감춘 채 등장하지도 않았다. 몰리에르의 희극을 기반으로 한 음악은 독립되어 모음곡(組曲)이 되었고 1920년 이후로는 이 곡만 떼어서 연주되는 일이 많았다. <낙소스의 아리아드네>는 호프만스탈과 슈트라우스의 사상적 연계와 빈의 음악에 다가갔다는 측면과 이제껏 본 적 없는 장르를 시도했다는 점에서 대단히 중요한 문제를 담고 있다. 개작에 성공한 작품을 처음 선보인 것은 1916년 10월 빈 궁정 가극장에서였고 그 후 베를린에서도 공연되었다.

슈트라우스는 작품을 쓰면서도 항상 새로운 오페라를 작곡하겠다는 꿈을 품고 있었다. 그는 1914년부터 1917년까지 <그림자 없는 여인>(작품65) 작곡에 열중했고 작품은 전쟁이 끝난 뒤에 상연되었다. 슈트라우스와 호프만스탈의 협력 관계에서 작품은 점점 문학적 깊이를 더해가며 두 예술가의 종합 예술이 독자적인 면모를 드러내기 시작했다. 폭넓은 사회성을 가진 그의 성격은 이러한 소재의 작품을 작곡하는 데 힘을 실어주었다. 그리고 작곡에는 인간의 행복과 인간성의 유지, 여성의 결실에 대한 찬가가 녹아들었다.

아이를 낳는다는 것은 관념적인 의미에서 전적으로 신성시되고 실질적으로도 에너지를 생성해낸다. 호프만스탈의 소재가 마음에 들었던 것은 동양풍의 신비감 때문이 아니다. 바로 이기주의에 대한 비판과 그 쾌유라는 관념의 가능성이 열렸기 때문이다. 그러나 동시에 이 소재는 불명확하고 불안정하여 드라마의 측면에서 볼 때는 결점이 많았다. 그 이전의 오페라에 쓰였던 대본들과 비교해서 오페라용인지 아닌지 다분히 의심스러웠다는 점에서 그렇다. 제2막은 혼란스럽고 제3막은 명확하지 않았다. 그러나 슈트라우스에게는 오페라에 적합한지 아닌지를 떠나 이것을 오페라로 만들고자 하는 충동이 있었다. <장미의 기사> 이후 호프만스탈이 보내온 것이라면 단편이라도 작곡하겠다는 마음이 컸다. 하지만 <그림자 없는 여인>의 주인공은 어쨌든 명백하게 염색공 바라크다. 그의 착한 심성, 용서하고 또 화내는 인간미는 두 여성을 자기편으로 이끌었다. 슈트라우스의 됨됨이를 잘 아는 사람이라면 바라크 안에 그의 인격이 얼마나 잘 담겨 있는지 눈치 챌 것이다.

전설에 의하면 미다스 왕은 만지는 것을 모두 황금으로 바꿨다. 이와 마찬가지로 <그림자 없는 여인>에는 마치 미다스 왕과 같은 슈트라우스의 성격이 잘 드러나 있다. 자유롭고 소설 같은 읽을거리식의 드라마를 텍스트로 삼은 점은 이처럼 그의 장점도 되고 단점도 되는 것이다. 텍스트를 읽은 사람은 무대 위의 이야기가 원작과 다르게 흘러가고 있다고 느낄 것이다. 반면 텍스트를 읽지 않은 사람은 아주 대강의 윤곽을 이해하는 것조차 힘들 것이다. 다채로운 회화적 요소마저 개별적인 복잡한 줄거리와 사건 때문에 존재감을 잃는다. 대신 뛰어난 테마와 라이트모티프, 풍부한 관현악의 색채와 힘이 이 결함들을 보충하는 역할을 하고 있다. <그림자 없는 여인>은 1919년 10월 빈에서 초연되었고 프란츠 샬크의 지휘가 대성공을 거두었다. 그리고 같은 달에 드레스덴에서 프리츠 라이너가 지휘하여 성공을 거두었다.

1918년에는 전혀 예상하지 않았던 일이지만 리트가 탄생했다. 기묘한 인연에서 비롯된 것이었다. 슈트라우스는 어느 출판사에 <가정교향곡>의 인쇄를 맡기며 리트를 작곡하겠다고 약속을 했었다. 이 출판사는 독일 음악가협회에 속한 회사로 그런 면에서 슈트라우스와 복잡한 사정이 얽혀 있었다. 그 약속을 지키려 했던 슈트라우스는 알프레트 케어의 시를 작곡하는 것으로 끝낼 생각이었다. 하지만 이 곡이 출판사의 마음에 들지 않았던 탓에 그는 다시 작품67을 썼다. 《여섯 개의 노래》는 고음역을 위한 여섯 개의 단순하고 탄탄한 리트로 구성된다. 바로 햄릿 중 <오필리어의 노래> 리트 세 개, 괴테의 <서동시집, 불만의 서> 리트 세 개다. 그 직후로는 매우 풍성한 리트집인 작품68을 통해 여섯 개의 리트가 나왔다. 여기서 그는 독일 낭만주의의 순수한 시인, 클레멘스 브렌타노의 단순한 시에 곡을 붙였다. 부르기 쉽고 기분 좋고 풍성한 멜로디는 종종 <장미의 기사>나 <낙소스의 아리아드네>를 떠올리게 하는 부분이 있었다. 성부(노래 파트)는 우아함과 사랑스러움으로 가득 차 있고 이전에 선보인 낭독극 멜로디는 대부분 사라지고 없었다. 전체적으로 음악적인 통일을 이룬 작곡이었다. 그다음으로 세상에 나온 것은 작품69에 해당하는 다섯 개의 짧은 리트로 낭만주의 서정시에 곡을 붙인 것이었다. 세 개는 아힘 폰 아르님의 시고, 나머지는 하인리히 하이네의 시다. 전자는 생동감 있게 높아지는 성부가 매우 부르기 쉽고 멜로디컬하여 반주에도 아름다운 울림이 흘러넘친다. 후자는 이것과 아주 대조적으로 격렬한 음색을 띠고 있다.

슈트라우스가 제1차 세계대전 중 <그림자 없는 여인>으로 현실로부터 동떨어진 동화 세계에 잠겨 고상한 예술 위에 올라타 세상을 깔보고 있었다는 것은 사실이 아니다. 우리가 언뜻 보기에는 현실과 분리된 듯 예술을 하는 것이 놀라울 수도 있다. 하지만 자세히 들여다보면 슈트라우스는 다른 여러 음악가와 달리 시대와 그 긴장감에 대해 매우 많은 표현을 해왔다는 것을 발견할 수 있다. 예를 들어 그는 전쟁이 시작될 무렵, 독일 지식층의 배타적인 선언에 서명하기를 거부했다. 그리고 항상 호프만스탈에게 전쟁에 관련된 내용이 포함된 편지를 보냈다. 편지 내용은 대략 "이렇게 기쁠 일 없는 시대에는 근면하게 일하는 것만이 유일하게 구원받을 일이다." 또는 "작업만이 우리를 위로하고 작업만이 우리를 승리로 이끈다."였다. 그렇지만 전쟁이 3년이나 계속되자 슈트라우스의 분명한 시대감각이 드러났다.

"성숙하고 진지하게, 충실히 자신만의 예술을 해나가는 사람들이 저런 사람들에게 신경을 써야 한다니 얼마나 슬픈 일인가. 그들이 말하는 위대한 시대라는 것은 대단한 것도 아니며, 겉만 번지르르하고 진정한 예술가를 얼빠진 심미주의자나 거짓 애국자로 단정 지으려는 구실에 지나지 않는다. 평화로운 시대에 영웅의 삶이나 음유 시인(보레아데)의 노래, 〈전장의 노래〉, 〈군대 행진곡〉을 썼던 내가 지금 이런 큰 사건에 두려워하며 침묵하고 있는 이유를 그들은 모른다. 그들은 이 기세를 이용해 애국자 망토에 몸을 감싸고 딜레탕트의 도구를 마구 써대고 있다. 신문에서 '독일 예술의 재건'이라는 기사를 읽는다는 것은 참으로 싫은 일이다. 그들은 20년 전 독일의 예술가 바그너를 로맨틱한 열정가라고 비난하지 않았던가? 그런데 지금은 젊은 독일이 다시 맑아졌고, 그들이 말하는 '훌륭한 전쟁터'로부터 곧 돌아올 것이라고 떠벌리고 있다. 실상은 그 불쌍한 청년들이 빈대를 깨끗이 씻어내고 전염병에서 벗어나고 살인의 기억을 잊을 수 있어야 비로소 마음이 편해질 텐데 말이다."

제1차 세계대전 중 슈트라우스의 가장 아름답고 격조 높은 편지는 1917년 2월 12일 로맹 롤랑에게 보낸 편지다. 그는 이 편지에서 롤랑을 가리켜 '온갖 무도한 유럽의 몰락을 부추긴 권력에 맞서는 영웅 투사'라 부르고 있다.

"건강에 다시 문제가 생겨 베른에 오실 수 없다니 참으로 유감입니다. 분명 당신은 제 공연을 즐겨주실 거고, 이번 〈낙소스의 아리아드네〉를 보시고 「장 크리스토프」에서 언급하신 독일 음악에 대한 생각을 바꾸실 거라고 확신했습니다. 아름다운 제네바호의 태양이 당신에게 곧 건강을 가져다주기를 바랍니다. 5월에 저는 다시 스위스에 가서 모차르트를 지휘할 예정입니다. 당신과 그때 만날 수 있다면 참 좋을 것 같습니다. 친히 저를 만나주시고 그 만남으로 위안과 즐거움을 많이 얻으시기를 기대하고 있겠습니다. 왜냐하면 당신이 집필하신 아름다운 문장 속에서 우리가 인간적이자 원칙적인 것들 이를테면 조국과 전장 속 용감한 병사에 대해 저처럼 분명 경탄하고 계실 거라고 굳게 믿고 있기 때문입니다. 우리 예술가는 우리의 아름다움과 숭고함에 대한 시야를 잃지 말고 진리에 보탬이 되어야 합니다. 왜냐하면 진리는 마치 빛이 어둠을 뚫는 것처럼 이 망상의 세계가 포박된 거짓과 위선의 그물을 찢도록 해줄 것이기 때문입니다. 안타깝게도 이곳에서 저는, 포로로 붙잡힌 독일 장병들이 심하게 괴롭힘을 당하고 욕을 먹고 때로는 고문을 당한다는 소식을 들었습니다. 이것은 독일, 영국, 이탈리아의 경우와 매우 다를 것입니다. 이 나라들에서는 포로의 고충을 들은 적이 없습니다. 저는 당신 같은 사람들이 적국 독일을 몸소 시찰하시어 자국 사람에게 계몽된 행동을 보여주고 보다 좋은 토대를 만들어주시기를 희망하고 있습니다. 그렇게 해주실 수 없을까요? 저는 아직 아무와도 이런 이야기를 해본 적이 없지만 저는 이번 봄 당신을 가르미슈로 초대해서 독일의 상황을 둘러보실 수 있게 해드리고 싶습니다. 저는 베른의 독일 대사관에 의뢰해 제 앞으로 온 편지를 대신 전해달라고 말해두었습니다. 그러니 아무쪼록 편지를 대사관으로 보내주십시오."

독일과 프랑스, 두 명의 예술가가 만나려던 노력이 끝내 실현되지 못했다니 얼마나 안타까운 일인가. 슈트라우스는 한창 전쟁으로 혼란에 빠졌을 때 태평하게 <그림자 없는 여인>을 작곡했던 것은 아니다.

"이 슬픔 속의 아이는 전쟁 중에 비애와 고뇌 안에서 태어났습니다. 바이에른의 D소령의 인간미 넘치는 호의로, 이 아이를 급하게 잘못 낳은 것이 구원이었던 것입니다.…… 이러한 전쟁의 심려가, 특히 제3막의 중간쯤이 그러했는데, 일종의 격정을 쏟아붓고 마침내 멜로드라마로 그 지나친 긴장감을 덜어주었습니다."

　많은 시인과 예술가는 전쟁 중에 알량한 애국주의에 치우쳤다. 하지만 위 편지를 보면 슈트라우스는 전쟁이란 무엇인가를 잘 간파하고 있었다.

3. 만년의 슈트라우스, 음악과 정치(1919~1949년)

진보와 전통

빈의 궁정 가극장(현 국립 오페라)에서 1897년 말에 활약했던 구스타프 말러는 1907년 뉴욕 메트로폴리탄 가극장의 지휘자가 되었다. 빈을 떠나는 그에게 작별 인사를 하기 위해 군중은 이른 아침부터 주차장으로 모여들었다. 1911년 2월 말러가 중태에 빠졌다는 소식이 전해졌고 5월에 그는 빈으로 옮겨졌다. 이에 대해 브루노 발터는 다음과 같이 언급했다.

"그가 빈에 있던 시절 동안 겪었던 수많은 실망과 슬픔조차 고향으로 돌아가고자 했던 그의 희망을 꺾지 못했다. 우정과 존경이 담긴 편지들이 병상에 도착하면 그는 매우 기뻐했다. 말러는 5월 18일 사망했다. 다음 날 저녁 우리는 그를 그린칭 무덤의 예배당으로 옮겼다. 그날 밤 심한 폭풍이 일었고 장대비가 억수로 쏟아졌기 때문에 우리는 서둘러 갈 길을 재촉했다.[8]"

말러가 빈 시민 곁에서 슬프게 사라진 후, 자연스럽게 사람들의 눈은 슈트라우스를 주목하게 되었다. 빈의 총감독 레오폴트 안드리안은 1918년 7월 이후 그와 의논을 시작했다. 빈에서는 황제도 다른 그 누구도 이 문제에 대해 이견을

---

8) 브루노 발터, 무라타 다케오 역, 『말러 인간과 예술』(1960, 음악지우사, 도쿄)

내는 사람이 없었다. 베를린 측은 전쟁이 끝난 후에도 슈트라우스를 보내지 않으려 여러 가지 술책을 고안했다. 그래서 국립 오페라의 지휘자 자리를 마련해줄 뿐 아니라 1년 중 7개월은 베를린이 아닌 빈에서 활동하도록 제안했다. 이때 직위를 지휘와 행정 감독으로 나누기로 결정이 나자 슈트라우스를 반대하던 목소리도 가라앉았다. 1919년 5월 1일에 드디어 그는 빈으로 향했다. 이렇게 해서 그는 <낙소스의 아리아드네> 공연과 함께 빈 국립 오페라의 지휘자라는 자리에 취임했다. 악장 중에는 프란츠 샬크가 그와 동격이었다.

사실 슈트라우스가 빈으로 가고자 마음먹었던 적은 그전에도 여러 차례 있었다. 그 이유는 1902년 말러의 도움과 프란츠 샬크의 지휘 덕분에 <화재 비상>이 성공했을 때부터 줄곧 그의 작품은 빈을 중심으로 성공했기 때문이다. <엘렉트라> 역시 1910년 바인가르트너의 지휘로 장대한 연출을 선보였다. <장미의 기사>는 마치 오케스트라 대표작인 것처럼 환영을 받았다. <낙소스의 아리아드네>도 1916년 빈에서 성공적으로 공연되어 국제적인 작품이 되어 있었다. 게다가 호프만스탈과의 인연으로 그에게 빈은 매우 친근한 곳이었다. 호프만스탈은 슈트라우스에게 다음과 같은 편지를 쓴 적이 있다.

"정말 이곳에는 해야 할 일이 무한히 쌓여 있습니다. 이제 당신 앞에는 기쁨과 환희가 끝을 모르고 펼쳐질 겁니다. 베를린에서가 아니라 이곳에서 모두를 위해서 무대 작품의 모든 요소가 새로워질 겁니다. 이건 슈트라우스와 샬크와 롤러의 결합이 만들어낼 업적입니다. 이는 진보와 전통의 결합이자 모든 남독일적 재능의 공동 기반에 그 뿌리가 있는 것입니다."

그는 빈으로 오고 나서 진정한 활동의 장을 얻었다고 생각했다. 그것은 30년 전부터 그토록 얻고자 애써왔던 것이었다. 유명하고 전통적이고 풍부한 환경속에서 음악 무대에 관한 자기 생각을 마음껏 펼칠 최초의 기회가 되는 것이다. 이렇게 해서 그는 아들과 딸과 아내를 데리고 빈으로 이주했다. 빈은 시 차원에서 그에게 벨베데레 부근의 훌륭한 주거지를 제공했다. 그리고 여기에 그치지 않고 오스트리아 정부 역시 슈트라우스에게 아름다운 집을 선물했다. 당시 그는 <이집트의 헬레나>(작품75) 총보를 선물하는 것으로 감사의 마음을 전했다. 그가 빈에서 일자리를 얻은 후로 그전까지는 빈의 음악계에서 볼 수 없었던 수많은 동시대 작곡가의 작품이 무대에 올랐다. 물론 슈트라우스는 그런 작품들 말고도 자신의 작품도 잇달아 공연했다. 이와 같은 활발한 활동을 위해 궁정 가장무도회가 개장되어 제2의 극장으로 이용될 정도였다.

베를린에서 빈으로! 이것이 슈트라우스 인생에서 얼마나 중요한 의미가 있는지는 두 개 도시를 가본 사람이라면 금방 알 수 있을 것이다. 새로운 건물이 줄지어 있고 오래된 건물이 적으며 모든 것이 거대하고 넓은 도로가 종횡하는 베를린. 그와 달리 동그란 원에 둘러싸인 역사와 전통을 자랑하는 성당과 극장들이 늘어선 빈. 두 도시의 명확한 대조가 슈트라우스에게 정신적으로 영향을 주지 않았을 리 없다. 게다가 슈트라우스는 빈 국립 오페라의 지휘자로서 잘츠부르크 페스티벌의 설립과 이행에 결정적인 영향을 끼쳤다. 당시 전통적인 작업의 주요 추진자로 네 사람이 있었다. 네 사람은 음악가로서 가장 중요했던 슈트라우스와 최고의 연출가였던 막스 라인하르트, 최고의 시인 후고 폰 호프만스탈, 그리고 알프레트 롤러였다. 롤러는 구스타프 말러의 가장 중요한 협력자로 슈트라우스 오페라에 천재적인 무대 장치를 더한 인물이기도 했다. 그러나 빈과 잘츠부르크에 정착하기까지의 짧고 어수선했던 시기에는 다작을 할 수 없었다.

<휘핑크림(Schlagobers)>(작품70번)은 2막짜리 유쾌한 발레곡으로 1924년 빈에서 초연되었다. 군데군데 의미 깊은 암시가 숨겨진 변덕과 기지와 매력이 넘치는 곡이다. 행진곡이나 무도곡이 이어지고 단순한 테마와 대립법, 아름다운 색채감, 도약하는 에스프리 속에서 빈 시절의 슈트라우스가 어떤 특색을 보였는지 엿볼 수 있다.

한편 <그림자 없는 여인> 이후 호프만스탈과의 협력 작업에는 10년 가까운 공백이 있었다. 그렇다고 두 사람의 관계가 틀어진 것은 아니었다. 거기에는 이유가 있었다. 그중 하나는 호프만스탈이 대규모 희극 「까다로운 사람」과 바로크극 「예더만(Jedermann)」, 비극 「탑」에 매진했기 때문이다. 슈트라우스 역시 바빠져서 <휘핑크림>과 약간의 리트, <인테르메초>(작품72)에 몰두했다. <인테르메초>는 소재 면에서 가정을 다루었다는 점에서 20년 전에 발표한 <가정교향곡>의 연장선에 있다고 할 수 있다. 1918년 호프만스탈에게 보낸 편지에도 그러한 암시가 엿보인다.

"저는 요즘 결혼에 대한 희극 오페라를 작곡해보고 있습니다. 전체적인 배치가 좋고, 구성을 다듬고 음악을 잘 만들면 문학적으로 미진한 부분도 멋지게 채울 수 있을 것 같습니다. 되도록 빨리 새로운 호프만스탈의 텍스트를 손에 쥘 수 있으면 좋겠지만, 그때까지는 이 작업을 계속해보려고 합니다."

그러나 이 작업도 술술 풀리지만은 않았고 결국 1923년까지 붙들고 있어야 했다. 국립 오페라 작업이 슈트라우스에게 큰 부담이 되었다는 것을 알 수 있다. 신선한 창의력이 샘솟는 동시에 늘 전통과 맞닿아 있었던 슈트라우스가 여기서 갑자기 18세기 대화식 오페라 부파에 손을 댄 것은 주목할 만한 일이다. 이와 같은 사례는 이후 힌데미트뿐이었다.

시민적 음악극은 열정적이거나 포즈를 두어 영웅적인 연출은 하지 않았고 완전히 새로운 스타일의 대화체로 이루어져 있었다. 여기에는 슈만과 구노, 바그너의 패러디도 풍부하게 쓰였다. 무엇보다도 흥미로운 점은 언어와 멜로디에 관한 문제다. 오페라에 있어서 '말과 줄거리가 얼마나 쉽게 전달되게 만들어야 하는가?'라는 문제는 이후 <카프리치오>에서 다루게 될 텐데 바로 그것에 대한 시도가 여기서 시작되었다. 그는 이 작품에서 대화에 최대한 주의를 기울여 생생한 대화의 템포를 있는 그대로 선명하게 표현해냈다.

"명지휘자가 불꽃처럼 주먹을 휘둘러 모든 관악기 소리가 극장을 쩌렁쩌렁 울린다. 그래서 가수들은 눈만 뜨고 있는 그러한 행태를 어떻게든 피하고자 했던 바람이 슬픈 경험으로 인해 번번이 되살아난다. 오늘날의 오페라 악장은 청중의 귀를 만족시켜야 한다는 이유로 이런 시끄러운 오케스트라를 공연해선 안 된다. 악장은 내용도 대사도 못 알아듣겠다는 청중의 한탄을 무시해서는 안 된다. 청중은 자연스럽게 흐르는 대화에 귀를 기울이며, 작품이 말하고자 하는 것들이 그들에게 하나하나 감동으로 전해지는 모습을 지켜봐야만 한다."

1920년 8월부터 12월까지 슈트라우스는 처음으로 남아메리카로 연주 여행을 떠났고 아르헨티나와 브라질에서 명성을 얻었다. 1923년 여름 국립 오페라 전원이 빈 필하모니와 함께 이 두 나라에서 공연했고 슈트라우스와 샬크가 지휘했다. 이때는 합스부르크 왕가의 붕괴로 빈곤해진 오스트리아가 새로운 세계에서 자신들을 이해해줄 누군가를 얻고자 노력하는 시기였다. 그래서 공연에는 선전적인 목적이 없지 않았다. 슈트라우스는 1년 중 5개월만 국립 오페라에서 활동할 의무가 있었다. 그가 부재중일 때에는 프란츠 샬크가 그가 정해놓은 초안을 실행시켰다. 샬크는 자신이 열렬히 사랑했던 국립 오페라극장에 수년간 몸을 담았던 사람으로 온 힘을 다해 일했기 때문에 더더욱 이러한 상황을 견디지 못했다. 게다가 샬크에게는 고민거리가 또 있었는데 유명한 가수들이 해마다 미국으로 휴가를 떠난다는 것이었다. 슈트라우스도 1922년 미국으로 가 뉴욕 필하모니와 필라델피아 오케스트라와 함께 순회공연을 했다. 샬크는 극장 운영에 관하여 자신의 의견에 따라 이런 문제들을 처리할 권리가 있다고 믿고 있었다. 이러한 배경에서 발생한 권한 다툼은 지휘자 간의 중대한 의견 불일치를 초래했다. 결국 슈트라우스는 일을 그만두게 되었다. 이로 인해 그의 빈 활동은 커다란 불협화음으로 끝을 맺었고 그 후 샬크는 혼자 남은 지휘자가 되었다. "실크를 두른 허수아비 슈트라우스가 떠나고 숫을 할 줄 모르는 샬크가 남았다.”라는 말이 자주 사람들의 입에 오르내렸다.

    슈트라우스에게 빈은 어떤 의미였을까? 이 질문을 두고 지휘자 칼 뵘이 『리하르트 슈트라우스의 유언』이라는 에세이를 집필했다.[9] 전쟁이 끝나고 폐허와 혼란으로 가득한 곳에서 절망에 빠진 뵘에게 '유언'이라고 적힌 편지를 보내 오페라극장의 재건을 독촉한 사람이 바로 슈트라우스였기 때문이다. 슈트라우스는 파리의 루브르 박물관, 마드리드의 프라도 미술관, 뮌헨의 피나코테크와 동급 수준의 국립 오페라 연극 박물관을 세우고자 했다. 그는 문학과 언어에 있어서 최고 수준이라 칭할 만한 작품을 영구 전시하고 공연해야 한다고 말했다. “그다지 가치가 크지 않는 작품을 공연하는 데에 시간을 빼앗기는 일 없이, 최고의 예술을 최고의 연출로” 만들고자 했다. 하지만 슈트라우스의 바람은 축연(祝演)이라는 형태로는 실현되기 어려울 것이다. 하지만 이것이야말로 잘츠부르크 축연이 해야 할 일이다. 거기에서 중요시해야 할 것은 음악의 전체 역사가 아니라 오로지 모차르트다. '바이로이트의 바그너, 잘츠부르크의 모차르트' 바로 이 말로 슈트라우스의 마음을 요약할 수도 있겠다.

    잘츠부르크에는 모차르트의 시대 말고도 슈트라우스, 호프만스탈과 라인하르트의 시대가 있으며 '예더만'이나 '잘츠부르크 대극장' 공연 역시 주목해야만 한다. 앞서 말한 슈트라우스의 생각은 궁극적으로 대극장을 향한 꿈이 있었다는 것을 의미하지만 당장은 신구 축제 극장이 병설되도록 했다. 잘츠부르크의 사람들은 초연보다 충분히 음미해온 작품이 공연되기를 원하는 경향이 있었다. 그래서 베를린, 뒤셀도르프, 슈투트가르트 등과 그 신선함을 비교해서는 안 된다. 하지만 그렇다고 잘츠부르크가 해마다 신작을 한 편도 공연하지 않는다면 정체되고 말 것이다. <보체크(Wozzeck)>나 <화가 마티스>, <모세와 아론>이 세상에 나온 것도 일찍이 그런 기회가 있었기 때문이 아니겠는가. 이와 같은

---

9) 칼 뵘, 『리하르트 슈트라우스의 유언(Das Vermächtnis von Richard Strauss)』(1950/60, Festungsverlag Salzburg, Salzburg)

작품 선택의 시련을 감당할 수 있는 작곡자가 그 일을 해야만 하는 법이다. 어쨌든 슈트라우스는 잘츠부르크에서의 작업 중심에 반드시 모차르트가 있어야 했다. 그는 사망하기 4년 전에 이런 글을 남긴 바 있다.

"모차르트의 멜로디는 현실적인 모습에서 벗어나 근원 그 자체이다. 멜로디는 플라톤의 에로스와 같이 하늘과 땅 사이를 떠다니다 의지로부터 해방된다. 상상력은 궁극의 비밀로, 그 본래가 지닌 형상의 나라로 돌진해간다."

빈에 머물던 시절과 그 후 10년 동안 슈트라우스는 점점 이런 생각을 하게 되었다고 봐도 무방할 것이다. 슈트라우스에게는 오래전부터 진보적이면서도 유파를 따지지 않는 '영원한 음악의 장'이라는 존재가 있었다. 1912년에는 호프만스탈에게 보낸 서신에서 "우선 예술이다. 다른 것들을 챙기는 것은 그다음이다!"라고 주장했다. 이러한 순수예술론이 빈 시절에 잘츠부르크의 정신이 되어 굳어졌다고도 볼 수 있겠다. 1923년에는 마치 결의와도 같이 다음과 같은 글을 썼다.

"예전의 나는 전위 예술가로 여겨졌습니다. 지금의 나는 후위 예술가라고 해도 좋을 정도죠. 하지만 저에게 있어 그런 수식어는 뭐든 상관이 없습니다. 저는 평생 그 어떤 순간에도 그저 똑바로 서 있었습니다. 미래주의자나 혁명가가 될 마음으로 작품을 만든 적은 결코 한 번도 없습니다. 소위 음악계의 미래주의자가 무조(無調), 무(無)멜로디로 작곡하는 것은 옳은 일일까요, 아닐까요? 그것은 마치 아르테미스 신전에 불을 질러 이름을 떨친 헤로스트라토스와 똑같은 것이 아닌지, 저는 이따금 의심이 듭니다. 음악가 중에는 아주 자만에 빠진 바보가 있습니다. 물론 진짜 바보라면 존경하겠지만요."

오스카 비 역시 슈트라우스가 말한 것에 대해 다음과 같이 언급했다. "오늘은 이렇게, 내일은 이렇게 하는 것이 아니라, 친애하는 하느님이 만들어주신 것 그대로를 추구하는 것이 저의 신조입니다."

빈과 잘츠부르크는 이처럼 영원하고 절대적이고, 당파적으로 도식화한다면 '후위적'이라고 할 만한 기반을 슈트라우스에게 부여했다. 이러한 후위 사상은 넓은 의미에서 일종의 정치다. 1927년 호프만스탈은 국민의 정신 공간으로서 고급스러운 것과 저급스러운 것, 새로운 것과 오래된 것, 작가와 독자, 문화와 사회, 현대와 역사의 유리(遊離)를 융화시키는 보수 혁명을 주창했다. 유럽 지성인의 결론은 문화와 사회, 역사 사이에 있는 도랑을 극복해야 한다고 했다. 하지만 이러한 문화정치 이념은 사실상 열띤 문화 속에서 꽃을 피운 뒤 이제는 나치즘의 차가운 바람에 시들어가고 있다. 하지만 슈트라우스는 전혀 그 사실을 예감하지 못했다.

단지 음악을!

1923년 8월 21일 부에노스아이레스에서 <인테르메초>의 총보가 완성되었다. 시민적 성격이 강한 희극 오페라는 드레스덴에서 1924년 11월에 공연되었다. 이렇게 해서 빈에서 드레스덴으로 그의 주요 무대가 바뀌게 된다.

60세 생일에 그는 빈과 뮌헨의 명예시민이 되었다. 드레스덴에는 리하르트 슈트라우스 광장이 생겼다. 1924년 1월에 그는 로마의 테아트로 콘스탄틴에서 이탈리아어로 <살로메> 신작을 공연하였다. 1925년 10월에는 몇 주간 토리노에서 <낙소스의 아리아드네>를 공연했다. 이 해에는 이탈리아뿐 아니라 스페인에서도 활동했고 함부르크에서는 슈트라우스 주간이 개최되었으며 뮌헨에서는 모차르트나 바그너를 연주했다. 1926년에는 그리스 여행을 했고 카를로비바리와 잘츠부르크에서도 연주가 계속되었다. 1927년에는 드레스덴과 프랑크푸르트에서 슈트라우스 주간이 있었다. 그밖에 베토벤 100년제에서는 <교향곡 9

번>의 지휘를 했다. 또 1928년 6월에는 신작 <이집트의 헬레나>(작품75)가 드레스덴의 오페라극장에서 초연되었다. 이때 슈트라우스와 빈 오페라는 화해했다. 이렇게 하여 슈트라우스는 주로 빈과 가르미슈, 그 외 각 지역에서 개인적인 삶을 누렸다. 그는 자주 스위스를 찾았고 특히 엥가딘에 머물렀다. 매년 한 번씩은 몇 주간 규칙적으로 카를로비 바리에서 온천을 즐기며 건강에 주의를 기울였다. 그리고 그랜드 호텔 푸프에 거주하며 그곳의 소유자와 계약을 했고 시즌 중에는 호텔 정원에서 심포니 콘서트를 열어 투숙객들에게 기쁨을 선사했다. 그의 활발한 기질은 늘 각종 예술 분야를 공부하도록 이끌었고 여러 음악가뿐 아니라 다른 장르의 예술가에 관해서도 연구했다. 예를 들어 로시니, 베르디, 비제에 대해 그는 참으로 경탄해 마지않았다. 그의 책상에는 언제나 <카르멘>과 <팔스타프> 총보가 있었다.

그는 젊은 작곡가에게 즉각적인 반응을 보였다. 특히 인상주의풍의 신인 작곡가들에게 호의를 갖고 있었다. 드뷔시는 슈트라우스의 마음속에서 매우 높은 위치를 차지했고 라벨 역시 항상 그를 매료시켰다. 그는 드뷔시의 <세레나데>를 베를린에서 초연했던 것을 늘 자랑스러워했다. 반면 1921년 이후 퍼진 새로운 음악의 움직임에는 적극적인 태도를 보이지 않았다. 그의 개성은 이미 그 자신 안에서 완결되어 있었고 그의 사상은 자기 자신을 넘어 더 높은 곳을 향하고 있었다. 그는 고독한 곳에 우뚝 선 채로 여태까지 익숙했던 '조성(調性)'의 혁명에 더는 관심을 두지 않게 되었다. 젊은 시절에 그는 다음과 같은 말을 한 적이 있다. "우리가 새로운 길을 갈 때야말로 작곡할 권리를 갖는다."

60세의 슈트라우스는 현대 음악에 대해 다음과 같이 말했다. "나는 유파니, 경향이니 뭐가 되었든, 모던한 것이든 오래된 것이든 다 안 믿는다. 나는 단지 음악만을 믿는다. 유파를 말할 바에는 진실과 거짓의 재능을 말해보라. 새로운 것을 찾는 것은 훌륭한 일이고 노력해볼 가치는 있다. 자신을 훌륭히 여길 줄 아는 예술가는 할 수만 있다면 생전 처음 듣는 말로 하듯 얘기해보라. 나 역시 시도해본 적이 있다. 하지만 나의 길이 옳은 길일까? 그것은 시간이 정해줄 것이다. 독일과 유럽의 음악에 관한 질문이라면, '새로운 음악가가 어떤 곡을 쓰고 있는가?'라는 무솔리니의 질문에 답을 해야만 할 것이다. '그들은 당신 나라 사람들도 마찬가지지만 보통 다 똑같습니다. 그들은 마구를 꼬리에 차려고 하고 있습니다.' 그들 대부분은 유명해지는 것을 좋아한다. 그러나 누구의 품에서 유명해질까? 실체가 없는 대중 말고 어디서 유명해질 수 있겠는가? 나는 이 정신 나간 예술가 중에 재능 있는 사람이 하는 말은 부정하지 않는다. 하지만 유감스럽게도 그들은 스스로를 잃었다. 젊은 작곡가 중 한 명이, 이 사람은 소위 무조(無調)파였는데, 연주를 듣고 있던 내게 와서 자신의 최신작에 대해 어떻게 생각하는지를 물었다. 그래서 나는 이것과 다른 방식으로 작곡하는 재능을 가지고 계시지 않느냐고 답해주었다."

여기서 젊은 작곡가는 파울 힌데미트였다. 슈트라우스는 아직 서른도 안 된 작곡가에게 "당신은 재능이 있네요. 하지만 무조 음악으로 곡을 쓸 필요는 없지 않나요?"라고 말하고 있다. 그는 40여 년 전 뮌헨에서 46세의 요제프 라인베르거에게 "유감스럽게도 당신은 모던한 하수도에 빠지셨네요. 재능이 있는데도."라는 말을 들었던 사실을 기억하고 있었을까? <돈 후안>으로부터 20년, 혁신자로 통했던 슈트라우스, 음악적인 것의 파괴자로 통했던 슈트라우스, 불협화음으로 유명했던 슈트라우스, 무조성으로 소란을 피운 슈트라우스가 20년이 지나자 반동적이라는 소리를 듣게 된 것이다.

예전에 한슬리크가 "커다란 재능이 추악함에 물들어 제멋대로 굴고 있다."라고 비난해, 거기에서 유럽 음악의 몰락을 봤다. 그런데 슈트라우스마저 '옛날 사람'이라는 말을 듣는 시대가 온 것이다. 사람들은 이제 슈트라우스가 얼마나 많은 것을 앞장서서 소개했는지 잊고 말았다. 실제로 들여다보면 대부분의 모던한 것은 슈트라우스로부터 시작된 것이었다. 드가, 라벨, 레스피기 역시 마찬가지지만 대개 인상주의적인 것이 슈트라우스의 흐름에서 나온 것이다. 또한 쇤베르크와 그 제자들도 표현주의적인 것 대부분은 슈트라우스와 무관하지 않았다. 실제로 슈트라우스는 그들 유파와 이론을 뛰어넘어 조성도 무조성도 아닌, 특정 주의나 위치도 아닌, 선악의 너머에 존재해 있었다. 슈트라우스는 일관되게, 모든 문제적 자리를 비껴간 천재였다. 이 무렵 슈트라우스는 호프만스탈에게 다음과 같은 글을 남겼다.

"저는 당신과 이야기를 나눈 덕에 무엇에 성공했고 무엇에 실패했는지 잘 모르게 되었습니다. 그것도 무리는 아니죠. 제 나이가 되면 쉽게 잔재주라는 하수구에 빠져 진정한 예술을 말살시켜버리곤 합니다. 제가 바그너를 음악화했을 때 당신이 해준 경고는 가슴 깊이 스며들었고 덕분에 전혀 새로운 풍경으로 향하는 문이 열렸습니다. 이곳에서 저는 〈낙소스의 아리아드네〉와 〈그림자 없는 여인〉에 끌렸고 완전히 비(非)바그너적인 가벼움(遊動)과 감정과 사람의 오페라를 따르기로 마음먹었습니다. 저는 제 길이 선명하게 보입니다. 제 무지를 깨우쳐주신 점 진심으로 감사드립니다. 제가 계속 깨우칠 수 있게 대본을 써주십시오."

젊은 시절부터 슈트라우스의 친구인 투일레는 다음과 같이 말했다. "오늘날 교향시를 쓰고자 하는 사람들을 보면 충동적인 기교와 모방으로 똘똘 뭉친 경우가 많다. 하지만 슈트라우스는 반드시 깊이 있는 고뇌를 거쳐 작품을 써낸다는 점에서 좀처럼 보기 힘든 작곡가이다." 또 프란츠 뮐러는 다음과 같은 슈트라우스의 말을 인용하기도 했다.

"슈발리에가 늘 말하기를 자기 자신에 대해 작곡을 해서는 안 된다고 했습니다. 하지만 도대체 나 자신 말고 다른 것을 재료로 작곡하는 작곡가를 누구 하나라도 아시는 분 계십니까? 미학자 분들은 참 별난 분들입니다. 오케스트라에 문학적 표제를 부여하는 시대니까 표제 음악에 힘쓰고, 이제는 시인의 착상(idée)을 이야기하지 않는 시대가 왔다 싶으니까 후회하고 절대 음악으로 되돌아간다니 말도 안 되는 일입니다. 당신은 표제 음악, 진정한 음악, 절대 음악이라는 것이 무엇인지 알고 있습니까? 저는 모르겠습니다. 오늘은 이것, 내일은 저것, 이러는 것이 아니라, 음악은 신이 만들어주신 것이어야만 합니다. 하지만 이 진실은 미학자들 머릿속에 집어넣기에는 너무나 깊고 무겁습니다. 이것은 무지개에 일곱 가지 색이 있어도 결국에는 하나의 무지개라는 것과 같은 겁니다."

이와 같은 거장의 말을 들으면 작곡가를 진보와 보수라는 두 개념으로 나누기가 어려워진다. 한편 빈을 떠났을 때의 슈트라우스는 60세였다. 앞으로 더는 발전을 기대할 수 없을 것이라는 소리도 들었지만, 그는 보란 듯이 24년간 계속해서 작품을 써 내려갔다. 그러나 빈을 떠난 뒤 약 10년 동안은 작품의 수도 줄었고 정체된 인상을 준 것은 틀림없어 보인다. 한스 메르스만은 다음과 같이 언급한 적이 있다.

"예로부터 음악에는 서로 다른 두 방향으로 인한 대립이 있었고 현대에 이르기까지 그 대립은 계속되고 있다. 그중 하나는 아마도 의고전주의(pseudoclassicism, 擬古典主義)적인 방향으로 이것은 곧 오래된 모든 형식을 유지하는 것이라고 말할 수 있다. 또 하나는 이를 해소하고자 하는 방향으로 음화(Tonmalerei, 音畵)와 표제를 추구하는 방향이다.[10]"

3세기 이상 존재해왔던 표제 음악에 슈트라우스가 가담했다는 사실은 조금도 신기할 것이 없다. 그것은 본인 스스로가 내린 결단이었다. 자유로운 판타지로 상상 속 체험과 자연에 대한 감상을 옮겨 문학을 자극제로 작곡하는 이 방식의 흔적은 바흐와 헨델에게도 있었고 하이든의 <천지창조>, 글루크의 <이피게니아>나 <오르페우스>, 베토벤의 <현악 4중주>에도 있다. 낭만주의를 향한 동경과 감수성은 여러 방향으로 뻗어갔지만 그중에서도 베를리오즈는 매우 철저했다. 하이네는 베를리오즈를 가리켜 '밤에 우는 거대한 새'라고 불렀는데 그

10) 한스 메르스만, 노무라 요시오·하라다 요시토 역, 『서양음악사』(1959, 미스즈 쇼보, 도쿄)

의 소리는 반드시 명확한 무언가를 표현했다. 감상이 곧바로 소리가 되는 것이 아니라 사물에 반사하여 소리가 되는 것이었다. 베를리오즈가 베토벤 사후 3년이 되던 해 작곡한 <환상 교향곡>은 일종의 도전적인 선언(manifesto)이었다. 여기서 처음 시적인 라이트모티프가 음악의 형식으로 도입되었다.

슈트라우스의 음악은 어떻게 보면 심리적이었고 문학적이었고 회화적이었다. 베버와 멘델스존, 슈만에게도 이와 같은 시대상은 자주 나타났다. 그중에서도 리스트는 <파우스트>와 <단테 교향곡>의 다악장 형식 안에 이것을 집어넣었다. 여기에서는 베를리오즈의 라이트모티프와 멘델스존 등의 서곡풍이 훌륭하게 결합되어 교향시가 탄생했다. 이렇게 해서 슈트라우스가 세레나데나 모음곡, 고전적 교향곡을 넘어 다악장 형식의 교향시에 도달한 것은 조금도 신기한 일이 아니다. 이는 그에게 있어 필연적인 행보였다는 사실을 알 수 있다. 그는 이것을 '톤디히퉁(Tondichtung, 音詩)'이라고 이름 붙였다.

음악사로 본다면 하이든, 모차르트, 베토벤으로 이어지는 시대와 베를리오즈, 리스트, 슈트라우스로 이어지는 시대가 있다. 전자는 교향곡, 후자는 표제음악의 시대다. 그러나 슈트라우스의 발전은 여기에 머무르지 않았다. <군트람>이나 <화재 비상>이라는 '시도의 시기'를 거쳐 오페라에 이러한 작곡 스타일을 적용하기 시작한 것이다. 교향시적인 것이 오페라의 핵심을 이루고 음시가 드라마를 이끄는 것이 바로 <살로메>이고 <엘렉트라>이다. <살로메>에서 리얼리즘 오페라가 시작되었다. 그리고 <엘렉트라>로 심리적 오페라가 완성되었다. 20세기의 혼을 담은 이만큼 정밀한 오페라는 일찍이 없었다. 슈트라우스는 조성을 없애고 더 섬세하고 더 날카로운 신경으로 이 시대의 가장 깊은 뿌리를 찾아낸 것이다.

그는 이것이 끝나자 필연적인 코스와도 같이 <장미의 기사>로 전향하게 된다. 분열되고 비탄에 빠진 어두운 시대를 극복하고 밝은 면에 매달려야 했다. 슈트라우스는 건강한 기질 덕에 이 일을 혼자서 해낸다. 빈으로 가기 10년 전, 이미 그는 바그너풍의 갑옷과 투구를 벗고 인간 내면의 밝고 온화한 오페라로 향하고 있었다. 마치 바그너는 자신의 길에서 우회로에 지나지 않았다는 듯 모차르트에게로 되돌아간 것이다. 그가 어렸을 때 바그너를 싫어했던 것이나 그의 아버지 역시 바그너를 싫어했다는 사실을 고려하면 그의 길이 일종의 원을 이루고 있다는 느낌을 받는다. 그러나 이렇게 해서 되돌아온 모차르트는 예전의 의고전주의(pseudoclassicism, 擬古典主義)가 아니었다. 슈트라우스는 이제는 그쪽을 추구하는 사람들을 오히려 공격하는 입장이 되었다. 열정을 내려놓고 현실적으로 작품을 쓴다는 점에서 그는 모차르트를 매우 중요하게 생각했다. 슈트라우스는 "모차르트를 뛰어넘을 수 없다. 나는 모차르트에게 기도하는 마음밖에 갖고 있지 않다."라고 말했다. 결국 그의 마음속에는 모차르트밖에 없다고 해도 좋을 것이다.

그의 마음 한편에는 요한 슈트라우스와 쿠프랭이 자리 잡고 있었다. 어쨌든 이렇게 거대한 오케스트라가 실내악풍이 되었고 음악은 자유롭게 들리고 음화는 가뿐하게 흐르게 되었다. 이렇게 수려한 대화는 여태까지 본 적이 없는 것이었다. 멜로디가 오페라 세리아와 오페라 부파가 심포니 오페라로 묶여 아리아와 2중창, 3중창, 앙상블로 나뉘는 것 역시 유례를 찾을 수 없었다. 굳이 모차르트와 대비한다면 〈장미의 기사〉는 〈피가로의 결혼〉, 〈낙소스의 아리아드네〉는 〈코지 판 투테〉, 〈그림자 없는 여인〉은 〈마술피리〉, 〈타우리스의 이피게니아〉는 〈극장 지배인〉과 비교할 수 있다고 알려져 있다. 이것으로 일단, 슈트라우스의 성장은 빈 시절의 〈인테르메초〉로 완결되었다고 말할 수 있겠다.

그 후 1933년까지 시민적인 〈인테르메초〉에서 멀리 뛰어올라 고대 신화까지 거슬러 올라간다. 그는 먼저 〈이집트의 헬레나〉를 작곡했다. 그가 작업에 들어간 것은 1924년부터였다. <이집트의 헬레나>는 <엘렉트라>, <낙소스의 아리아드네>에 이어 세 번째로 그리스 세계를 그린 오페라다. <엘렉트라>는 미케네의 어둡고 고풍스러우면서 치졸한 비극이었고 <낙소스의 아리아드네>는 신에 의해 삶을 되찾은 여자의 전설이었다. 반면 <이집트의 헬레나>는 빛으로 넘쳐흐르는 그리스의 마술적 황홀경을 보여준다. 이 작품은 아시아의 모든 것을 모아 놓은 것 같은 오페라다. 그리고 여기에 기독교 세계마저 관련되어 있다. 호프만스탈은 다음과 같이 언급했다.

"작은 아시아의 빛, 팔레스타인의 빛, 페르시아, 이집트의 빛과 사람들이 제게 말했습니다. 저는 그것이 수천 년 전부터 우리 내면의 운명을 정한 역사를 통일시킨 것으로 보고 있습니다. 트로이…… 클레오파트라. 여기에 비잔틴의 테오도라, 이들의 모험은 수천 년 동안 일관되었다고 느껴집니다.…… 이 모든 것들 안에는 신기한 공통점이 있으며 이와 같은 공통점이야말로 빛이라고 불려야 할 것들입니다."

<이집트의 헬레나>에 대해 피스터(Pfister)는 이렇게 논평했다.

"<살로메>, <엘렉트라>, <장미의 기사>는 음악극적 요소를 비교적 강하게 보이는 작품이지만 <낙소스의 아리아드네>에는 전(前)고전주의 오페라 형식이 짙게 드리워져 있다. 이들 작품과 달리 <이집트의 헬레나>는 오페라와 음악극의 총체적 결합이라 부를 만하다. 이것으로 역사 속에 등장한 양식의 자취들이 하나의 원으로 완성되며, 현대와 미래의 유럽 오페라계에 작곡가 슈트라우스가 중대한 자리를 차지할 것은 명백해 보인다. 350년이라는 역사의 원이 바로 여기서 닫힌 것이다."

여기서 슈트라우스의 인생이 끝났다면 깔끔했을 것이다. 70세에 은퇴하고 10년간 조용히 과거를 그리워하다 눈을 감았더라면 최고로 행복한 작곡가가 되었을 것이다. 그러나 70세부터 85세까지 생각지도 못한 나치가 등장해 독일을 비극의 한복판으로 던져놓았다. 이로 인해 그는 몸도 마음도 상처를 입었다. 이 때는 그의 둘도 없는 동반자 호프만스탈이 이미 세상을 떠난 뒤였다.

츠바이크 사건

1933년 여름, 그의 새로운 오페라 <아라벨라>가 드레스덴에서 초연을 앞두고 있었다. 같은 해 2월 그는 이곳에서 바그너의 50주기를 맞아 <트리스탄과 이졸 데>를 지휘하기도 했다. 그로부터 2주일 뒤 나치는 독일의 국회의사당을 불태 웠고 결국 독일 제국은 나치의 수중으로 추락했다. 계속되는 정치적 사건에 대 해 슈트라우스는 팔짱을 낀 채 바라만 보며 그저 흐름에 몸을 맡겼다. 나치 정 권이 독일 문화를 손에 쥐었을 때 그는 별다른 저항도 하지 않고 1933년 11월 15 일에 제국음악국의 총재직을 맡았다.

그는 명성이 높은 음악가였으므로 여러 도움도 받고 좋은 일을 할 수 있을 거라고 믿었을 것이다. 이런 생각은 슈테판 츠바이크에게 보낸 편지에서도 잘 드러난다. "나는 여러 곤란한 사태들을 막으려고 이 총재직을 수락한 겁니다." 모든 것이 그렇게 나빠지지 않을 것이라고 이렇게 잘못된 일들이 끊임없이 일 어나고는 있지만 어떻게든 바로잡을 수 있을 거라고 착각했던 다른 예술가와 지식인들처럼, 그 역시 잘못된 판단을 했던 것일까? 아니면 자신의 이익과 자신 의 작품을 지킬 생각에 나치의 시야만 벗어나 있으면 괜찮을 거라 생각했을까? 그가 의장 자리를 수락한 것을 보면, 슈트라우스는 앞으로 나치가 어떻게 될지 몰랐고 정치에 대해서도 몰랐기 때문에 그런 무시무시한 상황을 그다지 심각 하게 받아들이지 않았다는 것을 알 수 있다.

아르투로 토스카니니가 독일 유대인 음악가의 추방에 저항하며 바이로이트 음악제의 지휘를 거부했을 때, 슈트라우스는 자신이 그 공석을 꼭 채워줘야 한다고 생각했다. 그래서 1933년에는 1894년 이후 두 번째로 바이로이트의 바그너 극장으로 가서 <파르지팔>을 지휘했다. 게다가 1932년에는 잘츠부르크 음악제에 참가하여 모차르트의 도시 잘츠부르크에서 <피델리오>를 지휘하였다.[11] 슈트라우스는 자신의 근원과도 같은 모차르트와 바그너의 사이를 오갔다. 만물 위에 아무 의심 없이 서 있던 예술가로서의 의식이 세상과 맞부딪히며 판단력을 잃게 만든 것이었다.

가족의 상황이 이 난관을 처리하는 데 불리한 처지에 있었다는 점도 염두에 두어야 한다. 그의 새 며느리와 손주가 나치의 법에 따르면 유대계가 되기 때문이다. 그래서 그는 폭풍이 잠잠해질 때까지 대강의 계획을 짜는 것이 좋겠다고 판단했을 것이다. 1934년 6월 그의 70번째 생일에 나치스 독일은 대표적인 독일 작곡가로서 슈트라우스를 찬양했다. 그는 1934년 여름에는 바이로이트에서 다시 지휘했다. 여기서 주의할 점은 그가 그렇게 중요시했던 잘츠부르크 일은 거절했다는 것이다. 쿠르트 리스는 브루노 발터가 비인도적인 방식으로 콘서트 금지를 당했던 것과 슈트라우스가 발터를 대신해 콘서트에서 지휘했던 것을 다음과 같이 기록했다.

"발터는 슈트라우스의 오랜 친구이자 그의 작품을 연주하며 특히 몇몇 작품에 공헌한 인물이다. 그런데도 슈트라우스는 자신의 옛 친구이자 동료를 과연 배신할 수 있을까?…… 무서운 일이 벌어졌다. 슈트라우스가 발터 대신 콘서트에서 지휘할 용의가 있다고 표명한 것이다. 이유가 뭘까? 나는 제2차 세계대전이 끝나고 몇 년이 흐른 뒤 그에게 물었다. 그러자 그는 이렇게 말했다. '이 콘서트에서 지휘했던 것만큼 나에게 유감스러웠던 일도 없습니다. 하지만 나는 베를린 필하모니 오케스트라를 도와주어야 한다고 생각했습니다.'[12]"

---

11) 원문에는 슈트라우스가 잘츠부르크에서 지휘한 작품으로 베토벤의 오페라 <피델리오>와 모차르트의 <교향곡 41번 주피터>가 언급되었다. 하지만 실제로는 자신의 작품인 오페라 <이집트의 헬레나>를 초연하고 <피델리오>와 모차르트의 <교향곡 38번 프라하>, <그랑 파르티타>, <피아노 협주곡 23번 A장조 K.488>를 지휘했다. <주피터>는 브루노 발터가 지휘하였다.

12) 야기 히로시, 아시즈 다케오 역『푸르트벵글러』, 미스즈 쇼보

슈트라우스는 이 일에 대해 베를린 필하모닉 오케스트라의 루이제 볼프 부인이 찾아와 연주해달라며 울며 빌다시피 애원했다고 회상했다. "그녀는 만약에 이 콘서트가 취소되면 이미 모두 팔린 두 종류의 입장권을 환불해주어야 하고 그러면 파산하게 될 것이라고 말했습니다. 그래서 저도 베를린 필하모닉 오케스트라를 구하는 일이라면 해야겠다고 결국 약속을 해버린 겁니다."

리스는 슈트라우스의 실수에 관하여 또 다른 사례로 선전 부처 설립 1주년 기념 축제 마지막에 네덜란드 체재 중이던 슈트라우스의 축전이 낭독되었던 사건을 언급했다. 이 전보에서 슈트라우스는 "반갑지 않은 분자가 제거된 것"을 축하했다. 이후 슈트라우스는 그 시절 병을 앓고 있었고 이런 수치스러운 서간과 자신은 아무런 관련이 없다고 반론을 제기했다. 괴벨스가 이런 연극을 기획했다고 생각했던 것이다. 리스는 슈트라우스가 전보 내용에 대한 취소 선언을 하지 않은 것을 비난했다. 물론 그렇게 했으면 슈트라우스에게 망명은 불가피했을 것이다. 하지만 무슨 일이 있어도 그는 자신의 집에서 움직이지 않았다. 슈트라우스는 어쩔 수 없이 냉소적인 솔직함으로 "독일에는 나의 작품을 공연할 수 있는 오페라극장이 있으니까."라고 말했다. 그러나 아무리 잘 빠져나가려 노력해도 인간의 사상은 숨길 수 없다. 특히 이번에는 커다란 실수로 슈트라우스의 목숨이 위험해졌다. 그것이 바로 그 유명한 '츠바이크 사건'이다.

호프만스탈이 세상을 떠난 뒤 각본 작가로서 슈테판 츠바이크가 물망에 올랐다. 그는 슈트라우스를 위해 벤 존슨의 「말 없는 여인」을 기초로 한 2막 희극 대본을 썼다. 이 작품에 매우 만족했던 작곡가 슈트라우스는 <피가로의 결혼> 이후 만들어진 대본 중 가장 훌륭한 대본이라고 칭찬을 아끼지 않았다. 그는 또다시 호프만스탈에 이어 유대계 작가의 대본을 가지고 작곡을 했다. 슈트라우스는 그 공연에 지장이 생기리라고는 꿈에도 생각하지 못했다. 슈트라우스는 츠바이크의 이름을 극장 전단지에 넣지 않으면 공연을 하지 않겠다고 주장하며 문제를 일으켰다. 나치는 국제적인 신뢰도를 떨어뜨리면 안 되었기에 1935년 드레스덴에서 초연을 허가한다. 하지만 공연은 세 번 반복되었을 뿐 이후 공연되지 못했다. 도대체 어떻게 된 일이었을까? 슈트라우스가 츠바이크에게 보낸 편지를 나치가 뜯어본 것이었다. 그의 편지에는 다음과 같은 내용이 있었다.

"극장에 오는 사람이 어떤 민족인지는 전혀 중요하지 않습니다. 어쨌든 입장료를 지불한 청중으로서 작품을 감상해주면 되는 겁니다. 제 작품에 대해 누구 한 사람도 불만을 제기하지 않으니 다음 오페라 대본을 꼭 써주시기 바랍니다. 다음 오페라가 완성되기까지 2년 정도 걸릴 것이고 그때쯤이면 나치는 흔적도 없이 사라지겠지요."

나치의 유대인 문제를 부정하는 이런 순진하고 경솔한 편지로 인해 슈트라우스는 곧바로 음악국 총재 자리에서 쫓겨났다. 히틀러 총통의 명령으로 그의 작품은 1년간 보이콧을 당했다. 단 〈장미의 기사〉만은 예외였다. 〈장미의 기사〉도 금지하면 극장 채산에 문제가 생기기 때문이었다. 전제주의자 히틀러의 노여움이 그에게 날벼락이 되어 떨어졌지만 1년이 지나 명예는 회복되었다. 슈트라우스는 천진스럽게도 수입도 없이 1936년 베를린 올림픽을 위해 〈올림픽 찬가〉를 작곡해 바쳤다. 이것은 200명 코러스 곡이었다. 이에 그치지 않고 그는 되도록 많은 기회를 잡아 무보수로 지휘하며 자신과 가문의 안전을 살폈다. 일본의 기원 2,600년 축전곡이 나온 것도 이 무렵이었다. 이때를 생각하면 슈트라우스는 츠바이크 사건으로 간신히 수모를 모면했다. 그도 그럴 것이 그는 고령인 나이에도 불구하고 가차 없이 강제수용소로 보내질 가능성도 있었다. 아래의 장황한 변명을 담은 편지를 보면 그의 괴로운 심중을 속속 들여다볼 수 있다.

가르미슈에서, 1935년 7월 3일

총통 각하!

제국음악국의 총재직을 그만두고 싶다는 저의 바람대로 괴벨스 수상님의 결재가 났다는 소식을 지금 편지로 받아보았습니다. 저는 특별한 사신에게 건네받은 이 사퇴 신청서를 괴벨스 수상님이 지시한 대로 제출했습니다. 하지만 음악국 총재 사임에 관련된 사정은 저에게 중요한 것이기 때문에 총통 각하에게 간략하게 보고드릴 의무가 있다고 생각합니다.

이 사건은 최근 저의 협력자인 슈테판 츠바이크에게 보낸 제 개인적인 편지로 인해 일어났다고 말씀드려야 할 것 같습니다. 편지는 국가 경찰의 손에 의해 개봉되었고 선전 부처 장관님께 송부되었습니다. 그런데 편지의 내용은 정확한 전후 사정이 없으며 예술에 관해 상대방과 매우 오랫동안 주고받은 편지 중 극히 일부에 지나지 않습니다. 그전부터 오갔던 내용과 글의 분위기를 알지 못한다면 곡해되어 읽힐 가능성이 큽니다. 속사정을 이해하기 위해서는 무엇보다도 제 처지가 되어 생각해주셔야 합니다. 제가 작곡가로서 (대부분 저의 동료들도 마찬가지지만) 좋은 작품을 만들기 위해 아무리 노력해도, 오페라 작품을 창작하는 데에 있어 훌륭한 독일인 대본 작가를 만나는 것이 무척 어렵다는 현실을 숙고해주시기를 부탁드립니다.

문제의 편지는 세 가지 점에서 항의를 받았습니다. 마치 제가 반(反)유대주의와 국민공동체라고, 또 음악국 총재라는 지위의 의미에 대해 너무나 이해를 못 하고 있다는 지적을 받고 있습니다. 간단하게 말씀드리면, 슈테판 츠바이크라는 사람에 대한 감정조차 나빠졌던 때에 특별히 고민도 하지 않은 채 서둘러 보낸 편지입니다. 편지의 의도와 내용과 의미에 대해, 어떤 형태로든 직접 개인적으로 설명해드릴 기회를 얻지 못했다는 점이 유감입니다.

저는 독일 작곡가로서의 자신을 명료하게 담아낸 작품을 평생에 걸쳐 발표해왔습니다. 이런 편지와 그 밖의 즉흥적인 글들이 결코 저의 세계관이나 진정한 저의 사상을 대표하는 것이 아니라는 사실은 굳이 말씀드릴 필요도 없겠지요.

총통 각하! 저는 평생 독일의 음악과 독일 문화를 드높이기 위해 끝을 모르고 모든 것을 바쳐 노력했습니다. 저는 정치가로서 활동한 적은 단 한 번도 없으며 정치에는 한마디도 거든 적이 없습니다. 그리고 독일 음악국 총재직을 사임하며 이렇게 마음을 쓰고 있습니다. 남아 있는 여생을 한결같이 순수하고 이상적인 목표만을 위해 살고 싶습니다. 송구스럽지만 독일의 모든 삶을 관장하시는 위대한 각하께 이 말씀을 드리면 분명히 제 진의를 이해해주실 것이라고 믿습니다.

총통님의 높은 정의감을 믿으며 마지막으로 부탁드리고 싶습니다. 개인적으로 접견해주셔서 음악국 총재직에서 물러난 것에 관하여 직접 각하께 변명할 기회를 주시면 감사드리겠습니다. 존경하는 총통 각하님께 높은 경의를 표하며, 변함없이 각하를 받드는 리하르트 슈트라우스 드림.

편지를 보내고 리하르트 슈트라우스는 어떤 답장도 받지 못했다. 그는 '총통' 앞에서 자신의 변호를 할 기회를 얻지 못했다. 그렇게 슈트라우스는 단념해야 했다. 츠바이크에게 보낸 편지가 히틀러나 괴링, 괴벨스를 몹시 분노하게 만들었지만, 그나마 총재직 사퇴로 정리된 것은 분명 슈트라우스가 중요한 작곡가였기 때문일 것이다. 그 후 그가 얼마나 악착같이 자신을 보호해야만 했는지 헤아리기 어려울 정도다. 왜냐하면 나치에게 있어 슈트라우스만큼 위험한 인물은 없었기 때문이다.

하지만 이런 상황에 대해 에어하르트는 슈트라우스가 나치의 문화 정책에 공연히 맞서서 싸우지 않았던 것을 정말로 유감스러운 일이라고 언급했다. "슈트라우스는 말해야 할 때 입을 다물었고, 직접 쓴 반(反)나치, 반(反)히틀러 문서를 완전히 부인했다. 젊은 시절 힘이 넘치던 그의 투지는 도대체 어디로 간 것일까? 문화가 제대로 서볼 기회였던 그 운명의 갈림길에서 그의 정신은 차가운 무관심으로 일관되었다. 세계의 화염이 신, 아니 우상의 시대가 끝났음을 고하고 있을 때도 그의 정신에는 그 어떤 불빛도 보이지 않았다."

아마도 에어하르트의 말은 앞서 소개한 히틀러에게 보낸 편지에 관한 언급으로 보인다. 츠바이크는 슈트라우스가 비밀리에 오페라를 만들자고 했던 것에 반대하며 슈트라우스가 자신의 음악을 너무나 하찮게 생각하고 있다며 비난했다. 실제로 앞서 소개한 편지를 거장의 편지로 읽는다면 누구라도 씁쓸하지 않을 수 없다. 그럼에도 불구하고 우리는 이 편지를 미래를 위해 마음에 새겨두어야 한다.

어쨌든 이러한 사건에도 굴하지 않고 어떻게든 활로를 찾았던 슈트라우스는 1936년 11월, 25년 만에 다시 영국으로 갔다. 그는 드레스덴 오페라극장 단원들을 인솔해 코벤트 가든 로열 오페라하우스에서 〈낙소스의 아리아드네〉를 지휘했다. 이어 〈장미의 기사〉 공연에 참여해 로열 필하모니 소사이어티 콘서트에서 지휘를 맡았다. 로열 필하모니로부터 그는 금메달을 받았는데 이것은 외국에서 받은 그의 마지막 표창이었다.

1932년부터 1935년까지, 슈트라우스에게 정신적으로 정점이라 부를 만할 때가 왔다. 그것은 1932년 〈아라벨라〉(작품79)와 1935년 〈말 없는 여인〉(작품80)이다. 슈트라우스의 마음속에는 수십 개의 오페라 소재가 소용돌이치고 있었고 그는 끊임없이 그 안에서 선택을 해왔다. 하지만 정치는 이제까지와는 차원이 다르게 가장 비인간적인 방법으로 예술가들 앞을 가로막고 있었다. 최고의 예술적 결실과 최악의 전제주의가 이 시대의 뛰어난 예술가와 시인 앞에 나타났다.

독일 문화는 실로 독일적인 방법으로 그때의 비극적인 단면을 보여주었다. 독일인이 온 힘을 다해 갈고 닦은 예술은 몰락 직전의 유럽 그 자체였으며 시들기 직전의 꽃과 같았지만 닥쳐오는 정치 폭력과 전쟁에 제대로 맞섰다고는 말하기 어려웠다. 이 점은 바로크극이나 그리스 오페라, 빈 오페라를 통합한 호프만스탈에게 있어서도, 단테나 셰익스피어, 괴테에게 배운 군돌프, 게오르게에게 있어서도, 독일 고전주의와 낭만주의 지휘자 푸르트벵글러에게 있어서도 예외가 아니었다.

거장 괴테는 "예술만큼 완벽하게 세상을 피할 구실은 없으며 예술만큼 완벽하게 세상과 엮일 구실도 없다."라는 말을 남겼다. 괴테의 말은 1933년 나치가 등장하기 전까지는 통용될 것 같다. 또한 슈트라우스에게도 하나의 철칙이었을 것이다. 음악 세계는 세상을 피하는 방법을 가르쳤다. 그렇게 함으로써 오히려 세상과 결합할 수 있을 줄 알았던 것이 틀림없다. 부총재였던 푸르트벵글러도 슈트라우스와 나란히 나치로 인해 고통을 받았는데 음악의 정치적 사명 따위는 당시 아무도 믿지 않았다. 그리고 세계대전이 끝나고 푸르트벵글러는 "음악의 정치적 사명이란 것이 있다. 그것은 세계를 정치에서 벗어나게 하고 정치를 초월하게 하는 것이다."라고 말했다. 이 같은 모순투성이의 이해하기 어려운 고민과 결론 또한 슈트라우스의 삶이었다고 할 수도 있겠다.

<아라벨라>는 현대 독일에서 으뜸가는 작가인 호프만스탈이 만들어낸 융화와 조화의 최고 이념을 담아낸 대본이다. 또한 <말 없는 여인>은 유럽적인 스케일에 탐구심 깊은 츠바이크의 경쾌함과 강함을 동시에 보여주는 실로 재미있는 대본이다. 두 작품으로 슈트라우스는 나치 때문에 좌절하면서도 어떻게든 자신의 최고 작품을 후세에 선사하고자 했다.

<아라벨라>는 유럽 무대에 20년간 생기를 불어넣은 호프만스탈과 슈트라우스 콤비의 마지막 역작이다. 호프만스탈은 세상을 떠나기 며칠 전 유언과도 같이 대본을 보냈다. 슈트라우스도 몇 년이나 시간을 들였을 것이다. 정신의 숭고함으로 본다면 이와 같은 결실에 이르기까지의 그 노고는 거친 나치즘의 앞날에 놓일 상품 따위와는 거리가 먼 것이었다. 그러니 슈트라우스가 2년도 안 되어 나치는 끝장날 것이라고 경솔하게 말한 것도 무리는 아니다. 슈트라우스는 프란츠 요제프 시대 빈의 공기를 배후로 신사적이고 소박한 만드리카와 고귀하고 아름다우며 약간 변덕스러운 아라벨라가 연기하는 희극에 인간미 넘치는 음악을 헤아려 작곡하였다. 그는 <인테르메초>와 <이집트의 헬레나>의 완전체라고 할 만한 양식에 도달했다. 알기 쉬운 대화의 실타래는 세밀하게 폴리포니와 이어져 그들 사이에 훌륭한 이중창이 폭넓게 펼쳐진다. 또한 섬세하고 특색 있는 장면들이 모여 슈트라우스의 구성력을 뽐내고 있다. <아라벨라>가 전쟁 이후 빈번하게 연주된 것은 당연한 일이었다.

정치는 짧고 예술은 길다는 점에서 우리는 전쟁 중의 슈트라우스가 옳았다고 할 수 있을까? 푸르트벵글러와 비교하며 슈트라우스를 엄격하게 비판한 리스는 다음과 같은 말을 남겼다. "그가 그 시대 한 명의 약한 인간이었다는 것을 잊고 그가 작곡한 위대한 음악을 진심으로 사랑하는 것은 어떨까"라고.

〈아라벨라〉에 비하면 〈말 없는 여인〉은 줄곧 불운의 작품이었다. 애타게 기다린 음악회가 나치로부터 전면 금지되어 전쟁이 끝날 때까지 빛을 보지 못했다. 10년 후 또 한 번 시도는 있었지만 성공하지 못했다. 1959년이 되어서야 잘츠부르크 음악제에서 화제를 일으켰다. 완성 후 24년 동안이나 냉대를 받은 명작이다. 이 오페라는 츠바이크가 오페라 부파를 위해 쓴 대본을 토대로 깊은 서정성과 해학미를 동시에 내세운, 음악사에서 보기 드문 작품으로 평가된다. 말 없는 남자가 된 슈트라우스는 작품 속에 나치에게 얽힌 자신의 삶을 살짝 넣었다. 〈장미의 기사〉, 〈낙소스의 아리아드네〉, 〈인테르메초〉, 〈아라벨라〉에 이르는 길이 이 작품 안에 아름답게 그려져 있다. 제1막은 훌륭한 구성으로 이루어져 있고 제2막은 서정미와 뛰어난 착상으로 흘러넘친다. 제3막은 스케르초풍이면서 강력한 클라이맥스를 보여준다. 1962년 신문은 뮌헨 오페라 축제에서 이 작품이 성공하는 경과를 기록해두었다. 그리고 또 이런 기록도 남겼다.

"언제나 그랬듯 슈트라우스(총 7개 작품 18회 공연, 그중 드물게 〈인테르메초〉 포함)는 프로그램 중심이다. 이 뒤를 잇는 것이 모차르트(총 6개 작품 16회 공연)와 바그너(〈로엔그린〉과 〈파르지팔〉 6회 공연)이다."

이렇게 보면 일본에서 들을 수 없는 오페라가 독일이나 오스트리아에서 매우 높은 평가를 받고 있다는 사실을 주목하지 않을 수 없다.

시대로부터 한 발 물러나

노년의 슈트라우스는 오페라를 더 작곡하고 싶다는 욕망을 억누르지 못하고 빈의 도서관장이자 연극사 연구가인 요제프 그레고르에게 대본을 의뢰했다. 그레고르는 그에게 단막극 <평화의 날>과 <다프네>를 써주었다. <다프네>로 그는 다시 한 번 고대의 사랑 이야기를 마주하게 되었다. 남방에 대한 동경심이 또 한 번 그 결실을 본 것이다. 1937년 그는 73세의 나이로 시칠리아의 타오르미나로 여행을 떠나 총보를 완성했다. <평화의 날>(작품81)은 1938년 7월 뮌헨, <다프네>(작품82)는 10월 드레스덴에서 초연되었다. 아무리 곤궁에 빠진 시대여도, 아무리 공포스러운 정치가 판을 쳐도, 그의 창작욕은 불타올라 식을 줄을 몰랐다. 그는 끊임없이 오페라의 양식 문제를 고민했고 언어와 음의 관계를 되돌아보며 확인하려고 노력했다.

1940년 6월 가르미슈에서 그는 그레고르가 집필한 3막짜리 유쾌한 신화 오페라 <다나에의 사랑>(작품83)을 완성했다. 쿠르트 리스는 이 작품에 대한 배경을 다음과 같이 전한 바 있다. 히틀러는 슈트라우스의 80번째 생일(1944년 6월 11일) 축하 행사를 거행하지 못하도록 했다. 이에 용감한 푸르트벵글러는 물러서지 않고 괴벨스에게 편지를 써서, 현재 최고의 작곡가임에 누구도 부인할 수 없는 리하르트 슈트라우스에게 이러한 처사를 한다면 분명 전 세계로부터 비웃음을 살 것이라고 충고했다. 결국 히틀러는 그의 80번째 생일을 축하하는 의미로 최신작 <다나에의 사랑>을 잘츠부르크에서 리허설할 수 있도록 허가해주었다.

총연습을 앞두고 슈트라우스는 <다나에의 사랑>을 자신의 작품 중에서도 최고의 작품인 것 같다는 글을 어느 편지에 남겼다. 그러나 총연습을 시작하고 마음이 바뀌고 말았다. 푸르트벵글러는 자신의 마지막 작품을 두고 착각에 빠지지 않고 냉정하게 객관적으로 이야기하는 거장의 위대함을 느꼈다. 셀 수 없을 정도로 많은 현대 작곡가 중 어느 한 사람도 그만큼 자기 자신을 뛰어넘기는 어려울 것 같았다. 하지만 <다나에의 사랑>은 독일의 모든 극장이 폐쇄되는 바람에 공연되지 못했다. 그보다 먼저 1942년 10월에는 뮌헨 국립 오페라극장에서 클레멘스 크라우스 대본의 <카프리치오>(작품85)가 초연되었다. 이 작품은 시인과 음악가의 유쾌한 다툼으로 슈트라우스 평생의 고민거리가 재미있게 표현되었다. 이를 계기로 그는 자신의 오페라가 끝이 났다고 선언하며 작곡을 그만두려고 마음먹었을 정도였다. 그밖에 1943년부터 1947년까지 그가 남긴 유작으로 다음과 같은 작품을 들 수 있다.

<16개의 목관악기를 위한 소나티네> 2곡, 23개의 독주 현악기를 위한 습작 <메타모르포젠>, 두 번째 <호른 협주곡>, <오보에와 소관현악을 위한 협주곡>, 제1, 2막의 왈츠집 <장미의 기사>, 교향적 단장 <요제프의 전설>, 관현악 환상곡 <그림자 없는 여인>, 《바인헤버의 시에 의한 두 개의 가곡》.

이렇게 많은 기악곡을 작곡한 것에 대해 80세의 작곡가는 관절 운동을 한 것 뿐이라고 웃으며 말했다. 그는 다음과 같은 말을 남겼다. "지휘봉에서 해방된 오른손 관절이 잠들어버리지 않도록 일을 시켜줘야 해요."라고. 하지만 중년 시절과 달리 그는 젊은 예술가와 음악가에게 정색하는 일은 그만두었다. 노년의 그가 예술가로서 소신을 표명한 것은 이고르 스트라빈스키의 신즉물주의 성명이 발표되었을 때였다. 스트라빈스키의 표명에 따르면 "이제부터는 모든 발레곡을 배제하자. 응석과 정열과 감정은 그만 내려놓고 음악 안에 수학과 진실된 음악 형식의 골조를 남기자."라는 것이었다. 슈트라우스는 여기에 다음과 같이 답했다.

"그 노력에 동조하여 들어주는 청중이 있다면 좋은 일이죠. 수학은 분명 음악의 근본적인 요소지만 그것만이 가장 중요한 것이라고는 할 수 없습니다. 오직 데생만이 그림의 가장 중요한 요소라고 하는 것과 무엇이 다릅니까? 그러나 궁극적으로 왜 우리는 이러한 문제에 대해 떠들고 있는 것일까요? 우리의 과거 거장들이 정녕 그런 얘기를 했다고 생각합니까? 바그너나 베르디의 사라지지 않는 그림자를 보세요. 입 다물고 어서 일어나 합시다."

제1차 세계대전과 제2차 세계대전 중에도, 그에게 있어 세상에 벌어지는 일은 자신과는 관계없는 일이었다. 점점 다가오는 유럽의 몰락 역시 자신과 무관한 일로 보였다. 그의 입에서 세상일에 관한 이야기가 흘러나오는 일은 없었다. 가르미슈에 있는 그의 별장으로 화재로 모든 것을 잃은 사람들이 몰려왔을 때, 그는 이에 항의하며 "나는 이 전쟁과 아무런 관련이 없소. 만약 내 의견을 물었다면 나는 결코 이 전쟁을 인정하지 않았을 것이오."라고 말했다. 이 항의서를 접수한 관료는 80세의 노인에게 다음과 같은 글을 썼다. "슈트라우스 박사님, 당신이란 분은 전혀 다른 세계에서 오신 분 같군요." 이렇게 보면 그는 피와 땀과 눈물과 현실로부터 도망쳐 음악의 환상이 만들어주는 비현실 세계로 가버린 것 같은 인상을 준다. 슈트라우스는 세밀한 음악 문제에 파고드는 데에 지치지 않았다. 이루 말할 수 없는 독일의 비참한 현실에서 벗어나 정신의 영역 속, 즉 일의 세계로 도망쳤던 것 같다. 그런 의미에서 슈트라우스는 괴테가 죽기 닷새 전에 빌헬름 폰 훔볼트에게 썼던 편지를 자주 인용했다.

"혼란스러운 진퇴에 대한 혼란스러운 가르침이 온 세상을 지배하고 있습니다. 제가 절실히 원하는 것은 오로지 제 몸에 머물러 있는 것뿐이며, 제 모든 것을 바쳐 저만의 특징을 만들어내고 싶습니다."

슈트라우스는 1914년과 1915년에 호프만스탈에게 다음과 같은 글을 남겼다.

"기쁠 일 하나 없는 이 시대에 근면하게 일하는 것만이 유일한 구원입니다."
"일만이 우리를 위로해주고 일만이 우리를 승리로 이끌 것입니다."

그는 1947년에 에어하르트에게 다음과 같은 편지를 보냈다.

"1942년과 1944년에 우리는 빈에서 겨울을 보냈습니다. 그것 말고 달라진 것은 없습니다. 있다면 불쾌한 것과 계략과 소문. 이런 것들이 침묵으로 가라앉아버린다면 좋겠습니다만."

유명한 슈트라우스의 에고이즘에 대해 우리는 어떠한 판단을 해야만 할까? 예술가는 원래 다들 에고이스트라고 생각할 수 있을지도 모르겠다. 그러나 우리는 쇼스타코비치와 같은 전혀 다른 예를 알고 있다. 국가나 국민의 이상향이 자기 생각과 일치만 한다면 예술가는 이기주의자일 수 없다. 쇼스타코비치는 이렇게 말했다.

"현대 예술가이자 리얼리스트인 소비에트 음악가가 해야 할 중요한 기본 과제는, 음악의 위대하고 사회적인 역할을 부활시키고, 다시 한 번 음악으로 진보적인 인류에게 봉사하고 그 힘을 키우는 것이다.[13]"

독일의 작곡가들은 이 점에서 가장 불행했다고 봐야 한다. 하지만 독일에도 브레히트가 희곡을 쓰고 쿠르트 바일이 작곡한 <서푼짜리 오페라>가 제2차 세계대전이 발발하기 전에 성공을 거두었다. 한스 아이슬러도 쇤베르크의 새로운 악파로부터 나와 노동자의 음악, 이상사회의 음악을 만들고자 했다. 이로써 독일에서 소위 음악 좌파가 드디어 음악의 출발점에 서게 되었다. 쇤베르크와 아이슬러를 비교해보자. 쇤베르크는 형식의 개혁자이고 아이슬러는 내용의 개혁자이며 동시에 아이슬러는 또 형식의 개혁자이기도 하다. 아이슬러는 19세기의 벽을 부순 슈트라우스와 슈트라우스의 전통 음악의 벽을 부순 쇤베르크를 뛰어넘었다. 아이슬러는 "나는 젊었을 때부터 사회주의에 도움이 되는 음악을

---

13) 이노우에 요리토요, 『쇼스타코비치』(1957, 음악지우사)

만들고 싶었다."라고 말했다. 따라서 소비에트에만 사회주의 음악가가 있다고 는 할 수 없다. 슈트라우스는 이와 같은 음악의 경향성을 모른 채 쇤베르크와 마찬가지로 "청중을 고려해 작품을 쓰는 작곡가는 예술가가 아니다."라고 생각 했던 것이다.

그러나 슈트라우스가 이기주의자에 지나지 않는다고 단언할 수는 없다. 그 의 편지 중에는 인류의 미래를 걱정하는 작품을 쓰고자 했던 의지가 담겨 있기 때문이다. 츠바이크와 주고받은 서간에서는 하멜른의 쥐 난리, 톨레도의 유대 여인, 칼레의 시민, 암피트리온, 그 외 여러 가지 히틀러 시대에 저항하는 작품이 될 수도 있었던 소재들이 즐비해 있다. 그중 <평화의 날>에 뒤지지 않게 중요한 사상적 대본으로서 <세미라미스>를 첫 번째로 꼽을 수 있다. 나치 따위는 신경 쓰지 않겠다는 '영원한 예술의 입장'에 섰던 슈트라우스와 츠바이크는 마침내 괴벨스와 접촉함으로써 내면적으로 무장하기 시작했고 점차 깊은 의혹 속에 잠겨 들어갔다.

<말 없는 여인>에 대한 서간 다음으로 많은 것이 바로 <평화의 날>과 <세미 라미스>에 관한 서간이다. 그러니 슈트라우스와 츠바이크는 꼭 정치에 무심했 던 것이 아닐 수 있다. 이 서간들은 두 사람이 어떻게든 세상에 맞설 소재를 찾 고자 했다는 사실에 대한 증거가 될 수도 있다.

<세미라미스>는 유럽 예술의 전통적 소재를 다루고 있다. 신화나 천일야화 로부터 출발하는 이 바빌로니아 여제는 칼데론의 『대기의 딸』에서 가장 훌륭 한 드라마로 만들어졌다. 그 후 로시니도 글루크도 이 소재로 오페라를 만들었 다. 정치적이면서 히틀러적인 이러한 모습은 현대에 이르러 절대미의 상징과도 같이 불렸다. 작품의 예로 보들레르와 뒤파르크, 게오르게와 쇤베르크 <가공의 정원에서의 15개의 시>, 발레리와 오네게르 <세미라미스> 등이 있다. 이는 모두 상징주의풍의 영혼에 흠뻑 취해 정치성은 완전히 사라졌다. 오히려 히틀러에게 역으로 이용당할 여지가 있었다. 그러나 호프만스탈은 이미 1906년에 이러한

소재를 매우 리얼하게 정치적으로 이용했다. 여기에 흥미를 느낀 슈트라우스는 호프만스탈에게 재차 대본을 완성시켜주길 바랐다. 하지만 이미 1910년에 호프만스탈은 이것이 자신을 위한 소재라며 포기시켰다. 시(詩)에서 출발해 극장으로 칼데론의 정신에 따르고자 했던 시인이 왜 이렇게 말해놓고 이 중대한 작품을 완성하지 못했을까? 이 문제는 수수께끼로 남아있다.

  사실 호프만스탈은 이 소재를 포기한 것은 아니었다. 그가 세상을 떠났을 때 유작 중에 깊이 있는 철리(哲理)를 간직한 권력을 부정하는 드라마의 골계가 발견되었기 때문이다. 호프만스탈에게도 그것은 불안한 시대를 예견할 수 있는 중요한 소재로서 속 시원히 오페라로 만들 수 있는 테마가 아니었던 것이다. 나치 시절 이러한 소재가 암시하는 힘은 실로 큰 것이었다. 슈트라우스는 시인이 고인이 되자 츠바이크에게 호프만스탈의 스타일로 이 대본을 끝맺어주기를 몇 번이고 부탁했다. 이 일화에 대한 편지는 다른 기회에 고찰해볼 가치가 있겠다.
  나치의 위기가 점차 압박을 가해오던 때에 두 사람은 또 한 번 이러한 소재를 잃었다. 이후 그것은 그레고르에게 전달되었으나 그마저도 완성하지 못했다. 세미라미스는 시인 세 사람을 괴롭히고도 결국에는 성공하지 못했다. 그래서 세미라미스는 이른바 슈트라우스의 운명과도 같이 혹은 괴로운 시기에 꾸었던 꿈과도 같이 여겨져 왔다. 만약 히틀러처럼 권력을 쥐고 다스리는 세미라미스와 예술가처럼 영혼으로 치유하는 니니아스의 오페라가 히틀러 시대에 성공했다면 전쟁 중에 슈트라우스가 겪었던 좌절도 보란 듯이 보상받았을지 모른다. 그러나 슈트라우스의 그 밖의 오페라도 잘 들여다보면 모두 욕망을 테마로 하고 있다. <말 없는 여인>의 지배욕, <평화의 날>의 투쟁욕, <다프네>의 정욕, <다나에의 사랑>의 금전욕. 이것들은 슈트라우스가 비인간적인 시대의 밖으로 물러나 그저 슬픈 얼굴을 한 것이 아니라는 근거가 되어줄 것이다.

그가 제3제국에서 떠나고 싶었을 때 그에게는 스위스로 가는 것만이 허용되어 있었다. 그는 취리히에 머무르며 오페라 공연에 함께했지만 1943년 이래로는 스위스에 가는 것조차 불가능해졌다. 하지만 독일에 파국이 닥쳤을 때 그는 음악가들의 인맥을 이용해 미국 점령군의 호의를 사 아내와 같이 스위스로 이주했다. 그곳에서 그는 1946년부터 취리히 근교 바덴에서 살았다. 이후 몽트뢰의 팔라스 호텔로 옮겨 작업을 계속했다. 그는 자신과의 약속을 어기고 다시 한 번 지휘봉을 잡았고 모두에게 기적의 지휘봉이라는 경탄을 받았다. 그리고 1947년 10월 그는 토머스 비첨 콘서트협회에 초청을 받아 런던으로 향했고 센세이션을 일으켰다. 83세의 작곡가가 불운 속에서 긴 여행을 하고 중요한 작품의 지휘를 한다는 것은 여태껏 없었던 일이었다. 여기에 멈추지 않고 그는 자신을 초청해준 스위스에서 지휘 활동을 하려고 했다. 하지만 1947년 4월 맹장 수술을 해야 했고 병에 걸려 결국 약속은 지킬 수 없었다. 1949년 3월에는 건강이 많이 좋아져 85번째 생일에는 파리로 가 <장미의 기사> 제2막을 지휘하려고 했다. 그 사이 상태가 다시 나빠졌고 무언가 예감이라도 했던 것인지 1949년 6월에 가르미슈로 돌아가 가족과 함께 생일을 보냈다. 그 전날에는 뮌헨의 <장미의 기사> 리허설에 나타나 모두를 놀라게 하고, 제3막을 지휘하겠다고 나서서 주위를 곤란하게 만들었지만 말이다. 이렇게 해서 그는 제3막 최고의 3중창 부분을 지휘하게 되었다. 그러나 8월 하순 심장마비를 일으켰고 그 이후로는 그의 몸이 다시 회복되지 못했다. 이렇게 해서 1949년 9월 8일 오후 2시 그는 세상을 떠났고 3일 후에 고향인 뮌헨에서 장례를 치렀다. 장례식에서는 오래전부터 그가 원했던 대로 <장미의 기사>의 제3막 '나 그대를 사랑하오 맹세하오' 3중창이 울려 퍼졌다. 그 자리를 지킨 멤버는 6월에 그가 지휘했을 때 함께했던 사람들이었다. 패전으로 독일이 혼란에 빠졌을 때였기 때문에 슈트라우스의 죽음은 그다지 주목을 받지 못했다. "나는 동시대 작곡가가 아니다. 내가 여든다섯 살이 되어 아직도 살아 있는 것은 우연에 지나지 않는다."라고 했던 그의 긴 인생도 이렇게 끝이 났다. 다음 해 그의 아내 파울리네는 마치 그를 따라가듯 세상을 뒤로했다.

슈트라우스는 지리멸렬했던 시대에 온 힘을 다해 자기 자신을 들여다보았다. 그는 시대의 위기에 가까이 서서 전통을 이어갔으며 영원하고 우주적이면서 동시에 현대적인 인간의 영혼을 찾았다. 항상 진지하면서도 밝게, 전쟁으로 멸망해가는 세상의 미래에 빛을 밝혔다. 오페라 역사의 세계적 발전에 엄습한 종말을 표현하고 과거의 가치를 드높여 활동을 전개해나갔다. 이 점에서도 다시 한 번 그의 편지와 작품을 회고하며 여러 생각을 발전시키고 싶다. 왜냐하면 슈트라우스에 대한 평가는 나치 시대의 좌절이나 급격한 현대 음악의 움직임, 세계대전에 의한 단절로 갈수록 안개에 가려졌다. 하지만 전후 시대를 지나 지금 서서히 그 문제성과 중요성과 역사적 지위가 선명해지고 있다. 시간이 흘러 음악 그 자체가 된 그의 영혼이 드디어 지난 시대의 의미에 빛을 비추기 시작했다. 이는 슈트라우스가 대작곡가라는 증거라 할 수 있다.

Ⅱ. 슈트라우스의 작품

1. 관현악곡

교향곡 교향시

슈트라우스의 교향곡 교향시는 총 12곡으로 알려져 있다. 이 중 마지막 두 곡은 다소 풍자적인 느낌으로 교향곡이라 명명되었다. 초기 두 곡의 교향곡과 비교했을 때 그 내용이나 사상 면에서 전혀 다른 매우 교향시다운 곡이라 할 수 있다. 이번 장에서는 슈트라우스의 교향곡 교향시를 총 3기로 나누어 해설해보고자 한다.

교향적 환상곡 <이탈리아에서>(작품16)는 이탈리아에서 여행한 기억을 생생하게 떠올리며 뮌헨에서 완성한 곡이다. 당시 22세였던 슈트라우스는 뷜로에게 다음과 같은 편지를 썼다.

"이번만큼 자연이 주는 자극을 정확하게 느낀 적은 없습니다. 로마의 폐허에서 저는 더없이 좋은 영감을 받았습니다. 그곳에서 온갖 아이디어가 제 머릿속으로 뛰어 들어왔습니다."

스물세 살 슈트라우스가 <이탈리아에서>를 뮌헨의 오데온극장에서 직접 초연했다. 이때 사람들은 혼란에 빠졌고 빈정대는 외침으로 술렁거렸으며 줄기차게 휘파람을 불어대는 식으로 비난의 목소리를 높였다. 연주가 끝나고 그는 백부 헤르부르거에게 다음과 같은 편지를 보냈다.

"연주회에서는 엄청난 소란이 일었습니다. 제가 제 길을 가기 시작했다는 것, 저만의 형식을 만들어냈다는 것, 게으름뱅이들을 몹시 괴롭혔다는 것, 바로 이것들로 인해 그들은 당혹스러웠고 화가 난 것입니다. 초반의 세 악장은 꽤 박수를 받았습니다. 하지만 마지막 '나폴리 사람의 생활' 이후에는 조금 악의에 찬 광기와 함께 비방의 목소리가 박수 소리에 슬쩍 섞여 나왔습니다. 물론 저한테는 유쾌한 일이었지요. 이제 저는 제가 가야 할 길을 똑똑히 알고 있기 때문에 마음이 놓입니다. 같은 시대를 살던 수천 명에게 미친 사람 취급을 받지 않았던 위대한 예술가는 없으니까요."

레비와 리터는 이 작품에 공감했고, 슈트라우스가 무엇을 하고 싶은지를 이해하고 있었다. 슈트라우스는 무엇보다도 이 '독립을 위한 첫걸음'의 증거를 '큰 감사의 뜻으로' 뷜로에게 바치기로 했다. 뷜로는 서둘러 답을 했다. "평소 같으면 거절하겠지만 한결같은 열정에 당신의 사랑스러운 마음을 잘 받겠습니다." 그리고 이 곡을 자세히 조사한 뷜로는 리터에게 보내는 편지에서 "나의 사람이자 우리의 불사조인 슈트라우스"라며 "이 천재는 그다지 힘도 들이지 않고 소리가 가진 미(美)적 영역의 한계까지 갔소. 이 풍성한 음악적 착상과 모든 다양성은 놀랄 만하며 부러워해야 할 결함이기도 하오."라는 글을 남겼다. 70년이 지난 지금은 어떤 혁신적 기운도 좀처럼 느껴지지 않는 곡이다. 하지만 이와 같은 글을 보면 당시에는 꽤 진보적인 음악이었다는 것을 알 수 있다. '남이탈리아의 음악 베데커(대표적인 여행안내서)'라 불린 슈트라우스는 이 곡에 대해 "로마와 나폴리를 봤을 때 느꼈던 저의 감각이 곡의 내용을 이루고 있습니다. 그곳에 대한 묘사가 아니에요."라고 주장했다. 이처럼 슈트라우스는 '내용'을 긍정하며 공연히 신독일주의에 합류했다. 이는 곧 표제 음악에 관련된 이야기가 된다.

<이탈리아에서>는 네 개의 표제를 가지고 있다. 제1악장은 '캄파냐에서'이다. 주제는 명백하게 드러나지 않지만 많은 테마가 있다. 소나타도 론도도 아니며 마치 한 봉우리를 둘러싸고 북적거리는 테마의 운동과도 같다. 외로운 나그네가 로마의 벌판에서 느끼는 무거운 감정, 폐허, 돌, 돔, 하늘, 바다 등이 빚어낸 과거의 로마가 지닌 숭고함. 해는 아직 떠오르지 않았을 무렵 환상은 죽음에 대한 친근감을 자아낸다. 하지만 점점 밤의 꼬리가 드러나고 로마 사원의 탑도 보이기 시작한다. 샘솟는 빛, 불꽃, 기쁨. 여기서 마음은 여러 전개를 펼친다. 진지하게 혹은 정열적으로 혹은 열광적으로. 빛 위에는 구름이 낮게 깔려 있다. 그리고 나그네 또한 처음 느끼는 진지함, 신기함, 뭐라 할 수 없는 엄숙한 기분으로 가라앉는다.

다음으로 제2악장 '로마의 폐허에서'는 알레그로로 에너지 넘치는 음악이 로마의 폐허를 그린다. 빛나는 태양 아래 잃어버린 고귀한 모습이 그 얼굴을 내밀고 나그네는 백일하에 비애를 느낀다. 먼저 힘차게 도전적인 테마가 포룸 로마눔(로마의 광장)의 환영을 보여준다. 과거의 추억이 시저와도 같이, 아우구스투스와도 같이 변치 않는 아름다움으로 대위법을 이룬다. 그것들은 머지않아 비극적이 되고 격렬한 생기를 머금는다. 스케치에 따르면 이것은 카라칼라 욕장에서 집필된 것으로 보인다. 음악의 여정은 더없이 주체적이며 생기발랄하다. 다섯 개 이상의 테마와 모티프가 전개되고 재현된다. 코다에서는 과거에 사로잡혔던 나그네가 다시 한 번 생글생글한 현재로 되돌아온다.

제3악장은 '소렌토의 해변에서'이다. 노래 두 개를 사이에 넣은 3부 형식이며 ABB'A로 되어 있다. 색채감이 철철 넘쳐흐르는 인상주의다. 미끄러지듯, 물보라를 일으키듯, 파도가 부서지듯, 폭포처럼, 상쾌한 하늘처럼 미소 짓게 만들어 마음이 하늘을 날 것만 같은 소렌토 해변의 소리들. 박차고 오르는 새하얀 파도, 그 위를 스쳐 가는 갈매기, 파란 하늘. 그리고 마침내 인간과 자연이 하나가 되어 노래한다. 꿈결처럼 하나로 흘러가는 이것은 남쪽 나라 노래의 한 소절일까 아니면 고향 노래의 한 소절일까? 사람은 눈이 부셔 눈을 감고 넋을 잃은 채,

지금은 독일도 이탈리아도 한 몸이 되어 있다. 그리고 잠시 후 클라리넷의 뱃노래가 나온다. 물살 위로 미끄러져가는 보트, 연인 두 사람, 곤돌라의 노래. 고요한 슬픔을 담아 첫 테마로 되돌아온다. 민요와 예술, 자연과 정교한 훈련이 여기에서는 완벽하게 일치되어 있다.

제4악장 '나폴리 사람의 생활'은 대담한 음의 도약으로 시작한다. 사람들의 화를 돋우게도, 잡가 중의 잡가, 베수비오 화산 케이블 개통의 노래 <푸니쿨리 푸니쿨라>가 전격 도입된다. 나그네는 모던한 민중들 사이로 뛰어든다. 이후 또 하나의 강탈이 덮친다. 무곡 <타란텔라>가 남방의 격렬한 기운으로 소용돌이치듯 펼쳐진다. 현, 피콜로, 플루트가 절규하고 끌어안고 춤을 춘다. 그리고 이 두 가지가 전개되어 간다. 슈트라우스는 일요일에 화산을 찾는 남녀의 즐거움을 느끼고 그려낸다. 결국 나그네는 그 무리에 거리를 두고 기억 속의 모습은 점차 가라앉는데 또다시 <푸니쿨리 푸니쿨라>와 <타란텔라>가 승리하듯 소리를 드높인다.

2년 후 1888년, 슈트라우스는 두 번째 교향시 <맥베스>(작품23)를 작곡해 리터에게 바쳤다. 그는 리터에게 다음과 같은 편지를 썼다. "그런데 어떤 사람들은 이런 괴상한 불협화음의 배후에 불협화음을 향한 절망적인 기쁨과는 다른 것, 다시 말해 이념이 있다는 것을 알아주었습니다. 저주스러운 계음을 전부 빼버리면 좋을 것을!" 이것은 맹렬한 미래를 향한 솔직한 고백이 아닌가. 그러나 뷜로는 더 이상 그를 이해하지 못하게 된 듯하다. 그는 "맥베스다운 마녀의 주방 속 안개"라고 말하며 "청중은 예술을 통해 기분 전환을 하고 싶은 겁니다. 그게 당연한 겁니다."라고 했다. 그리고 아내에게 쓴 편지에서는 <맥베스>는 광기에 마약 같았소. 하지만 천재적인 작품이고 압도적인 소리였어."라고 감상을 남겼다. 슈트라우스는 여기에서도 다시 한 발 앞으로 나아가 다악장 형식을 버렸다. 표제에는 "셰익스피어의 드라마에 따랐다."라고만 밝혔다.

슈트라우스는 마이닝겐에서 셰익스피어 연극을 보고 자극을 받아, 그 영향으로 제1부에서는 맥더프의 승리로 결말을 지었다. 그런데 뷜로가 주인공이 맥베스인데 이러면 이상하다고 하자, 마지막 축제의 행진을 삭제하고 맥베스의 죽음으로 끝을 맺었다. 그는 자신의 직관보다 뷜로를 더 존중했다. 줄거리는 중요한 부분만 남겨두고 몇몇 에피소드를 배제해 5막짜리 극은 단 18분짜리 음악이 되었다. 이렇게 해서 셰익스피어의 작품이라고 할 수 없을 정도로 전체적인 스토리는 주인공 테마 그룹과 대조가 되었다.

작품의 멜로디는 바그너답고 형식은 리스트에 가깝다는 평을 들었다. 그러나 테마인 폴리포니만큼은 리스트를 능가했다는 평도 있었다. 주된 테마는 두 가지다. 먼저는 제시부에 나오는 영주 맥베스의 지배자다운 모습과 맥베스 부인의 불안정하며 폭력적인 모습이다. 그리고 맥베스의 명예욕과 잔인함을 담은 '악' 그 자체인 테마도 나온다. 맥베스 부인의 테마는 거침없고 차갑다. 또한 사랑스러움과 웃음이라는 가면 아래 명예욕의 악령이 그 본색을 드러낸다. 이 테마는 남성의 테마에 대항하는 여성적 테마로서 고전적 구성법에 따른 느낌이 강하게 난다. 전개부에서는 맥베스 부인의 설득, 망설임 등의 테마가 뒤섞여 있다. 맥베스 부인은 승리의 함성을 터뜨리며 왕을 살해한다. 재현부에서는 제1테마 '승리의 행진'이 있다. 이 테마에서는 권력의 자리에 앉은 주인공이 위아래로 격하게 움직이는 정열을 보여준다. 그러나 음악이 끊기고 맥베스의 테마가 사라지고 영웅은 패배하여 무너져 내린다. 결국 소나타 형식의 제3부가 없고, 제4부로 바로 넘어가 베토벤의 커다란 코다를 겸하는 제2전개부 같은 것이 이 재현부다. 결말은 예로부터 자주 사용되었던 아이디어를 써서 정력적으로 전개해 나간다. 슈트라우스의 기질이 잘 발휘된 결말이다.

이처럼 슈트라우스는 하이든, 모차르트로부터 멀리 벗어났다는 점에서 기악곡을 떠나 교향시의 길로 접어들게 된다. 슈트라우스는 전통 형식을 내용주의로 이용했다. 하이든이 소나타라는 형식에 생각을 담았다면 슈트라우스는 교향시에 생각을 담았다. 유럽 음악의 흐름을 쫓으며 필연적으로 그렇게 된 것이었다. '내용'이야말로 슈트라우스의 목적이 되었다. 표제와 테마는 아무래도 상관없다고 말하면서도 슈트라우스는 항상 모순되게 관념과 내용에 대해 말했다. 계음에 대한 부정 역시 결국에는 그런 내용주의를 달리 표현한 것일 뿐이다. 그가 현대 모더니즘과 연이 없다는 것을 점점 알 수 있게 된다.

1888년 24세의 나이에 뮌헨에서 완성한 교향시 <돈 후안>은 <맥베스> 초고를 완성하고 작업한 작품이다. 그가 내용으로부터 출발해 마지막에 다시 내용으로 되돌아가는 모습은 이 곡의 역사에서도 잘 드러나 있다. <돈 후안>은 19세기 오스트리아 시인 니콜라우스 레나우의 서사시에 자극을 받아 쓴 것이다. 슈트라우스는 시인이 숙명에 맞서서 아무런 제약 없이 격렬한 자세를 취하는 모습과 자기중심적 정열, 에로스에 감명을 받았다. 그는 진정한 사랑이란 감각의 도취로 보복을 당하며 무너지는 것이라는 이념에 동감했다. 돈 후안은 자기 죄로 인해 심판받지 않고 자신의 우월한 열정으로 인해 쓰러지는 것이다. 슈트라우스는 기독교와 신화, 과거 돈 후안의 모습에서 멀리 떨어진 세계를 주장했다. 초인 돈 후안은 이렇게 하여 소시민 사회와 대치되며 사회의 약속과 대치된다. 슈트라우스는 모차르트의 판타지를 쓰지 않았다. 그뿐 아니라 레나우의 이야기 줄기도 버린 채 표제도 철학도 없는 감각의 세계로 모든 것을 순화시켜 본질적인 음의 세계를 구성했다. 다시 말하면 내용의 영역인 시인의 세계에서 점화시켜 스스로가 불타올라 자기 자신만의 음악을 만든 것이다. 그러나 작품이 완성되자 슈트라우스는 다시 시인의 세계와 대응시키며 생각을 했다. 작품이 나온 이후 마치 옛 음악에 저항하듯 그는 일부러 니콜라우스 레나우의 시를 작품에 덧칠한 것이다. 이 시는 4연으로 구성되어 있으며 슈트라우스의 음악 세계와 딱 들어맞고 그의 사상이 그대로 드러난다는 점에서 흥미롭다. 제1연의 끝을 보면 다음과 같다.

오오 벗이여, 아름다움이 눈부시게 피어나는 온 공간을
날아올라 한 사람 한 사람 앞에 무릎 꿇어

아주 짧은 시간일지라도 승리를 장식하고 싶구나

제2연에서는 미(美)를 섬기고 한 명 한 명을 섬기고, 궁극의 존재에 손을 대고 항상 고민해야 한다고 노래하며 다음과 같이 말한다.

아름다운 여인의 드넓은 세계로 떠나
방황하고 또 방황한다 해도
한 사람 한 사람 만나는 사랑은 모두 다 다른 사랑이리라

정열은 쉼 없이 새롭다. 여기서 죽음을 견디고 저편에서 새롭게 피어난다. 정 열은 스스로를 잘 알기 때문에 어떤 후회도 없다.

밖으로! 새로운 승리를 구하라!
젊음이라는 불꽃의 맥이 뛰고 있는 한!

제4연에서는 다음과 같이 노래하며 끝을 맺는다.

경멸하는 하늘에서 번개라도 내리친 건가
내 사랑의 힘을 쳐부수었구나
느닷없이 세계가 막연히도 밤이 되네
아니, 그런 게 아닌가보군. 장작이 다한 것일 뿐
아궁이가 차갑게 식어 어둠이 내리네

슈트라우스는 이렇게 말했다. "베를리오즈, 리스트, 바그너가 보여준 사례들 에서 배워, 음악 안에서 마음껏 표현된 세계, 시적 세계를 전개해나가야 한다." 고. 슈트라우스는 당시의 쇠약한 페시미즘, 쇼펜하우어, 에피고넨, 제국 안의 물

질주의에 반대하며 하나의 해설을 제시하고 아름답고 힘 있는 현실의 문을 열었다. 또한 낭만주의의 숨 막히는 예술계를 타개하고자 했다. 그는 존재를 향한 헌신과 우주 속에서의 자기 찬미와 개인 중심적 리얼리즘의 승리를 음악으로 표현하고자 했다.

1889년 11월 <돈 후안>의 초연 이후 그는 아버지에게 다음과 같은 편지를 썼다. "<돈 후안>의 성공은 중요한 의미가 있습니다. 작품은 마술처럼 울려 퍼졌고 훌륭하게 연주되어 바이마르에서는 본 적이 없을 정도로 폭풍 같은 박수갈채를 받았습니다."

초연 지휘는 한스 폰 뷜로가 맡았다. 젊음의 힘으로 슈트라우스는 여기서 최고의 절정까지 올랐다. 그리고 그는 젊은 시절의 친구 루트비히 투일레에게 이것을 바쳤다. <돈 후안>의 여성 테마는 전체의 상징으로 활과 같이 솟아올랐고 빛과 같이 내려와 공간을 휘젓고 다녔다. 대담하며 사랑스러운 움직임이었다. 후반 부분에는 구애가 시작된다. 여성의 테마가 매혹적으로 흐르며 둘도 없는 아름다움이 펼쳐진다. 고상한 아름다움을 성취해낸 슈트라우스는 또다시 정처 없이 탐구에 빠진다. 모든 테마의 단편을 뒤로하고, 플루트 솔로로 깊은 슬픔에 찬 사랑의 테마가 연주된다. 우리는 여기서 슈트라우스가 옛 음악에 대해 다소 부정적인 생각에 빠져 있다는 느낌을 지울 수 없다. 그리고 고뇌의 투쟁을 끝으로 오보에 솔로가 고요히 명상적이면서 낭만적인 연가를 연주한다. 그러나 듣다 보면 다시 분발해서 더욱 결연하게 일어서게 하는 음악. 그것은 드라마틱하고 삶을 긍정적으로 마주하게 하며 승리의 함성과도 같은 것이다. 이들 테마는 마구 뛰어다니고 쫓고 쫓기며 봇물 터지듯 디오니소스적으로 사방에 퍼진다. 마지막에 둔탁한 음이 높은 곳에서 낙하한다. 하프는 미끄러지듯 울리며 트럼펫이 무정하게 멀어지고 현이 떨리며 결말의 어두운 소리를 낸다. 불타올랐던 정열이 자기의 불씨를 다 태운 것이다. 관현악의 색채는 풍성하며 리스트와 달리 다성적이다. 슈트라우스가 '신경 대위법'이라 말한 것이 있다. 탄력성이 넘치고 생명감으로 가득 찬 리듬과 명확하고 감각적인 테마 처리, 자극적이고 대담한 하모니와 거장다운 화려한 기악법이 그 본질이라고 할 수 있겠다.

　1889년 스물다섯이 된 슈트라우스는 이어서 교향시 <죽음과 변용>(작품24)을 작곡했다. 이 곡은 1889년 바이마르에서 완성한 뒤 1890년 독일 음악가협회의 톤퀸스틀러 축제에서 직접 지휘해 대성공을 거두었다. 이 작품은 두 가지 테마를 기초로 하여 구성된 1악장 형식의 교향시다. 전체적으로는 '서주(序奏)와 주부(主部), 코다'로 구성되어 있다. <죽음과 변용>은 잘 정돈되어 있고 능숙하게 처리되어 신선하면서도 과장되지 않아 듣기 쉬운 곡으로 <틸 오일렌슈피겔의 유쾌한 장난>과 함께 사랑받는 명곡이다. 하지만 라르고를 몇 분만 보더라도 굉장히 촘촘한 직물로 짜여 있다는 것을 알 수 있다. 있는지 없는지 모를 정도로 약한 현악기 소리, 죽음의 선고를 연상시키는 팀파니의 둔탁한 소리, 여기에 맞서는 병자의 표정, 부드러운 유혹의 울림, 다시 한 번 죽음의 선고. 이들은 제1 혹은 제2테마의 일부가 된다.

　마침내 테마다운 것이 등장한다. 이것은 제2테마에 가까운 것으로 죽음을 맞이하여 과거를 떠올리는 병자의 환영이다. 플루트와 클라리넷에 오보에가 더해져 황홀경을 이룬다. 명백하게 이것은 시(詩)다. 유년 시절의 푸른 하늘, 강가에서 놀던 기억, 친구, 사랑, 마음 놓고 발을 내디딘 세계의 꿈이다. 누구라도 이 감정은 이해할 수 있을 것이다. 하지만 이것들은 서주이며 아직 테마를 형성하고 있진 않다. 주부는 알레그로 몰토 아지타토다. 옥타브에서 옥타브로 서둘러 가는 네 개 음의 연속으로 주부가 열린다. 제1테마로 응축되고 혼합, 대립, 강조된다. 여기에 철저하게도 매우 난폭한 죽음과 산산이 부서지는 생명의 모티프가 드라마틱하게 나부낀다. 인간과 삶을 바라보는 슈트라우스의 관점이 잘 드러나 있다. 이렇게 되면 그는 사상가이자 시인이다.

　힘차고 우아하게 아름다운 제2주제가 이 싸움에서 탄생한다. 이것은 역시 어린이의 날 즐거운 꿈이다. 삶을 동경하는 모습이 여러 테마로 변형되어 등장한다. 매우 디테일하게 아름다운 다채로움을 선보인다. 그러나 또다시 죽음의 모티프가 끼어든다. 격렬한 두 항쟁으로부터 지양의 에너지를 담아 변용된 테마가 나온다. 그것은 제2테마의 세 가지 모티프로 구성된 것이기 때문에 오히려 죽음을 이겨낸 삶의 테마로 볼 수도 있다. 훌륭한 16분음표로 생명의 실이 끊어진 망자의 테마가 유유히 산등성이를 걸어간다. 이 정화의 의미는 변용이라기보다 현세의 강렬한 긍정, 감각 세계의 변호다. 저승의 찬가가 아니다. 그리고 여기서 말을 거는 것은 거장의 자리에서 약점을 승리로 극복하고 죽음을 이겨낸 예술가 그 자신이다. 슈트라우스는 자신의 정신적, 육체적 체험으로 작곡을 했고 옛 음악을 매장해버리고 정화시켰다.

전기적 측면에서 말하자면 중병의 예감이 피안(彼岸)을 마주하는 동기가 된 것이다. 슈트라우스는 이 정화로 예술가로서는 자연주의를 극복했고 바그너적인 삶과 죽음의 대립인 <트리스탄과 이졸데>에서 벗어나 영혼의 자유를 쟁취했다. 삶과 의지의 이와 같은 상징적 자유와 해방은 당시 문예와 음악에 공통으로 나타난다. 그러나 이 음악은 베토벤의 '어둠을 통해 빛으로!'라는 테마에 속하며, 매우 독일스러운 전통과 어깨를 나란히 한다고 말할 수 있다. 그는 <죽음과 변용>을 친구 프리드리히 레쉬에게 바치며 총보에는 알렉산더 리터의 시를 실었다. 이 표제는 한슬리크가 설명 표제라 이름 붙여 오해를 불러일으키기도 했다. 분명 슈트라우스의 내용주의가 혼란을 일으키긴 했다. 하지만 표제가 음악에 흠을 낸다고 아무리 사람들이 떠들어도 이것이 바로 슈트라우스의 음악이다. 반대로 표제 덕분에 곡에 더 적극적으로 접근할 수 있다고 볼 수는 없는 걸까? 표제 때문에 곡이 초라해 보인다는 사람들은 근본적으로 이해를 잘못한 것이다.

중기의 5대 교향시 중 처음 세 작품과 나머지 두 작품은 내용적으로도 형식적으로도 매우 다르다. 초기 세 작품은 틸 오일렌슈피겔이나 차라투스트라, 돈키호테라는 유럽의 인간 해방적인 인물을 음악화한 것이다. 반면 나머지 두 작품은 스스로를 영웅으로 보거나 가정적인 사람으로 보는 등 자신을 발견하려는 특징이 있다. <틸 오일렌슈피겔의 유쾌한 장난>은 전설 속 근세의 악동을, <차라투스트라는 이렇게 말했다>는 철학 속 현대의 초인을, <돈키호테>는 중세 소설 속 기사를 그 주인공으로 내세웠다. 세 가지 유럽 문학의 형태를 빌려 유럽 세계의 정수를 표현하여 거기에 자신의 음악 세계를 세우고자 했던 매우 거대한 기획이었다. <틸 오일렌슈피겔의 유쾌한 장난>은 론도 형식으로 5~6개의 에피소드를 담은 밝고 경쾌한 음악이다. <차라투스트라는 이렇게 말했다>는 1악장 소나타 형식으로 다섯 가지 철학의 단계를 열거해 생명의 힘과 동경과 디오니소스에 충만한 작품이다. <돈키호테>는 변주곡으로 10개의 에피소드를 갖추어 편력과 꿈과 환상을 칭송했다.

반면 <영웅의 생애>는 대외적인 자전적 작품으로 전쟁 속에서 태어난 자신을 소개하며 결론을 압박하는 곡이다. <가정교향곡>은 대내적인 자전적 작품이라 할 수 있으며 고백을 통해 사랑을 만드는 작곡가 자신의 모습을 들여다본 것이다. 두 작품 모두 심포니적이고 소나타 형식에 가까우며 앞서 언급한 세 작품보다도 서사성이 적다는 점에서도 구별되는 요소가 있다. <영웅의 생애> 이하의 작품에서는 신고전주의적 형식에 따른 새로운 유기체로 재편되었음을 알 수 있다.

<틸 오일렌슈피겔의 유쾌한 장난>(작품28)이 현대 음악 중에서 가장 신선하고 사랑스러운 작품이라고 불리는 것은 당연하다. 많은 사람이 슈트라우스가 그 이전에 이렇게 훌륭한 작품을 작곡한 적은 없었다고들 한다. 작품28은 기지, 유머, 아이러니, 심리, 이상향이 아름답게 조화를 이루어 세계 어느 연주회에서라도 환영을 받는다.

<오일렌슈피겔>이라는 시릴 키스틀러의 오페라에 감명을 받은 슈트라우스는 전에도 여러 번 이 소재로 오페라를 만들고 싶다는 생각을 했다. <군트람>의 실패에 마음을 접은 채로 있었던 슈트라우스는 1895년 5월 6일 뮌헨에서 교향시 <틸 오일렌슈피겔의 유쾌한 장난>을 완성했다. 이 작품은 『합창연

습(Chorübungen)』의 저자 프란츠 뷜너에 의해 쾰른에서 초연되었다.

틸 오일렌슈피겔은 1350년경 사망한 것으로 알려진 인물로 한결같은 악동이다. 슈트라우스는 그의 장난을 재료로 자신의 성격을 인물에 투사시켰다. 아이러니와 유머의 세계였다. 슈트라우스는 여기에 자신의 적과 대결시키는 내용까지 집어넣은 듯하다. 그래서 그는 이 교향시의 표제를 언어로 하지 않았고, 우선 귀로 듣고 악동이 저지른 본질적인 행동을 청중이 직접 찾아내기를 원했다. '옛날 아주 먼 옛날 악동이 살았다', '그의 이름은 틸'이라는 두 개의 테마에서 시작해 여러 테마가 변형되고, 론도 형식으로 ABACAD…식이다. 장난이 하나씩 끝날 때마다 테마가 회귀한다. 내용과 형식의 일치가 곧 영감과 기술의 일치와 함께 가는 실로 명작이다.

형상과 비유는 끝없는 생명력을 가지고 매우 경쾌하게 흘러간다. 작품은 생기로 가득 찬 공상적 직관과 기쁨에 겨운 발랄한 마음으로, 무거운 법칙을 뛰어넘어 음 하나하나가 날개를 달고 날아다닌다. 자유로운 웃음과 불멸의 어리석음으로 누구라도 가슴이 뻥 뚫린 기분을 맛볼 것이다. 틸은 후생을 위해 별것 없는 유품을 소중히 바치는 사람, 자신이 성인(聖人)인 척 으스대지만 실제로는 속물인 사람, 예쁘지만 뾰로통하게 고집이 센 여인, 학자 등에게 장난을 치며 마구 놀려댄다.

세상에 존재하는 것은 무엇일까? 미신과 어리석은 행동이다! 콧노래를 부르며 가는 틸을 포졸들이 쫓아가 체포한다. 자유로운 정신은 이렇게 약점투성이인 약자의 힘에 의해 모여들고 압박을 받고 재판에 넘겨져 교수형을 당한다. 재판의 테마, 틸의 답변, 포기한 틸, 그 아름다운 양심의 목소리, 교수형의 테마, '가여운 틸'이라는 작가의 한숨처럼 실로 인간적인 진행을 선보인다. 이 어두운 결말 뒤에 다시금 음악은 밝은 기운을 몰고 와 인간의 역사 안으로 유명한 악인을 정당한 자리에 앉히고 그로 인해 틸은 영원해진다…… 이 세상은 그에게서 도망칠 수 있을까? 속물이 굳어진 고지식함은 결국 승리할까? 에필로그는 계속 웃어대며 '아니'라고 말한다. 속세는 그를 저세상으로 보냈지만 그의 영혼은 여기 머무르고 있다.

<차라투스트라는 이렇게 말했다>(작품30)는 슈트라우스가 32세 때 작곡한 작품이다. 그 당시 니체는 가장 격렬한 논란의 주인공이었다. 니체만큼 당시 사람들에게 혼란을 야기한 사람은 없다. 니체의 차라투스트라를 작곡한다는 것은 모럴리스트에게 있어서는 종교와 교회를 배반하는 것이다. 또한 음악가에게 있어서는 도무지 이해할 수 없는 것을 음악으로 만든다는 것이며 바그너주의자에게 있어서는 신성한 음악극에 대한 시위(demonstration)였다. 바그너를 유일하게 이해했던 니체는 급변하여 바그너를 오해하기 시작했고 점차 그를 인정하지 않았다. 분명 니체의 작곡은 필연적으로 바그너와 모순된다. 니체에게는 빛과 태양과 대낮이 있으며, 음악은 바그너의 낭만적인 것을 없애고 우주와 축제 같은 대화가 되어야 한다. 니체는 "음악은 너무나도 꿈을 꾸려 한다. 지금이야말로 각성해야 할 때가 아닌가. 우리는 밤을 여행하는 사람이었지만 이제는 낮을 여행해보는 것이 어떨까?"라고 말했다. 분명 니체의 작곡은 모럴리스트들이 화를 낸 것처럼 종교에 대한 배반이 되었다. 니체는 "우리나라는 이 세상의 것이다. 이 세상에서 나는 숨을 쉬고 음미하고 춤을 추고 태양을 향해 비상한다. 이렇게 나는 이 세계로 다시 한 번 돌아온다."라고 말했다. 슈트라우스를 사로잡아 놓아주지 않았던 것은 니체의 철학이 아니라 자연 신앙의 감각 예찬이었다. 슈트라우스만큼 건강한 감각을 가진 음악가는 없다. 그가 그와 닮은 마음을 가진 천재의 주장을 찬양하고 정체된 세기말의 한심함과 그 딱딱한 규칙을 버리자는 암시를 하고자 했던 것은 당연한 일이다. 이처럼 철학자를 음악으로 만드는 것에 반대하는 사람이 있지만 니체는 이렇게 말했다. "차라투스트라가 어떤 표제에 속하냐? 교향곡에 속한다고 해두고 싶군."

사람들은 작품30의 표제성이 작품28보다 떨어진다고 말한다. 절대 음악에 가깝다고도 여겨진다. 작품30은 '우선 테마가 나오고 에피소드 별로 테마의 변주가 재현된다', '제1부부터 제4부로 나뉜다', '서주와 여덟 개의 장으로 구성된다'는 등으로 다양하게 해석되기도 한다. 말하자면 대담한 음향을 선보이고자 했던 노력이 느껴진다. 본질적으로는 랩소디나 아포리즘과 비슷한 느낌이라고 할까? 슈트라우스는 언어로 되어 있지 않은 것을 정신화시키지 않았고, 육체화시키고 감각화시켜 필설로는 다할 수 없는 투명한 음으로 만들어냈다. 그리고 더욱 신기한 초감각적인 울림을 퍼뜨렸다. 신앙의 노래는 여러 개의 현악기 그룹으로 힘찬 코러스가 되었다. 위대한 동경은 삶을 향한 의지가 진동하는 비약이 되었다. 무도의 노래는 현실의 밑바닥에서 해방된 자들의 유연한 리듬이 되었다. 그 황홀경은 장난으로 발목을 잡지 않은 채 두 다리로 대지 위를 방황하는 듯했다. 최초로 승천하는 모든 음계적 진행이나 땅을 기는 자들의 어두운 손짓의 단조(短調), 과학을 나타내는 상하로 움직이는 묘한 음, 완벽하게 새로운 모더니즘과 결합된 초인의 웃음소리, 디오니소스적 초인의 리듬이 지닌 가벼움, 밤의 초인이 자연과 정신과의 대립을 드러내는 불협화음, 자유자재로 변화하는 박자는 매우 새로운 기법으로 성공을 거두었다. <차라투스트라는 이렇게 말했다>의 작곡은 1896년 1월부터 8월까지 이루어졌다. 11월에는 직접 프랑크푸르트에서 지휘했는데 상당한 반론을 일으켰으며 오늘날까지도 자주 오해를 사는 작품이다.

1897년 말에 완성하여 이듬해 3월에 쾰른에서 초연된 <돈키호테>(작품35)는 처음에는 그다지 반향을 불러일으키지 못했지만 해가 거듭될수록 호평을 얻었다. 슈트라우스는 무엇이든 그림 그리듯 묘사하는 작곡가로 사람들은 이 작품에도 이야기가 담겨 있을 거라 생각했다. 하지만 예상과 달리 음색이 부족한 작품을 마주하자 사람들은 빤하게도 반음악적이고 주석이 필요한 작품이라며 비난을 퍼부었다.

슈트라우스의 음악은 결코 에피소드를 그리는 것이 아니다. <돈키호테>는 돈키호테라 불리는 하나의 존재에 대한 맛과 본질을 다양하고 즐겁게 전개해 소리의 움직임을 만드는 것이었다. 돈키호테가 누구인지 세르반테스를 통해 알고 그 문학 작품에 담긴 정신을 아는 사람은 음악에 푹 빠져들어 이 곡만큼 신나는 것은 없다고 할 것이다. 분명 유럽 정신의 한 줄기 사상을 상징하는 장으로서의 <돈키호테>를 알지 못한다면 이 소리가 만들어낸 세계에 좀처럼 접근하기 어려울 것이다. 그러나 이는 음악을 듣는 사람들 사이에서 공유되어야만 하는 약속이자 의무다.

틸은 용감하게 머리가 잘렸고 차라투스트라는 태양을 향해 달려가지만, 세르반테스의 세계는 다르다. 돈키호테는 우열한 세상을 정의와 용기와 사랑으로 떠돌지만, 역으로 이 초인은 자신의 과오를 인정하고 쓸쓸히 죽어간다. 그는 아름다운 이상향을 부여잡고 살아남지만 그것이 모두 한때의 꿈이었다는 것을 깨닫게 된다. 그는 현실적으로 왕자가 될 것을 믿고 싸웠다. 하지만 허무하게도 귀부인에게 구애하던 날마저 덧없는 거짓의 잠꼬대였다는 사실을 알게 된다. 돈키호테는 평생의 9할 9푼을 이상향을 위해 미덕과 훈련과 모험과 빈곤과 사랑으로 살았다. 그는 생애 마지막에서야 보이지 않는 것, 존재하지 않는 것에 모든 것을 걸었던 자신의 삶이 그저 방황이었다고 깨닫는다. 슈트라우스는 이 점을 더없이 아름답게 그려냈다.

돈키호테는 고요한 추억 속에서 여생을 보내며 때로는 지나쳐 가는 환상에 시선을 던지며 고통도 고뇌도 없이 모순을 지양하고 광명에 휩싸인 채 죽어간다. 수많은 표정이 담긴 채 흘러가는 옛 테마에 정말로 행복한 몸을 찾아 긍정한다. 객관적이어야 할 작곡가가 여기에서는 주관적인 협연자가 되어 돈키호테의 포기에 공감하고 미소 지으며 바라봐준다. 이상주의자 돈키호테와 슈트라우스는 똑바로 서로를 바라보며 가라앉는다. 뭐라 할 말을 잃게 만드는 낭만적인 아이러니의 세계다.

슈트라우스는 옛 시대의 기사도를 여기에서 선명하게 되살리며 우리의 눈앞을 지나가게 만든다. 청중은 몇 백 년을 뛰어넘어 맨 처음 소절부터 기사 돈키호테가 곧 '나'가 되는 기쁨을 만끽할 수 있다. 우리도 역시 돈키호테와 함께 방황하고 결국에는 '삶은 꿈'이라고 생각하며 산초 판사를 찾는다. 두 사람의 테마가 내적 외적 상황을 표현해주며 비현실 속으로 우리를 끌어당기는 수법은 박력에 넘치는 현실성을 갖춘다. 환상이 현실, 색즉시공이 되어 우리에게 '사는 즐거움'을 알려준다. 여기에서는 죽음 또한 꿈결의 품에 안기는 것과 같다. 17세기부터 음악에 수없이 도입되었던 소재가 이렇게도 멋진 형식을 획득한 적은 없었다.

이렇게 슈트라우스는 돈 후안, 맥베스, 틸, 돈키호테, 차라투스트라, 살로메라는 유럽의 인간 해방적 소재들을 즐겨 다뤘다. 그러나 교향시 <영웅의 생애>(작품40)에서는 자기 자신을 대상으로 작품을 만들었다. 제2차 뮌헨 시절에 착수하여 베를린으로 이동한 지 얼마 지나지 않은 1898년 말 샤를로텐부르크에서 완성, 1899년 3월 초연된 작품이다. 이 곡 역시 청중으로부터 강한 비난을 받았고 무리 지어 극장을 나가버리는 관객도 많았다. 특히 영웅의 전투 부분에서 가장 큰 소란이 일었다.

작품40은 지금과는 달리 당시 미래 음악이라고 불려야 할 만큼 기묘했고 사람들이 받아들이기 어려운 음악이었던 듯하다. 청중은 보수적이며 예전의 위대한 사례를 기념비로 추대하며 그것을 기준으로 자신들의 동시대 작품을 편협하게 비평한다. 작곡가가 끊임없이 전진할 때 맞닥뜨리는 장벽이 <영웅의 생애>의 테마라고 해도 좋지 않을까? 슈트라우스의 음악에서 여러 차례 보이는 투쟁적 성격은 그의 시대가 마침 전환기에 있어서 19세기와 20세기 사이에서 스스로 찢겨버렸기 때문은 아닐까? 슈트라우스는 이 점에서 숙명적이었다. 바그너는 19세기, 쇤베르크는 20세기에 느긋하게 손과 발을 뻗을 수 있었다. 하지만 슈트라우스는 20세기의 소용돌이 속에서 이리저리 부대껴야 했다.

그런 상황에서 슈트라우스가 낼 수 있었던 목소리는 때로는 전투적이었다. <틸 오일렌슈피겔의 유쾌한 장난>에서는 유머 속에 녹아 들어갔고 <차라투스트라는 이렇게 말했다>에서는 디오니소스에 도취되었다. <돈키호테>에서는 포기의 반성으로 드러났다. 반면, <영웅의 생애>에서는 너무나도 자신을 밖으로 드러내어 우리를 쓴웃음 짓게 만들 정도였다. 자신을 드러낸 표현은 예술이라고 하기에 지나친 것이었다. <영웅의 생애>의 진실성에는 변함이 없지만 예술성에는 다소 문제가 있다는 기분이 든다는 것이다. 예술가는 기념비적으로 세간을 강하게 부정함으로써 자기 자신 또한 기념비화시켜갈 것이다. 그리고 그것이 예술의 고정관념을 만들어낼 것이다. 슈트라우스는 <영웅의 생애>로 먹구름이 끼어 다시 한 번 <살로메>로 날개를 펼 때까지 상당한 노력이 필요했음이 틀림없다.

영웅이라는 말을 쓰면 기사도 시대가 연상되지만 슈트라우스에게 영웅은 주인공 내지는 거장과도 같은 의미였다. 여기에는 눈부시게 화려한 면모는 없으며 현실과 싸우고 사실과 논쟁하는 솔직하고도 이상적이며 일을 좋아하는 모습이 나온다. 교향적 환상곡 <이탈리아에서>를 작곡한 1886년부터 끊임없는 템포로 압박에 대항하여 써 내려간 작곡가 슈트라우스의 모습이 바로 그것이다. 그는 자신의 시(詩)적 원리로 그 자리에 멈추고 청산하고 예술가 세계를 일반적으로 고찰해보고 있었다. 그리고 창조적인 자아를 대대적으로 긍정하고 있다. 이른바 괴테의 바이마르 시대 초기 요약본 같은 '헌시'가 <영웅의 생애>이다. 이 작품에서 감동적인 상징, 친근한 사물, 신성한 구제 따위는 찾아볼 수 없다. 34세의 슈트라우스는 기술적으로도 총결산을 보여주며 지금까지 무엇이든 견뎌내는 대교향곡을 만들었다.

구성은 6부로 되어 있지만 내적으로는 4악장으로 볼 수 있다. 그리고 전체적으로 끊어지는 부분 없이 이어진다. 그러나 슈트라우스는 삶을 하나의 스토리로 배열했고 머릿속으로는 하나의 픽션 세계를 자세히 쫓아갔다. 그리고 각 장의 표제는 다음과 같다.

(1) 영웅의 위대한 결의, 그리고 영웅의 구상력, 깊은 감각, 생명력의 전개.

(2) 적의 조소: 삐걱거리는 클라리넷, 낮은 소리로 울리는 파곳(바순), 높은 소리로 울리는 플루트, 심심해 보이는 튜바……. "뭐가 뭔지 모르겠다" 여기에 대한 영웅의 슬

픔, 재기하는 모습, 양쪽의 본질적인 차이.

(3) 반려자가 등장한다. 여기서 꽤 많은 시간을 들여 변덕스럽고 아름다운 여인과 작곡가의 사랑이 펼쳐진다. 느긋한 플루트, 클라리넷, 오보에가 만드는 서정, 마음으로부터 오가는 대화와 따뜻한 포옹, 하지만 조소와 트럼펫의 도전으로 상기되고…….

(4) 영웅은 싸우지 않으면 안 된다. 적과 영웅의 테마 간의 대립, 폴리포닉하게 섞인 연인의 테마, 빛으로 충만한 왕의 테마가 떠오른다. 연인이 몸을 기대며 승리의 노래가 된다. 그사이에도 둔탁한 적의 북소리. 이들은 소위 세 테마의 제시에 이은 전개부, 또는 스케르초로도 볼 수 있을 것이다.

(5) 영웅은 원래의 자신에게로 되돌아오고, 지금까지 일에 대해 생각한다. 이와 같은 전쟁 속에서 태어난 작품은 <돈 후안>, <차라투스트라는 이렇게 말했다>, "아 그리고"를 말하려는 듯 계속되는 어린 시절의 꿈을 꾸는 <죽음과 변용> 속 사람……. 그리고 <돈키호테>의 출발 모습도, 산초의 당나귀도, <틸 오일렌슈피겔의 유쾌한 장난>의 황금 웃음도 있었다! <군트람>이나 <맥베스>의 절규도 있었고, 아름다운 리트도 있었다……. 영웅은 전쟁을 멈추고 이를 뒤로하여 앞으로 또 앞으로 발길을 재촉한다.

(6) 코다풍이 되어 북 리듬을 타고 잉글리쉬 호른이 목자의 노래를 연주한다. 체념하고 자연으로 향하는 천재는 점점 더 내부로 깊숙이 잠긴다. 깊은 고독과 무시무시한 진지함이 감도는 독일스러운 내면세계. 그는 고뇌를 극복하고 현실에게 이별을 고한다. 오히려 민요처럼 느긋하고 행복하며 장엄하게 이 세상에 대한 그의 고별가가 흐른다.

슈트라우스는 무엇이든 음악으로 만들었다는 이유로 보수적인 사람들은 그를 자주 비난했다. 유명한 시인 모르겐슈테른은 이런 노래도 했다.

작은 새 슈트라우스가 부는 피리는

나에게도 느껴지네 잘 알 수 있어
무엇이든 할 수 있지 그것이 그의 전부
그것 말고 다른 얘기라면 나는 입을 오므리겠어

음악은 19세기부터 필연적으로 슈트라우스의 교향시 쪽으로 움직이고 있었다. 음악이 삶의 모든 내용을 세밀하게 표현하여 거기에 아폴로적이고 디오니소스적일 수 있다면 그것은 매우 뛰어난 음악임에 틀림없는 것이다. 문학이나 회화가 적나라한 인생을 그린 것처럼 슈트라우스의 음악도 갖가지로 인생을 노래한다. 하지만 슈트라우스는 자기 인생만을 그 내용으로 작곡했기 때문에 무엇이든 할 수 있었던 것은 아니었다. 사람들은 각자만의 모차르트나 베토벤의 음악관으로 부당하게 슈트라우스의 교향시를 공격했다.

<가정교향곡>(작품53)도 영감이 없다거나 부족한 점이 있다는 말을 많이 들었지만 그것은 곡을 이해하지 못하고 하는 비난이다. <가정교향곡>은 가장 영감이 없고 부족한 소재라 할 만한 '가정'을 다루고 있다. 하지만 음악 그 자체는 가장 훌륭한 영감과 가치를 가지고 있다. 언제나 예술이란 가정 밖의, 승화된 자유의 경지라고 여겨진다. 고전 명작 중에 기복 없는 가정의 하루를 다룬 것이 있냐고 물어보기 십상이다. 그리고 우리가 경애하는 음악가란 무덤이 없는 모차르트나 귀가 안 들리는 베토벤, 쓸쓸히 늙어간 브람스 같은 광기와 병자에 가까운 사람들 아니었던가. 이와 같은 선입견으로 슈트라우스의 <가정교향곡>을 바라보면 아주 실망스러울 것이다. 게다가 우리는 <틸 오일렌슈피겔의 유쾌한 장난>이나 <차라투스트라는 이렇게 말했다>에서 그의 평범함이 돌변했던 모습을 보지 않았나 의심할 것이다. 힌데미트가 언급했듯이 음악이 가정적이지 않을 것 같다는 인상은 19세기의 사고이다. 오히려 바흐나 하이든은 가정 음악이라 할 수 있는 부분이 있었다. 그리고 슈트라우스의 음악은 소시민적 가정 음악이라고는 할 수 없다. 말하자면 시민적 삶을 음악으로 하더라도, 거기에 표제

를 붙이더라도, 그 작품의 어떤 결점도 되지 않을 것이라는 말이다. 당당한 언제나의 슈트라우스다.

그는 교향시 <영웅의 생애>가 완성된 뒤 오랫동안 오페라와 리트를 만들었다. 1903년 말에는 드디어 <가정교향곡>을 완성해, 1904년 3월, 뉴욕의 슈트라우스 음악 축제에서 직접 초연을 올렸다. 여기서 슈트라우스는 개인적 삶의 목가를 자랑스럽게 선보이며 아내와 아들에게 이 작품을 바쳤다. 우리는 두 번째 그의 자전이 옛 천재들과 비교해 얼마나 평범했는지 보고 놀랄 것이다. 성격은 조화를 잃지 않으며 가족은 흔들림 없이 서로를 의지하고 사랑한다. 휴머니스트적인 밝은 마음이 전체적인 내용을 이루고 있다. 음악도 그에 응답하여 불협화음도 적고 조성도 잘 보존하며 멜로디는 민요이며 하모니도 단순하다. 그리고 전체적으로는 생기가 넘쳐흐르고 정교하다. 슈트라우스는 세세한 기교에 공들이지 않고 지극히 자연스럽게 45분 동안 거장의 솜씨를 발휘해 대작으로 정돈했다. 그러나 40개가 넘는 테마를 열거해 라이트모티프를 해설하는 것은 슈트라우스 가문의 24시간을 장편 한 권으로 만드는 것과 같다고도 여겨진다. 신이 내린 초인적인 기법의 완벽함은 근대 작품에 그 예를 찾아봤자 허탈하기만 할 것이라는 말도 나온다. 전체는 4악장으로 되어 있다.

(1) 남편의 테마가 첼로로 유유히, 오보에로 몽환적으로, 바이올린으로 정열적으로 신나게 계승된다. 그리고 아내의 테마가 이와 반대로 플루트로 쾌활하게, 바이올린으로 우아하게, 오보에로 감정적으로, 첼로로 화난 듯 연주된다. 그리고 제3주제 사랑스러운 아이의 테마가 유년 시절의 하늘색으로 감싸 안겨 몽환적으로 흐른다. 부모는 만족하고 할머니는 "아빠랑 똑 닮았네."라고 말하며 할아버지는 "엄마와 똑 닮았다."라고 말한다. 이와 같은 작은 테마가 부모의 테마로부터 변형되어 곳곳에 잠재해 있다. 그 수수께끼를 푸는 일은 박사 논문으로 할 만한 가치가 있을 것이다.

(2) 스케르초가 온다. 경묘한, 장난스러운 아이의 테마가 마치 춤을 추는 듯하고 여기에 부모의 테마가 뒤섞인다. 뛰어다니고 피곤에 지친 아이는 좀처럼 잠들려고 하지

않는다. 부모는 아이를 혼내서 침대에 눕힌다. 이제는 만족한 듯 아이를 바라보는 부모. 두 개의 클라리넷이 노래하며 종소리가 은은히 울려 퍼지고 꿈이 황혼을 맞이하듯 밤은 깊어간다.

(3) 아름답게 깊어가는 밤에 창조의 작업이 시작된다. 주인공의 주제와 아내의 주제가 뒤섞이며 남자의 일인 창조와 여자의 천직인 관조가 전개된다. 그리고 관능적이고 정열적으로 높이 작렬하는 사랑의 장면이 등장한다. 매우 뛰어난 대위법적 구성으로 아름답다. 그리고 잠든 부모의 두 눈꺼풀에 비치는 아이, 어머니의 걱정과 불안한 꿈이 매우 길게 이어진다.

(4) 마침내 아침 7시를 알리는 종소리로 피날레를 맞이한다. 2중 푸가로 생기 있고 활발하게 용케 신나게 진행된다. 벌떡 일어나는 아이와 아버지의 목소리와 어머니의 외침, 부모의 다툼이 점점 심해지며 좁은 해협의 부서질 것 같은 소리, 그것도 결국 잠잠해지면 민요적인 멜로디가 나온다. 화해하고 모두가 노래하는 것이다. 환호의 웃음과도 같은 세 테마와 푸가 주제의 사랑의 울림으로 이 곡은 대단원을 맞이한다. 이로써 우리는 인간 슈트라우스를 또렷하게 이해할 수 있게 된다.

맨 처음 <이탈리아에서>는 남방의 자연 체험이었지만 마지막 <알프스 교향곡>은 고향 알프스의 자연 체험이다. 슈트라우스는 가르미슈 산장의 창문에서 1911년경부터 오랜만에 추크슈피체, 베터슈타인산을 바라보며 여러 악상을 다듬었다. 베토벤이 말한 자연감이라는 것과는 다른 알프스의 파노라마다. 탐구하는 음악가가 문제의식도 반성도 없이 순진하게 경치를 판타지로 그려가는 것이다. 베토벤의 <전원 교향곡> 이후 100년, 낭만주의에서 인상주의를 일으켜 면면히 앞으로 나아온 표제 교향곡의 정수를 슈트라우스는 철저하게 잡아냈다. 그는 눈에 보이는 소재와 사실적인 것에 고집했다. 정신적이고 반성적인 것은 짧은 '엘레지' 부분처럼 예감된 듯 나오지만, 전체적으로는 다채로운 외면적 전개에 그 본질이 있다. 이는 문학이나 예술이라기보다도 '음악 르포르타주'라고 해야 한다. 항상 볼 수 있는 에로스도 여기에서는 침묵한다. 음악가는 단지 자연과 마주하여 고독하게 존재하고 있을 뿐이다. 교향곡이라 하면 마음의 깊이와 높이를 드러내고 형이상학적인 근원이 있으며 반성이 있는 것이다. 하지만 <알프스 교향곡>은 베토벤이나 리스트가 지닌 그러한 경향을 전혀 모르고 있다. 이런 식으로 베토벤이 말하는 명제인 "묘사보다 더 많은 감각의 표현을!"은 일약 솟아오른다. 자연을 가능한 한 정확하게 그리고자 한 경향이 결국 자연주의로 승화되었다.

오케스트라는 빌헬름 시대 같다는 소리를 들을 만한 전대미문의 거대한 137명으로 구성된다. '탐탐(tam-tam)'이 세 명이나 있을 정도였다. 묘사력은 영화음악이라는 비평을 받았다. 그러나 <알프스 교향곡>의 영원한 고귀함과 인간성을 향한 노력을 설명하기에 앞서 우리는 한발 더 나아가 이렇게 물어야 할 것이다. 왜 묘사하지 않으면 안 될까? 오히려 자막을 투사하면서 연주를 해보는 것은 어떨까? 나는 이 음악을 매우 진보적이고 정직하고 훌륭한 작품이라고 생각한다. 자연을 그린 빼어난 테마, 기악법을 다 편성해내지 못하는 풍성함, 음악의 색채감, 빛과 하늘 느낌……. 모든 것은 진정한 객관성을 얻었으며 나에게는 표제 음악의 정점에 선 작품으로 보인다. 통일성에서도 신이 내렸다 할 만큼 빈틈이 없다. 해돋이를 시작으로, 등산, 정상, 하산으로 이어지는 주부가 있으며, 마지막에 잘 끝을 맺도록 정돈되어 있다. <알프스 교향곡>은 1악장의 교향곡 같고 전체가 20개의 제목으로 나뉘어 있다. 가끔 베리에이션이 나오고 하산은 재현 부분으로 테마의 논리가 역행하여 나온다. 여러 가지 점에서 독일어인 'nüchtern(맛이 없는 섬뜩한 느낌)'이 오히려 이 음악의 장점이다. 옛 음악 이념을 강요하며 이것을 들어서는 안 된다. 작정하고 르포르타주 음악에 뛰어들어 그 미래의 가능성을 상상하며 듣는 것이 좋다.

발레곡

슈트라우스와 그의 음악에는 원래부터 무용의 요소가 매우 강하게 담겨 있다. 그의 초기 작품에서는 발레곡을 단독으로 작곡하거나 그 요소를 대폭 오페라에 넣으려는 시도를 찾아볼 수 없다. 그러나 그는 무용 자체를 예술로 보았으며 처음부터 무용곡에 굉장히 주목했다. 당시 오페라는 발레가 엄격하게 금지되어 있었다. 이는 바그너 이후의 종합 예술 이념과 맞지 않기 때문이었다. 하지만 <화재 비상>에서는 극적으로 왈츠가 삽입되어 있고 <장미의 기사>에서는 오페라를 왈츠 곡으로 구성해놓았다. <낙소스의 아리아드네>나 <서민귀족> 역시 마찬가지다. 이처럼 무용의 요소가 <살로메>의 '일곱 베일의 춤'과 <엘렉트라>의 '승리의 춤'에서는 표현주의풍의 전혀 새로운 것으로 변형되어 갔다. 이렇게 슈트라우스는 중기부터 팬터마임적인 무대 작품에 눈을 돌리기 시작했다.

그러는 동안 예술 무용의 영역에서는 거대한 움직임이 꿈틀거리고 있었다. 세르게이 디아길레프의 왕실 러시아 발레단이 유럽에서 센세이션을 일으킨 것이다. 슈트라우스는 파리나 독일에서 이 일행을 만나 알고 지내는 사이가 되었을 것이다. 그는 교육 무용 방면에는 그다지 관심을 보이지 않았지만 러시아의 무용 정신에 크게 감명을 받은 상태였다. 디아길레프가 호프만스탈을 통해 슈트라우스와 접촉하기를 원했을 때 슈트라우스는 거부하지 않았다. 오늘날의 무용계에서도 잘 알려진 최고의 천재 니진스키가 주역을 맡을 예정이었기 때문에 더욱 그러했다. 그들 사이에서는 프랑스와 러시아의 발레가 융화되어 있었다. 슈트라우스는 1941년 뮌헨에서 <요제프의 전설>(작품63)이 공연되었을 때 다음과 같이 언급했다.

"나는 무용을 개혁하고 싶었다. 극적인 것을 표현할 수 있는 무용. 하지만 그것이 전부가 아니다. 줄거리를 리듬화시키고 패러프레이즈화시킨 것에 지나지 않는 모던한 무용은 유감스럽게도 옳고 순수한 영감에 의한 운동이자 절대미로 받들어진 발레로부터 수차례 우리를 가로막아버렸다. 나는 이 발레를 다시 젊게 만들고 싶다. 나의 <요제프>는 다음의 두 가지 요소를 모두 담아내었다. 즉 드라마로서의 탄츠, 탄츠로서의 탄츠 말이다. 우아한 것을 순수한 그 자체로 소유하는 일. 이것은 우리가 잃어서는 안 될 것이다. 마찬가지로 음악에서도 성격적인 것, 표제적인 것, 본질적인 것과 함께 결코 절대적으로 사랑해야만 할 것을 잃어서는 안 된다."

바그너는 무용, 음악, 문학을 일컬어 세 자매라 했다. 이들은 예술과 뗄 수 없는 일종의 고리를 형성한다. 슈트라우스는 호프만스탈의 문학을 바탕으로 순수 영감과 절대미를 갖춘 무용, 성격과 표제와 사랑스러움을 지닌 음악을 더해 세 자매의 합치를 꾀했다고 할 수 있지 않을까?

<요제프의 전설>의 줄거리는 대략 다음과 같다. 요제프는 포티파의 아내와 그 손님 앞에서 춤을 추었다. 그리고 포티파 부인은 눈앞에 있는 보들보들한 목동 요제프에게 매료되어 밤에 몰래 그를 찾아간다. 요제프는 그녀의 사랑을 단호히 거절하지만, 여기에 화가 난 그녀는 불한당이 자신을 덮쳤다며 남편을 부른다. 이 일로 요제프는 쇠사슬에 묶이는 신세가 된다. 하지만 그때 천사들이 내려와 그를 풀어준다.[14]

1912년 6월 호프만스탈은 발레 <이집트의 요제프>를 제안했고, 그는 이 대본을 해리 케슬러 백작과 함께 집필했다. 하지만 슈트라우스는 이 모티프가 <살로메>의 요하난과 비슷하다고 지적하며 반기지 않았다. 호프만스탈은 그것은 단지 표면적인 부분으로 여성 캐릭터가 남자에게 무언가를 요구한다는 것만 닮아 있을 뿐이라고 반론을 펼쳤다. 하지만 그의 말에 슈트라우스는 신을 구하는 요제프를 위한 악상이 떠오르지 않는다며 불복했다. 슈트라우스는 "악상을 떠올리려면 스스로를 심하게 압박하지 않으면 안 됩니다. 뭐, 제 안의 격세유전

---

14) Hofmannsthal, 『Werke, Dramen III(작품집, 희곡3)』(1954, Frankfurt am Main, S. Fischer)

같은 별난 인자가 어쩌면 훌륭한 요제프를 위해 경건한 멜로디를 찾아줄지도 모르겠습니다."라고 말했다. 이에 놀란 호프만스탈은 그가 말했던 교훈 가운데에 가장 아름다운 교훈을 슈트라우스에게 전했다.

"제가 인물의 형상을 찾아가는 것처럼 당신은 당신의 머릿속 가장 깨끗한 영역에서 그 인물을 위한 음악을 찾아가시겠지요. 활력과 맑게 트인 빙하의 공기와 고귀함, 절대적이고 첨예한 정신의 자유를 만나는 지점에서요! 목동은 산의 나라에서 나온 천재지만 갈대가 무성한 강의 삼각주 나라를 헤매기도 하는 인물입니다. 저에게는 경건한 신학교 학생보다는 기품 있고 다루기 어려운 어린 말로 보입니다. 그가 높이 도약하며 신에 대해 탐구하는 마음은 높은 곳에 있는 영감을 통해 야성적인 비약을 시도하는 것입니다. 그는 산 정상의 아주 맑게 반짝이는 고독한 풍경에 있으며 순수하게 도취되어 있는 동안 드디어 솟아오릅니다. 목동은 상공에 이르지 못한 청아함으로부터 하늘의 한 가닥을 끌어내립니다. 음악이 아니면 대체 어떤 예술이 이것을 표현할 수 있을까요? 순결한 요제프의 거절 모티프는 스트린드베리의 모든 생애에 걸쳐 있는 장대하고 섬뜩한 기본 모티프입니다. 즉 남성에게 있는 천재적인 것, 우월하게 지적인 것과 여성의 악하고 어리석고 뒤로 빠지는 유연함을 추구하는 것 사이의 다툼 모티프 말고 무엇이겠습니까? 목동 요제프에게서 당신의 젊은 시절 기억을 떠올리게 할 만한 것을 찾지 못할 리는 없습니다. 포티파르든 다른 누구든 떠올리실 겁니다. 요제프의 무용은 보다 고귀한 존재이자 빛이 나는 다다를 수 없는 저 위의 누군가를 아래로 끌어 내려오려 하는 것입니다."

이와 같은 훌륭한 조언에 고취된 것이었을까? 열 달 뒤 슈트라우스는 간신히 요제프의 무용곡을 작곡했다고 고백한다. 그리고 곡을 활기차게 써 내려가 1914년 봄에는 작곡이 모두 완성될 것이라고 덧붙였다.

이렇게 하여 <요제프의 전설>은 파리의 그랜드 오페라에서 1914년 5월 14일에 공연되었다. 슈트라우스가 직접 이 국제적인 공연에서 지휘를 맡았다. 세계대전이 일어나기 직전이었다. 그는 무용 안무가와는 의견이 맞지 않아 겉옷을 벗고 몸소 춤을 춰 보였다고 한다. 무대 장치는 조제 마리아 세르가 원했던 것처럼 베네치아 스타일로는 못 했고 오히려 그림 같은 공상적인 것을 만들었다. 요제프를 연기한 것은 니진스키가 아니라 그것이 첫 무대였던 레오니드 마신이었다. 레옹 박스트의 의상은 화려했고 큰 주목을 끌어냈다. <요제프의 전설>은 머지않아 전쟁이 일어난 탓에 런던에서는 단 1회밖에 공연되지 못했다. 독일에서는 전쟁이 끝난 뒤 1920년 빈, 1921년 2월 4일 베를린에서 공연되어 성공을 거두었다. 1938년에는 부에노스아이레스에서도 공연되었지만 그 외 공연 기록은 보지 못했다.

에른스트 크라우제(슈트라우스의 전기 작가)의 "에로틱한 <요제프의 전설>은 부자들이 즐기는 장식적인 발레 작품이고, 이런 종류의 성공은 뻔하다."라는 말은 너무 정치적인 것이 아닐까? 장식이 볼품없어도 좋은 공연이 될 수 있는 것 아닌가? 에어하르트의 말을 빌리면 <요제프의 전설>의 결함은 케슬러에게 너무 맡겨버린 탓에 판타지와 기교가 지나치게 두드러졌다는 점이다. 또한 슈트라우스의 음악에 영감이 적고 영혼의 깊이에 대한 고민이 부족하며 소리의 묘사가 과하다는 지적도 있었다. 하지만 요제프의 테마는 매력 있고 탐구의 흔적이 매우 인상적이며 특히 신을 만났을 때의 음악은 슈트라우스 음악 중에서도 기적이라 할 만큼 훌륭하다. 전체적으로 기교가 두드러지고 매너리즘이 보인다는 결함은 지적할 만하다.

그밖에 슈트라우스는 빈다운 것을 반영한 2막짜리 경쾌한 발레 <휘핑크림>(작품70)을 작곡했다. <휘핑크림>은 1921년 작업한 것으로 1924년 5월 그의 예순 번째 생일을 기념하여 공연되었다. 또 1923년 슈트라우스는 프랑수아 쿠프랭의 피아노곡에 작은 오케스트라용 무용조곡을 작곡했다. 8악장으로 구성된 아름다운 <쿠프랭의 피아노곡에 의한 무용조곡>은 전체적으로 통일성을 이루고 있다.

작품은 1926년 다름슈타트에서 초연되었다. 또 <멈춰버린 축제>라는 발레 팬터 마임 음악은 여기에 6악장을 추가한 것으로 1941년 뮌헨에서 초연되었다. 하지만 이것들은 모두 성공을 거두지는 못했다.

서곡 / 기타(기악곡)

개인은 역사가 지나온 길을 쫓아 성장해가는 법이다. 슈트라우스의 음악 역시 유년 시절과 소년 시절에 하이든과 모차르트의 형식에서 출발해, 멘델스존을 거쳐 슈만, 브람스로 이르는 단축된 길을 걸어왔다. <호른 협주곡 E♭장조>(작품11)는 하이든의 작품을 연상시킨다. 또 <13개의 목관악기를 위한 모음곡>(작품4)은 모차르트풍이며, <바이올린 소나타 E♭장조>(작품18)는 브람스나 슈만의 흔적이 짙다. 그리고 <피아노와 관현악을 위한 부를레스케>는 국민악파의 개성이 드러나 있다. 그의 초기 음악은 고전주의와 낭만주의의 모범에 잘 따르고 있다. 형식이 안정되고 조화로운 울림이 잘 어우러졌으며 때로는 기지가 번뜩여 현실에 긍정적인 거장 슈트라우스의 개성을 엿보게 한다. 하지만 이러한 것들은 단지 윤곽상 나타나는 것에 지나지 않는다.

슈트라우스는 1870년 여섯 살 때 <슈나이더 폴카>와 <크리스마스 리트>, 35곡 정도의 리트를 만들어 사람들을 놀라게 했다. 그가 작품1이라 이름 붙인 것은 열두 살에 작곡한 <축전 행진곡>이라는 오케스트라 곡이었다. 한스 폰 뷜로는 슈트라우스가 만든 곡 중에서 특히 피아노곡을 마음에 들어 하지 않았다. 그는 슈트라우스의 피아노곡에 대해 불순하고 노인 같은 구석이 있어 영리한 척하고 있다고 말한 바 있다. 무언가를 느끼는 데에 있어서 젊은 감각이 없다는 것이다. "이건 천재가 아니라 기껏해야 재능이 있는 사람 정도다."

1883년 열아홉 살에 작곡한 <호른 협주곡 E♭장조>는 여태까지의 곡에 비해 뛰어나며 기념비적인 인상을 안겨주었다. 작품11은 1885년 마이닝겐에서 초연되었고, 젊은 작곡가 슈트라우스의 거장다운 면모가 인정받는 계기가 되었다. 이 곡은 호른이라는 악기에 잘 어울리는 지그(gigue)풍의 곡으로 베리에이션이 풍성하고 다채로워 매우 정감이 있고 사랑스러운 작품이다. 아버지 프란츠가 뮌헨 오페라극장 오케스트라의 수석 호른 연주자였기 때문에 슈트라우스에게는 관악기용 작품이 많았고 심포니에서도 호른이 매우 중요했다. 1880년 무렵이면 아직 핸드 호른이 전성기일 때였다. 반음계 연주에는 스톱 주법을 마스터한 명인이 필요하였으므로 슈트라우스는 이러한 기법을 염두에 두고 작곡해 아버지에게 바쳤다. 호른에 대한 슈트라우스의 조예는 이 곡을 완성하는 열쇠가 되었다.

<호른 협주곡 E♭장조>는 전체적으로 휴식 없이 연주되는 3악장이다. 작품은 포르테의 주(主)화음을 뒤따르는 슈트라우스다운 정열적인 테마, 현악기가 허공에 새겨가는 서정적이고 평화로운 제2주제로 이어진다. 그것들이 몇 가지 새로운 악상과 오케스트라와 뒤섞이며 19세기 말에서 동떨어진 절대 음악의 세계로 우리를 부른다. 다음 악장은 3부 가곡 형식으로 사람을 상대하지 않고 구애받지도 않으며 정처 없는 테마로 시작한다. 호른이란 무엇인가? 그것은 매우 사무치게 만드는 음악이다. 리드미컬한 분산 화음 위로 중간부의 호른 테마가 힘차게 울려 퍼진다. 그리고 주부로 되돌아와 제3악장으로 이어진다. 세 가지 테마가 이어지고 유머러스하고 밝은 카덴차와 코다로 구성되어 있다. 목가적이고 고대(古代)의 향기가 감도는 음악이다.

이 무렵 발표된 작품으로는 <바이올린 협주곡 D단조>(작품8), <첼로 소나타 F장조>(작품6)가 있다. <첼로 소나타 F장조>는 1883년에 작곡된 것으로 3악장으로 구성되어 있다. 당시 자주 연주되어 큰 호평을 받았다. 슈트라우스는 어머니에게 이 곡의 성공 소식을 전하며 "만나는 사람마다 내게 축사를 해주었다." 라고 말했다. 슈트라우스 본인도 로베르토 하우스만과 1884년 1월에 연주하였

다. 이때 요제프 요아힘이 악수를 하며 "꽹장히 마음에 들었다. 특히 제1악장이 좋았다."라고 말했던 것을 메모해두었다. 하지만 1890년에 라이프치히의 리스트 협회에서 이 곡을 연주했을 때, 레비는 "더는 믿을 수 없게 된 이 곡을 그렇게 열심히 연주하다니 우스꽝스러웠다."라고 편지를 쓴 바 있다. <첼로 소나타 F장조>는 순수한 슈트라우스풍의 제1악장과 제3악장 이 두 알레그로 첼로의 움직임과 전형적인 낭만주의적 피아노 반주의 풍부한 진동감, 그 신선한 생동감에 주의해야만 한다. 중간의 아다지오 악장에서는 슈만풍으로 논리성이 굳게 응고되어있는 점이 두드러진다.

<바이올린 협주곡 D단조>도 여기에 뒤지지 않고 야무지게 고전적 소나타 형식으로 작곡이 되었다. 제1악장의 고귀한 고전적 감성, 제3악장 모음곡에 나타난 지그풍의 형식은 고도의 기술을 보여준다. 그에 비해 이 곡에서도 제2악장은 감정에 너무 치우친 나머지 색이 바래고 만다. 이처럼 훌륭하기는 하지만 옛 형식을 모방하는 초기 음악을 듣는다면, 한슬리크처럼 계속해서 현대 음악에서 고전주의풍을 지지할 마음이 없어질 수도 있겠다. 똑같은 양식의 <피아노 4중주 C단조>(작품13)는 1885년에 베를린 음악가협회로부터 상을 받았다.

빌로의 요청으로 1884년에 작곡한 <13개의 목관악기를 위한 모음곡>(작품4)도 당시 걸작이라고 찬사를 받았다. 프렐루디움, 로만체, 가보트, 인트로덕션, 푸가로 이어지는 이 작품은 여러 면에서 1881년 작곡한 <13개의 목관악기를 위한 세레나데>(작품7)보다 현격한 진보를 보여주고 있다. 또한 모차르트의 영감에 의한 슈만풍의 세레나데를 1962년 2월에 한국의 지휘자가 오사카에서 지휘해 성공을 거두었다.[15] 사랑스럽고 신나고 우렁찬 작품으로, 열세 사람이 생기 있

---

15) 이는 저자인 안익태 자신을 지칭하는 것으로 보인다. 안익태는 1960년 2월 간사이 교향악단을 처음 지휘한 적이 있다. 안익태의 지휘 직후, 간사이 교향악단은 오사카 필하모닉 오케스트라로 개칭됐다. 이후 1962년 2월 1일 도쿄에서 ABC 교향악단을 지휘하며 자신의 <강천성악>을 연주했다는 기록이 있다. 따라서 안익태는 이 연주회 직후 오사카로 이동해 오사카 필하모닉 오케스트라를 상대로 슈트라우스의 <13개의 목관악기를 위한 세레나데>를 지휘했던 것으로 보인다. 이후 KBS 교향악단 초대 상임지휘자를 지낸 임원식(1919~2002)이 1963년 오사카 현지에서 오사카 필하모닉 오케스트라를 처음 객원지휘하기도 했다.

게 연주하여 흥이 충만한 느낌이었다.

젊은 시절 슈트라우스는 두 개의 교향곡을 작곡했다. 첫 번째 <교향곡 D단조>는 열여섯 살 때 쓴 곡이고, 두 번째 <교향곡 F단조>(작품12)는 스무 살에 만든 곡이다. 작품12는 기악이 순수하게 다뤄졌고 베이스 튜바가 사용되는 곡이다. 또 스케르초의 리듬 변화가 흥미롭고 테마가 폴리포니로 짜여 있다. 브람스는 좋은 곡이라며 슈베르트의 무용곡을 공부해볼 것을 권했다. 그리고 슈타이니처는 이 곡이 멘델스존풍이라고 지적했다. <교향곡 F단조>는 1884년 뉴욕에서 초연되었다.

<바이올린 소나타 E♭장조>(작품18)는 1887년 스물세 살 때 만든 작품으로 1888년에 초연되었다. 초기 슈트라우스를 대표하고 있다고 해도 과언이 아닌 작품이다. 제1악장에서는 매우 성숙되고 안정된 테마가 잘 어우러져 흘러간다. 슈트라우스 특유의 논리적 테마 대치가 촘촘하게 긴장감을 더한다. 피아노와의 대화는 신선하고 생기발랄한 힘으로 가득 차 있다. 선율과 그 전개는 구석구석까지 풍부한 표정을 가지고 관능적인 면을 과시한다. 게다가 관능적으로 쭉 뻗어나가는 로맨틱하고 우아한 3부 형식의 제2악장에서는 클래식한 단순함과 아름다운 몽상의 기운이 잊을 수 없는 인상을 남긴다. 하지만 이것은 솔직히 19세기의 종착역이라는 느낌이 강하다. 브람스와 슈만의 희끄무레한 얼굴이 보일 것만 같은, 브람스를 찬미하는 시대의 음악이다. 제3악장은 론도로 자유분방하고 감격적인 테마가 있다. 이후 <돈 후안> 등의 출발점이 바로 여기라는 것을 감지할 수 있게 해준다. 이 테마는 지극히 슈트라우스답기 때문에 연주가 어려울 것이다. 강렬하고 대담한 테마에 유머러스하고 댄스풍인 스케르초의 또 다른 슈트라우스가 더해져 이 곡은 점점 더 재미있게 흘러간다. <첼로 소나타 F장조>와는 새삼 다른 진보를 보여주는 것이다.

이보다 앞선 1885년 스물한 살 때의 작품 <피아노와 관현악을 위한 부를레스케>는 매우 재미있는 곡이다. 슈트라우스는 순수한 피아노 협주곡은 쓰지 않았지만, 이런 종류의 곡은 이것 말고도 두 개를 더 작곡했다(작품73, 작품74). 작품이 완성되고 4년 후의 1889년 연습 때, 이미 이 작품은 내면적으로 작곡가로부터 멀어져 있었다. 인쇄 신청 요구를 받은 슈트라우스는 다음과 같은 글을 남겼다. "지금 나는 돈이 필요합니다. 인쇄를 해야만 할까요? 지금도 저는 이 작품에서 훌쩍 빠져나와 이 작품에 확신을 가지고 맞설 수 없어요. 그래도 인쇄하지 않으면 안 된다는 것은 무슨 고통일까요?"

<피아노와 관현악을 위한 부를레스케>는 작품 번호가 없다. 이는 슈트라우스가 스스로 매장시켜 이별을 고했기 때문이다. 하지만 그럼에도 불구하고 익살맞은 것이라는 의미가 담긴 이 부를레스케는 슈트라우스 작품 중에서도 가장 재미있는 작품이라 할 수 있다. 브람스의 영향이 느껴짐과 동시에 <틸 오일렌슈피겔의 유쾌한 장난>이 벌써 엿보인다. <발퀴레>의 폭풍 모티프가 패러디로 쓰여 바그너에 대한 슈트라우스의 접근 방식을 보여주고 동시에 그 장난스런 얼굴이 엿보이는 곡이다. 기법은 진보적이고 개성에 넘친다. 뛰어난 거장임을 과시하며 테마가 쓰인다. '4박자 테마의 네 가지 북', '피아노와 북의 매력적인 대화', '신나는 왈츠의 경쾌한 코다', 분명 슈트라우스다운 생명과 예술의 유희다. 이 작품에 만족하지 못한 슈트라우스에게는 또 슈트라우스다운 점이 눈에 띄지 않겠지만 말이다.

1886년 교향적 환상곡 <이탈리아에서>로 슈트라우스는 단번에 비약했고 다른 세계로 가버렸다. 그 후 획기적인 교향시가 이어졌고 그다음에는 더욱 빼어난 거대한 오페라의 세계가 나왔다. 제2차 세계대전이 끝나갈 무렵까지 슈트라우스에게는 <피아노와 관현악을 위한 부를레스케>와 <이탈리아에서>를 빼고는 대작을 찾아볼 수 없다. 중기에서 후기까지 슈트라우스의 관현악곡이나 기악곡은 기회적인 것이 아니면 오페라나 교향시의 부산물에 지나지 않았다. 그

중에는 우리의 쓴웃음과 미소를 자아내는 곡명이 꽤 보인다.

슈트라우스의 중반기에 해당하는 시기에 그는 상황이 허락하는 대로 세 개의 표제 음악을 작곡했다. <축전 서곡, 빈 콘체르트하우스의 헌당식을 위하여>(작품61)는 1913년 10월 19일 빈 콘체르트하우스의 헌당식에서 지휘자로 초청받았을 때의 곡이다. 기악부는 96개의 현악기, 목관 5부, 호른 8개, 트럼펫 12개, 나팔 4개, 베이스 튜바, 북 8개로 거대하게 구성되었다. 작품61의 작곡은 베토벤의 <헌당식>이 모델이었을 것이다. 빛나는 찬가의 <알프스 교향곡>을 견뎌낸 거대한 소리가 모인 것으로 바그너의 <뉘른베르크의 명가수> 1막 전주곡을 연상시킨다. 슈트라우스라는 사람을 잘 담아낸 곡이다.

전쟁 이후 제1차 세계대전에서 오른팔을 잃은 빈의 명피아니스트 파울 비트겐슈타인을 위해 쓴 작품이 있다. 왼손 피아노와 관현악을 위한 <가정교향곡의 부산물>(작품73)이다. 이것은 아들 프란츠의 중병과 병의 완쾌에 관해 쓴 자전적인 소품으로 어두운 불협화음의 도입부로 시작해 주부(主部)에 해당하는 아이의 맑은 목가(牧歌)로 이어진다. 여기에서는 <가정교향곡>의 테마가 사용된다. 피아노는 매우 어렵고 오케스트라도 난해하다.

동시에 작곡된 왼손의 피아노와 관현악을 위한 교향적 연습곡 <판아테나이코스의 행렬>(작품74)도 파사칼리아풍이지만 표제 음악적인 작품이라 생각하면 된다. 아테네의 제전은 여신 아테네를 모시며 유희, 경기, 희생물을 마련하고 화려한 미를 자랑하는 축제였다. 축제를 떠올리게 하는 것이 작품 전체에 깔려 있다. 오케스트라에 동반되는 성부(聲部)는 섬세한 독주 파트를 두드러지게 하는 심포니 스타일로 작곡되었다.

그 후 슈트라우스는 교향시풍의 작품에서 멀어지게 된 듯하다. <안티 크리스트>를 작곡하는 계획도 있었지만 약간의 스케치를 하는 데에서 멈췄다. 그러나 1929년 그는 "항상 젊었을 때 했던 교향시를 계속 만들고 싶다는 생각이 드는데 아직도 그것이 잘 안 된다."라고 말했다. 1939년 일본 정부가 영국, 프랑스, 독일의 작곡가에게 '황기(皇紀) 2600년 봉축악곡'에 대해 의뢰를 했다. 슈트라우스는 여기에 답을 했고 오랜만에 축전 음악을 쓰게 되었다. 1940년 도쿄에서 초연된 <일본 제국 건국 2600년 축전 음악>은 그의 마지막 표제 음악이 되었다. 축제를 좋아하는 그의 이런 곡을 슈트라우스의 인간적인 표현이라고 보는 것은 너무 앞서 나간 것이다. 또 영국, 프랑스, 독일 3국의 작곡가에게 의뢰한 것이었기 때문에 일본 제국주의의 포로가 되었다고 비난하는 것도 지나치다.[16]

<일본 제국 건국 2600년 축전 음악>은 독일인의 눈에 비친 일본을 볼 수 있다는 점이 흥미롭다. 바다, 벚꽃, 화산, 사무라이, 황제라는 천진한 연상들이다. 태평양의 물결, 청초하게 새하얀 파도가 부서지는 모습이 음악으로 표현된다. 그리고 벚꽃이 만발한 나무 아래 춤을 추는 것 같은 곡이 이어지다가 땅이 흔들리는 무시무시한 지진과 분화가 시작된다. 이러한 천재지변에도 슈트라우스는 다소 경쾌한 낭만성을 담아낸다. 그리고 사무라이가 공격을 가해오는 풍경에서 지그재그로 뒤섞이는 전쟁의 모습이 그려진다. 그다음은 황제 찬가다. 무언가 장대하고 만세 일계 천황의 역사라도 노래하고 있는 것일까? 현재 우리가 이 음악을 들으면 제2차 세계대전의 악몽을 듣는다는 생각이 안 든다. 지금도 많은 유럽 사람은 일본에 대해 이러한 인상을 느낄 것이다. 이것은 일본이라는 섬나라의 상투적인 얼굴이다.

만년의 슈트라우스 계획에 아쉬움이 남는 것은 <도나우>라는 교향시다. 1942년 2월에 슈트라우스는 빈 필하모닉 오케스트라 창단 100주년 기념에 맞춰 편지를 보냈다. 그 안에 이런 계획이 쓰여 있었다.

---

16) 여기에서 우리는 슈트라우스의 <일본 제국 건국 2600년 축전 음악>에 대한 안익태의 시각을 엿볼 수 있다. 1942년 3월 12일 오스트리아 빈에서 빈 심포니 오케스트라를 상대로 단 한 차례 지휘했던 <일본 제국 건국 2600년 축전 음악>을 안익태는 음악 작품으로서만 바라보고 있다. 안익태는 스승 슈트라우스가 일본 제국주의의 포로가 되어 이 작품을 쓴 것도 아니고 슈트라우스의 인간적 내면이 심도 있게 투영된 곡도 아니라고 보고 있다. 1939년 일본 정부는 슈트라우스 말고도, 일데브란도 피체티(1880~1968)와 자크 이베르(1890~1962), 베레슈 산도르(1907~1992), 벤저민 브리튼(1913~1976)에게 봉축곡을 의뢰해 이듬해 도쿄에서 초연했다. 단, 브리튼의 봉축곡인 <진혼교향곡>은 악보가 늦게 도착했다는 이유로 초연에서 제외되었다. 영국, 프랑스, 독일 작곡가만이 아닌, 이탈리아의 일데브란도 피체티와 헝가리의 베레슈 산도르에게도 봉축곡 작곡이 의뢰되었음을 부언한다.

"사랑하는 친구와 예술 애호가에게 흔치 않은 축제를 전해주고자 했던 음악의 향연이 갖은 노력에도 불구하고 실현되지 못해 유감입니다. 옛 위대한 거장들에게는 감정이 쉽게 멜로디가 되어주었습니다……. 여러분의 기억 속에 제가 마련한 선물이 사랑과 존경으로 살았던 추억이 되기를 바랍니다. 제 작품이 그에 걸맞은 것이 될 그날까지 기다려주시기를 부탁드립니다."

잇따르는 전쟁으로 인한 파괴가 슈트라우스의 도전에 어두운 그림자를 드리웠다. 78세의 슈트라우스는 <도나우>를 완성할 기회를 놓치고 말았다. 85세가 된 슈트라우스는 빈 필하모닉 오케스트라에게 "어지럽혀진 도나우의 근원에서 한 방울을"이라고 적어 스케치 노트를 보냈다. 4권의 스케치, 2권의 피아노 스케치에 따르면 <알프스 교향곡>의 느낌으로 독일과 오스트리아를 가로질러 도나우의 흐름을 쫓을 예정이었다. <도나우>는 도나우에싱엔, 잉골슈타트, 레겐스부르크, 파사우, 바하우, 빈으로 흐르는 도나우의 여정을 표현할 예정이었다. 마치 독일 민족의 상징과도 같이, 슈트라우스 일생의 상징과도 같이 선보일 계획이었다. 이 작품이 완성되지 못한 것은 유감이다. 그러나 <도나우>가 성립되지 못한 것은 그의 예술이 초기의 사고와 연결되어 원환(圓環)에 갇혔기 때문일 것이다. 패전으로 그는 스위스에서 지내게 되었다.

슈트라우스는 <다나에의 사랑>과 <카프리치오>로 창작 활동을 끝낸다고 말했지만 멈추지 않고 작곡을 했다. 3년 반 동안 스위스에 머무를 때 두 개의 새로운 콘서트 곡, 네 개의 리트, 관현악 환상곡 <그림자 없는 여인>, 교향적 단장 <요제프의 전설> 등이 탄생했다. 이 곡들은 거장의 최후에 다다르는 스타일을 보여준다. 슈트라우스는 곡을 작곡하며 관절 운동을 한 것이라고 웃으면서 말했다. 고령임에도 창조력을 보이는 것은 괴테, 베르디, 티티안(티치아노 베첼리오)과 견줄 만할 것이다. 인생의 마지막 시절 슈트라우스는 의고주의적인 스타일로 작곡을 했다. 그렇게 눈에 띄는 특색은 없었지만, 풍부한 경험으로 뛰어난 성과를 보였다. 아름답고 경쾌하면서도 문학적 내용을 가지고 있지 않다는 점에서 슈트라우스는 유년 시절로 되돌아갔다.

소리(音)의 수단은 간결한 축약으로 일관되고 세세하면서 투명하다. 부드러운 테마는 모차르트풍이다. 소리는 아라베스크풍으로 뛰어다닌다. 신화적인 것도 형이상학적인 것도 없다. 전반적으로 쾌활하다. 폭풍이나 불꽃은 없으며 고요하고 따뜻하다. 특히 오보에와 클라리넷과 호른이 사랑받고 있다. 만약 슈트라우스에게 시간이 더 있었더라면, 이런 종류의 스타일로 작곡했을 것이다.

곡의 취향은 1942년 작곡한 <호른 협주곡 F장조>에 잘 나타나 있다. 1883년 열아홉 살 때 작곡한 <호른 협주곡 E♭장조>와 얼마나 비슷하던지. 젊음과 슈트라우스의 기질이 양 갈래로 흐른다. 그는 1942년 78세였으므로 60여 년이 지나도 변하지 않을 성격이 작품(<호른 협주곡 E♭장조>)에 펼쳐져 있는 것이다. <호른 협주곡 E♭장조>와 마찬가지로 유머러스하지만 새로운 <호른 협주곡 F장조>는 노년의 결연한 모습과 일관성을 보이며 신선하고 기교는 더욱 능숙하고, 형식은 더욱 자유로워졌다.

제1악장은 독주 카덴차로 시작한다. 팡파레풍의 주 테마, 부차 테마가 나오고 목관이 소리를 낸다. 클라리넷의 품격 있는 대화도 있다. 약한 소리를 내는 오케스트라가 점점 크레셴도되어 쉼 없이 제2악장은 이어진다. 안단테의 제2악장은 아름다운 주부로 시작한다. 중간에서는 호른이 거의 쉰다. 오보에, 바순, 첼로가 활약한다. 다시 주부로 되돌아가 전체적인 조화를 이룬다. 제3악장은 소용돌이치는 론도다. 호른과 현악기가 리드미컬하게 대화를 주고받는다. 몇 가지 주제가 에너지 넘치게 등장하고 빛나는 클라이맥스를 향해간다.

슈트라우스는 "나는 일하는 것이 아니다. 즐기는 것이다."라고 했다. 그의 작품에는 두 개의 <16개의 목관악기를 위한 소나티네>가 있다. <16개의 목관악기를 위한 제1소나티네—병자의 작업실에서>는 1943년 작품이고, <16개의 목관

악기를 위한 제2소나티네—즐거운 작업실 E♭장조>는 1945년에 완성된 것이다. 두 곡 모두 즉흥적이고 가정적이다. 슈트라우스는 젊은 시절 목관 그룹을 계속 늘려 점점 활기 넘치는 연주로 만들었다. 하지만 구성이 느슨하고 형식이 빈곤한 것이 흠이라고 지적받게 되었다.

1946년에는 <오보에와 소관현악을 위한 협주곡>이 작곡되었다. 작품은 목가적인 성격이 농후하고 완벽하게 투명한 폴리포니의 구조가 슈트라우스의 마지막 완성을 전해준다. 곡은 노래하듯, 장난치듯, 솜씨 있게 오보에의 기능을 살려 선보인다. 테마는 모차르트에게 인사라도 할 것 같다. 또한 슈트라우스는 이탈리아 라디오 방송을 위해 1947년 <현악기와 하프를 동반하는 클라리넷과 바순의 듀엣 콘체르티노>를 작곡했다. 3악장은 쉼 없이 이어지는 실내악풍으로 절제된 소재라는 점에서 매우 뛰어나다. 슈트라우스의 <오보에와 소관현악을 위한 협주곡>과 <현악기와 하프를 동반하는 클라리넷과 바순의 듀엣 콘체르티노>는 자연스러운 회귀성을 지니고 있다.

말년의 슈트라우스 작품 중 가장 주목을 받았던 것은 <메타모르포젠 (Metamorphosen)>이다. 슈트라우스는 전쟁의 마지막 몇 개월 동안 겪었던 슬픔을 곡 안에 담아 표현했다. 나치가 붕괴하기 직전인 1945년 3월에 작곡한 <메타모르포젠>은 23개의 독주 현악기를 위한 30분 정도의 습작이다. 그는 포성이 울리는 가르미슈에서 곡의 마지막에 "인 메모리엄"이라고 썼다. 이 작품은, 말년의 경향을 보여주는 '절대 음악'적인 것이 아니라 '표제 음악'이다. 독일의 도시와 농촌, 극장 등…… 전쟁으로 인해 망가진, 두 번 다시 되돌릴 수 없는 것들에 관한 슬픔을 노래한다. 뮌헨 국립 오페라극장이 파괴되었을 때 그는 이미 스케치로 <뮌헨의 슬픔>을 쓰고 있었다. 슈트라우스는 아름다운 드레스덴이 불타버린 소식을 들었고 빈 국립 오페라극장이 반파되었다는 소식을 들었다. 이 소식으로 마음의 타격을 받아 펜이 좀처럼 움직이지 않았다. 그는 전쟁이 끝나기 3주 전, 단조가 지배하는 슬픈 곡을 보란 듯이 완성시켰다.

슈트라우스는 세상의 아름다움을 신봉하는 표현을 멈추지 않았다. 이 곡은 너무나 아름답다. '메타모르포젠'이란 괴테의 식물론에서 나온 근본적인 것의 변태(變態), 변형을 의미한다. 3악장에 걸쳐 세 개의 테마군이 멈추지 않고 변형되어 움직이고 있다. 우리는 이 테마에서 곧바로 괴테만을 상기하지는 않을 것이다. 다성적으로 흐르는 음악의 골격은 베토벤의 <교향곡 3번 에로이카> 중 2악장 '장송행진곡'의 4개 박자와 유사하다! 슈트라우스가 아니었으면 다른 누구도 해내지 못했을 곡이다. 충만한 기교로 음의 융단 속에 슈트라우스의 <차라투스트라는 이렇게 말했다>나 <낙소스의 아리아드네>나 바그너의 <트리스탄과 이졸데>의 마르케 왕의 주제를 살짝 엿보게 한다. 그리고 베토벤의 <에로이카> 중 2악장 '장송행진곡'을 전체로 확산시켜 새로운 기법으로 술술 작곡했다.

작곡가는 목소리를 높이고 하염없이 울며 얼굴을 적시고 있는 듯하다. 베토벤, 괴테, 바그너, 호프만스탈, 니체, 자신의 작업, 이 모든 것은 자유의 왕국임에도 왜 세상을 구원하고 세상을 치유하지 못했던 것일까? 권력은 왜 자유를 착취하여 문화를 불 속에 내던지고 사람의 마음을 황폐하게 만들어버리는 것일까? 슈트라우스는 한때 세미라미스와 니니아스의 호프만스탈 테마를 여기에 표현하고자 했다. 이는 문화와 정치의 비극을 노래한 것이다. 베토벤과 나폴레옹, 바그너와 비스마르크, 슈트라우스와 히틀러의 대립에서 발생한 독일 문화의 슬픔에 관한 노래다. 이와 같은 심도 있는 관점을 위해서 <메타모르포젠>의 영감은 탁월한 것이었다.

슈트라우스는 <메타모르포젠>을 사후에 발표하려 했지만 1946년 취리히에서 초연을 올렸다. 리허설에서는 직접 지휘를 했다. 그리고 슈트라우스는 이후 이 곡을 스위스 친구들에게 바쳤다. 곡은 슬픔에 휩싸여 시작된다. 테마가 변화하고 잠시 후 생기가 더해져 보다 정열적인 슬픔으로 분위기가 고조된다. 끊임없이 이어지는 제2악장에서는 오래된 숙명에 맞서는 사람이 있지만 그것도 이

내 슬픔으로 되돌아오게 된다. 제3악장에서는 몹시 시린 고통이 있다. 그리고 체념이 있다.

천성적으로 낙천적이었던 슈트라우스의 음악이 더욱 그런 분위기로 작곡되었더라면!

저항의 음악이 될 수 있었더라면!

그러나 거장에게 그와 같은 과도한 요구를 하는 것은 거장을 이해하지 않겠다는 말이 되는 것일까?

2. 성악곡

오페라

슈트라우스의 오페라에서 가장 중요한 작품은 호프만스탈의 대본으로 작곡한 것이다. 1906년부터 호프만스탈이 죽음에 이르기까지 두 사람이 주고받은 두툼한 서한은 오페라 작곡의 본보기가 된다. 슈트라우스가 호프만스탈을 찾아내고 그의 곁에서 이념과 언어를 얻어내었던 것은 슈트라우스 일생에 있어서 최대의 행복이었다. 협력의 비밀을 탐구하여 작곡뿐 아니라 모든 예술 협업의 본보기로 삼는 일은 커다란 과제이다. 여기에서는 그중 일부분을 살피는 데 그치기로 하겠다.

<엘렉트라(Elektra)>(작품58)는 두 사람이 협업한 최초의 작품이다. <엘렉트라>에서 주목할 만한 것은 우선 작품의 구성이다. 1막짜리 숨 쉴 틈 없는 오페라지만 제시부와 같은 부분과 고조되는 정점, 급변하는 장면, 해결로 옮겨가는 부분이 완벽하게 음악적 통일을 이뤄내고 있다. 에어하르트는 마지막 2부를 합쳐 3부로 나누어 보여주었다.

슈트라우스는 일본인이라면 기승전결이라 할 만한 긴밀한 구조로 음악을 만들었다. 각각 엘렉트라의 독백, 클리템네스트라와의 대화, 오레스테스와 엘

렉트라의 만남, 엘렉트라의 죽음의 무도에 긴장부를 구성했다. 그리고 사이에 몇 번 틈을 두어, 크리소테미스의 대화, 클리템네스트라의 웃음, 두 하인의 등장, 아이기스토스의 인테르메초 등으로 이완부를 대응시켜 경쾌함과 느슨함을 담아냈다. 또 정적인 솔로 장면에 대응할 만한 운동감이 풍부한 제물의 행렬, 등불을 든 하녀의 등장, 오레스테스를 둘러싼 여럿의 움직임 등을 표현했다.

이토록 탄력적인 성격이 강한 음악은 좀처럼 찾아볼 수 없을 것이다. 당시 대관현악으로 울려 퍼지는 <엘렉트라>를 들은 사람들은 그 대담함과 급진성에 놀랐다. 현대의 우리는 오히려 이 곡에 존재하는 훌륭한 화음감과 조성감에 도취된다. <엘렉트라>는 심한 불협화음에도 불구하고 아름다움의 이념에 기초를 두고 있다. 관현악은 눈에 보이듯이 성격과 마음의 갈등을 그려낸다. <엘렉트라>의 묘사는 <살로메>에 비해서 훨씬 내면화되어 정감적이다. 긴박한 템포로 진행되는 전체는 철저하게 드라마를 추구하여 대화, 독백, 군집, 형상, 장경, 격동 등 내·외면의 모든 요소 및 형식이 충실하게 어우러지게 하였다. 특별히 말과 개의 묘사, 행렬과 금속의 소리, 채찍 소리 등이 두드러질 정도는 아니었다.

라이트모티프[17]는 결합과 호응으로 고조되어 긴장되게 한다. 특히 아가멤논이나 아이들의 테마가 전체를 묶어 전체의 이념을 드러낸다. 우리가 정의감과 카타르시스를 느끼는 부분은 폭풍 같은 음악이 터져 나와 화산처럼 시끄럽다가 불협화음에 도약하여 무조 음악을 무너뜨릴 만한 신선함에서다. 이렇게 음악가의 공상이 작가의 아름다운 언어를 완벽한 것으로 완성해주었다.

전체를 통일시키는 형식과 아름다운 멜로디를 높이 평가해 에어하르트는 멜로스의 정신으로부터 비극이 탄생했다고 말했다. 니체가 말하는 그리스극의 정신이 표현된 것은 비(非)바그너적인 호프만스탈에 의한 것이었다. 호프만스탈의 문학은 형식의 정신으로부터 음악이 탄생한 것이었다. 그리고 슈트라우스의 음악은 이러한 호프만스탈의 음악 정신으로부터 비극을 탄생시켰다. 바

---

17) 음악에서 주요 인물이나 사물 또는 특정한 감정 따위를 상징하는 동기를 의미한다. 곡 중에서 반복하여 사용함으로써 극의 진행을 암시하고 통일감을 줄 수 있다.

그녀는 스스로 음을 새기고 작곡하며 정신을 마비시키는 음악의 세계에서 헤맸다. 반면 슈트라우스는 호프만스탈의 완전한 언어에 이끌려 망설임 없이 적중한 음악 안으로 들어섰다. 그리고 <살로메>의 구제하기 어려운 큰 구멍을 메우고 분열되지 않은 그리스 정신을 찾아냈다.

슈트라우스는 1909년 5월 호프만스탈에게 "나의 작업은 로이자흐강처럼 흐르고 있습니다. 나는 사냥감의 가죽과 털을 통째로 전부 작곡하고 있습니다."라고 편지를 썼다. 이렇게 순풍에 돛 단 듯 작곡된 <장미의 기사(Der Rosenkavalier)>(작품59)에는 드물게 구어체 대사가 있지만, 작품 전체는 회화음악으로 아리아와 레치타티보로 나뉘지 않았다. 또한 독창과 중창에 민요적인 리트 형식이 사용되었다. 또 빈정대거나 장난을 치는 유쾌하면서도 그로테스크한 부분이 눈에 띄게 많다. 그렇지만 전체를 아우르는 것은 왈츠다. 20세기 감각으로 다듬어진 이들 왈츠는 대담한 하모니와 전조, 넘치는 힘과 도취, 도발, 단순함, 쾌감 등이 풍부하게 담겨 있다. 이는 오페라를 대중화시키는 데에 영향을 끼쳤다.

왈츠는 성격 묘사의 기악적·성악적 요소, 양식 형식의 요소, 영혼에 대한 모든 관계의 결합 요소라는 삼중 기능을 겸하고 있다. <장미의 기사>는 <살로메>나 <엘렉트라>에 비해 완전히 새로운 별종 작품이 되었다. 정경은 친숙하고 양식은 투명하며 인상은 실내악 느낌이다. 그리고 노래로 불리는 대사가 조금 더 높은 영역이라 알아듣기 쉬워졌다. 특히 독창 부분은 잔잔하고 경쾌해서 외국어에 약한 사람들도 따라가기 쉽다. 물론 대관현악이 미친 듯이 날뛰는 부분도 있다. 전체적으로 경쾌하게 빈이라는 무대를 창조해냈다. 흑인 시종과 남작이 들이닥칠 때마다 몸을 숨기는 옥타비안은, 로프라노와 마리안델로 감쪽같이 변장해 <피가로의 결혼>을 연상시킨다. 후작 부인이 남작을 내려다보며 여성이 남성을 억압하는 구조를 만드는 것도 바로크 연극의 본질에서 따왔다. 그리고 조피와 남작, 옥타비안과 남작을 둘러싼 사랑과 정치, 사랑과 돈이라는 사회 문제를 다룬다. 후작 부인과 옥타비안의 갈등까지 풀어내 행복한 결말로 끝난다. 이렇게 새로운 음악이 다시 전통의 장점을 포섭하는 데에 성공한 것이다.

<장미의 기사>의 대성공으로 뒤이어 발표된 고심작 <낙소스의 아리아드네(Ariadne auf Naxos)>(작품60)는 큰 화제를 부를 것으로 예상되었지만 참혹한 결과가 뒤따랐다. 게다가 슈트라우스의 오페라 중에서 가장 문제작이 되어 음악사에서도 특필될 만했다. 호프만스탈은 <낙소스의 아리아드네>를 몇 번이나 손을 대다가 끝내 체념한 슈트라우스에게 이렇게 말했다. "오늘날의 관객 중에 아리아드네를 들어줄 사람이 없습니다. 하지만 미래에는 청중이 있을 겁니다."

하지만 그들의 미래에는 세계대전이 기다리고 있었다. 잠수함, 독가스, 무선, 비행기…… 지금껏 없었던 비인간적 문명의 출발이었다. 이러한 소음으로 <장미의 기사>를 지지하던 청중은 사방으로 흩어졌다. 그 후 독일의 역사, 혁명과 봉기, 인플레이션, 군비 확장, 나치가 예술의 자주성을 무너뜨렸다. 부르주아 문화의 전통은 옛 모습을 잃어 오페라는 다시 자립하지 못하고 있었다. 따라서 <낙소스의 아리아드네> 이후의 오페라를 평가하려면 오페라가 극소수의 교양인에게 지탱되고 있었던 당시의 배경을 염두에 두어야 한다. 아마 <낙소스의 아리아드네>는 독일 오페라 사상 최초로 소외 속에 탄생한 오페라다. 연출가 막스 라인하르트, 시인 호프만스탈, 작곡가 슈트라우스로 구성된 지상 최고의 트리오가 노력하였음에도 실패했던 이유는 냉엄했던 시대 탓이다.

시인은 <장미의 기사>에서 연극 시대의 3대 형식인 바로크 희극, 즉흥극, 오페라를 연결시켰다. 게다가 오페라 부분은 오페라 세리아, 오페라 부파 혹은 영웅 신화적 연기와 코메디아 델라르테를 동시에 결합시켜 유희적이면서도 신비롭게 보이도록 했다. 호프만스탈은 얽매이지 않으면서도 엄격히 법칙성에 따라

이행하는 기묘한 오페라 대본을 만들었다. 슈트라우스도 이런 요구에 잘 응했다.

<장미의 기사>는 실내악 느낌의 절묘한 배합과 각 악기의 투명한 활용, 작품 전체의 섬세함과 강렬함, 세련도와 면밀함 등에서 획기적이었다. 시민적인 소박함부터 초월적인 성격까지, 간결한 독창부터 복합적 중창까지, 구닥다리 부분부터 모던한 부분까지, 슈트라우스는 모든 것을 표현했고 경쾌한 연주로 소생시켰다. 그러나 이미 인간은 너무나 즉물화되어 있었고 이러한 진중한 꿈을 외면했다. 어떻게든 관객을 따라가려는 두 사람의 노력으로 우선 바로크 희극을 빼고 2부로 다시 구성하였다. 또한 원래 이음새 역할이었던 즉흥극을 확대시키니 진지함과 장난이 어우러진 유쾌한 매력이 넘쳤다. 그러나 상연 기록을 보면 이전까지의 오페라와 비교해 훨씬 약세였다. 두 사람은 시대의 벽에 부딪혀 역행하고 말았다.

다음 작품은 대작 <그림자 없는 여인(Die Frau ohne Schatten)>(작품65)이다. 오페라 <그림자 없는 여인>의 모티프는 천일야화, 중국 동화, 그림 동화, 인도나 아라비아의 전설, 라이문트의 마술극으로 구성되어 있다. 섬세하고 드넓은 마음으로 처리되어 있으면서 '결혼이란 무엇인가'라는 도덕적인 문제가 지배하고 있다. 호프만스탈의 반(反)바그너 성향은 그에게 깊은 영향을 준 것 같다. 슈트라우스는 "그것은 내 마음에 깊숙이 스며들었고 완전히 새로운 풍경으로 문을 열었다. 거기서 특히 <낙소스의 아리아드네>의 서곡에 이끌렸다. 나는 비(非)바그너적인 자유로운 움직임(遊動)과 감정과 오페라의 새로운 경지를 향해 나아가기를 기원했다."라고 말했다.

시인은 과도한 음악을 억제하여 '은빛 환성'처럼 울리는 음악을 원했던 것이다. <그림자 없는 여인>은 중국 징(gong) 6개, 탐탐 4개, 실로폰, 첼레스타 2개, 피아노, 파이프오르간, 바싹 쥔 손가락으로 연주하는 글래스 하모니카까지 동원한 대규모 편성 오케스트라이다. 슈트라우스는 이제까지 달성한 적 없는 음의 미분화를 시도했다. 실내악의 정서부터 큰 음량의 전개에 이르기까지 여러 아기자기한 음의 층이 쌓여간다. 영계의 장면은 무게 있는 베이스 악기를 포기하고 자유로이 떠도는 투명한 꿈의 경지로 풀어갔다. 엄선된 화음과 흥미로운 리듬으로 차갑게 응고된 카이코바트의 나라와 따뜻한 염색공의 집, 사람을 현혹시키는 마계의 지역, 우주에 발광하는 자연의 힘이 형성되었다.

곡 전체를 지탱하고 있는 것은 서너 개의 음으로 된 상징적인 음이다. 그중 가장 중요한 것은 서곡을 대신해서 오페라를 시작하는 카이코바트 나라의 테마다. 그밖에도 무수한 테마가 있는데 그중 '인간', '석화', '그림자 없는 자', '그림자' 등의 테마가 아름답다. 노래 중에서는 염색공의 상냥한 마음, 태어나지 못한 아이들의 억눌린 듯한 목소리, 거리 밤지기의 행복을 고하는 노래 등이 뛰어나다. 변전하는 아름다운 장경은 삽입곡에 의해 한층 경쾌하게 표현되었다. 장면과 장면 사이, 제1막 바라크의 감동적인 기도, 제2막 황제의 테마에 동반되는 첼로 연주, 바라크의 아내가 화려한 차림을 할 때의 정열적인 8분의 6박자 알레그로, 제3막 황제의 재판 장면 속 독주 바이올린 등은 모두 마음의 움직임을 표현하는 뛰어난 상징 음악이다.

슈트라우스는 늘어진 극적 구성을 서정적 구조로 대상성을 피하고 초월적인 것으로 만들고자 했다. 마지막은 칸타타 같기도 했다. 해방된 네 사람의 목소리가 아이들의 합창과 함께 울려 퍼지는 사랑의 찬가가 되는 종곡(終曲). 거기에서 에테르 속에 사라져가는 피아니시모를 다 듣고 나면 이른바 <파우스트> 종곡의 철리(哲理)가 느껴진다. 이러한 점은 <그림자 없는 여인>이 현대 오페라 중 최고라고 말할 수 있게 해준다. 이 곡이 1919년에 빈에서 초연되었을 때 대성공을 거둔 것은 당연한 일이었다. 하지만 <그림자 없는 여인>이 유럽을 넘어 해외로 진출하지는 못했다.

<살로메>나 <장미의 기사>는 특별열차로 관객을 이동시켜야 할 만큼 성공

을 거뒀다. 하지만 왜 <그림자 없는 여인>은 그렇게 되지 못한 것인지, 고개를 갸웃하는 사람도 있을 것이다.

슈트라우스는 왜 신화적이고 상징적이고 복잡하고 문학적인 오페라 소재에 손을 뻗어야만 했을까? 차라리 새로운 시대를 바라보는 소재가 좋았을 것이다. 그런데 예상치 못한 일이 벌어졌다.

슈트라우스는 오페라 <이집트의 헬레나(Die ägyptische Helena)>(작품75)의 텍스트를 펼쳐보고 의욕이 불타올랐다. "이것은 반드시 오페라가 될 겁니다. 저는 훌륭한 오페라가 될 거라고 확신합니다. 그런데 이 소재에 대해서 아직 아무한테도 말 안 했겠지요?"

호프만스탈의 대본은 호머에게서 망각의 묘약을, 에우리피데스에게서 허공의 환영을 빌려왔다. 그래서 작품75는 마치 학자가 쓴 것같이 심리적 부담이 느껴지는 오페라 대본이었다. 이는 관객의 수준보다 한참 더 앞선 것이었다. 당시 오페라 관객은 알기 쉬운 극적 상황과 모티프를 좋아했는데 <이집트의 헬레나>는 모든 것이 안개에 가려져 있다. 대본은 신화와 복잡한 해석을 거쳐야 이해가 된다. 극중 인물은 신화에서 나와 현실에서 모던한 음악으로 자신의 운명을 철학적으로 운운한다.

두 막의 중량비가 불균형인 것도 눈에 띈다. 에른스트 크라우제는 <이집트의 헬레나>에 대해 고전의 성숙미를 가장 잘 간직한 오페라가 모던한 비고전주의적 패러프레이즈가 되었다고 평했다. 그러나 슈트라우스는 다음과 같이 언급했다.

"나의 음악은 고상한 그리스의 모습을 갖추려고 노력하고 있습니다. 바로 괴테가 「타우리스의 이피게네이아」에서 보여주었던 것처럼."

'괴테=빈켈만의 이상향은 그렇게 쉽게 얻을 수 있는 것은 아니다. 헬레나는 시민의 옷을 입고 로맨틱한 북유럽을 모방한다. 100년 전에 그리스를 구한 사람에게서 자유를 되찾은 날개가 보이지 않는다고 생각한 크라우제는 헬레나가 환영에 지나지 않는다는 결론을 내린다.

우리는 우리 나름대로 그리스를 볼 수밖에 없지 않을까? 두 예술가가 그들의 방식으로 그리스를 봤다고 해서 일방적으로 그것이 틀렸다며 비난할 수 있을까? 우리는 시인이 오페라에 관해 설명하는 바를 듣고 여러 심도 있는 해석을 할 수도 있을 것이다. 잡무에서 벗어난 슈트라우스는 <이집트의 헬레나>에 몰두했고 오페라계는 작품의 완성을 고대했다. 1928년 상연은 바이마르 공화국 최후의 눈부신 행사였다. 유럽을 비롯한 해외 관객까지 모여들어 오페라를 감상했다. 공연은 성공적이었고, 6년 동안 50차례 연출되었다. 하지만 <이집트의 헬레나> 역시 독일, 오스트리아 외의 국가에서 상연되는 것은 보지 못했다.

슈트라우스는 작곡할 때 두 막이 대칭되도록 매우 신경을 썼다. 그러기 위해 아리오소를 활용하고 그로 인해 줄거리의 완급점에서 안정감을 만들어낸다. 새로움을 위해서 신기한 요소에 기대지 않고, 감각적으로 날카로운 멜로디를 살려 진부해지지 않는 범위 안에서 민요적인 것을 사용했다. 아리아에서는 멜로디가 의욕적인 단순함을 보여준다. 크라우제는 <이집트의 헬레나>에서 멜로디가 풍성하다는 점과 벨칸토 창법이 유동적으로 쓰였다는 점에 주목했다. 슈트라우스는 장중함, 화려함, 찬가다움, 거장의 성숙함 등으로 관능의 표면에서 나오는 음악을 만들었다.

오페라 <아라벨라(Arabella)>(작품79)는 두 사람의 마지막 협업을 장식한 작품이다. <아라벨라>의 역사만큼 시인과 음악가가 한 작품을 위해 고군분투했던 모습을 보여주는 것은 없을 것이다. 대본의 개작 문제에는 막을 어떻게 끝맺을지에 대한 구성과 전체를 아우르는 구성이라는 두 가지 요점이 있었다. 호프만스탈은 막의 끝맺음 부분을 개작했는데(제2고), 슈트라우스는 여전히 만족하지 않았다. 그래서 1막을 처음부터 전면적으로 새로 고쳐 쓴 것이 제3고다.

호프만스탈은 작곡가의 지시에 따라 전반적인 구성에서 여러 가지를 양보했다. 선이 너무 가늘다, 형상이 부족하다, 서정성이 없다 등 작곡가의 온갖 주문에 줄거리는 재검토되었다. 하지만 호프만스탈에게 있어서도 슈트라우스에게 양보할 수 없는 본질적인 부분이 있었다. 호프만스탈은 다음과 같이 말했다. "하강하는 힘이 아니라 고양된 예술적 통찰에 기반을 두는 양식에 대한 실험을 보여주고, 멜로디를 목소리에 입혔으면 합니다. 오케스트라는 덩치가 크지만 수반적인 역할을 하고, 심포니로 확산되지 않으며, 목소리에 복종하는 식으로 되었으면 좋겠습니다. 소리가 강하기를 원하는 것이 아니라, 주도적인 것을 어디로 배분하느냐의 문제입니다. 학자 같은 독일 음악 정신에서 벗어날 수 있다면, 만약 성숙한 거장이 자신의 19세기 그림자를 뛰어넘을 수 있다면, 분명 진정으로 마술적인 결과물이 나오겠지요." 호프만스탈이 계몽하고자 했던 요점은 보는 것과 듣는 것의 조화, 연극과 오페라의 일체화, 목소리와 오케스트라의 화합이다. 다시 말하면 오스트리아의 전통으로 복귀하는 것이었다. 오제키 다케시(尾関毅) 씨의 「<아라벨라> 연구」에서 다음의 인용 부분을 보자. 인용 부분은 바그너로부터 모차르트로 향한다고 봐야 할 호프만스탈의 생각이 이념적으로 표명되었음을 알 수 있다.

"신구 유럽이 만나는 오스트리아에서, 로마스럽고, 독일스럽고, 슬라브스러운 정신의 환경에서 음악이 탄생했다. 독일의 음악이, 유럽의 음악이 우리 시대의 실로 영원한 음악이 탄생했다. 자연과 같은 자연이자, 진정으로 청명한 완성이. 이 음악은 독일 혈통 중에서도 가장 인간적인 혈통의 심연으로부터 태어나 유럽 이전의 고대 미술과 같이 아름답고 명료하게 등장했다. 그것은 최초의 예술보다도 한층 깨끗하며, 기독교적이고 순화된 고대 예술이다. 민족의 마음속 가장 깊고 가장 순수한 것이 울려 퍼진 것이다. 이는 기쁨의 음악이었다. 신성하고 날개가 돋친, 결코 경솔하지 않으며 경쾌한 정신이 이야기를 읊조린다. 삶이 전해주는 맑은 행복을. 심연이란 예감된 공포가 아니며, 암묵은 이제 마음속 구석구석을 빛으로 비춘다. 때로는 우수(憂愁)가 (이 민족은 우수를 알고 있었으므로) 틈틈이 보였음에도 갈가리 찢기는 고뇌는 거의 보이지 않았다. 고독이 경직하는 의식 따위는 눈을 씻고 봐도 없었다."

슈트라우스는 바이에른 사람이고 호프만스탈은 오스트리아 사람이다. 바이에른도, 오스트리아도 역사로 인해 갈가리 찢긴 것이니 어쩌면 둘은 동포였다. 슈트라우스와 호프만스탈의 대립에는 성격 이외의 것, 독일과 오스트리아라고 해야 할 것이 있었다. 슈트라우스는 호프만스탈의 음악관에 서서히 영향을 받았다. 호프만스탈과 대본과의 깊은 관련성을 읽어내었던 것일까?

작품에서 19세기 말의 빈은 비속하고 위험하며 여자의 뒤를 쫓는 귀족, 빈부 격차, 돈과 욕정의 세계로 그려졌다. 그러한 배경으로부터 정신을 차린 아라벨라, 심성이 고운 츠덴카, 소박하고 늠름한 만드리카가 다른 세계를 비추고, 전혀 다른 순수한 세계가 음악으로서 지배한다. 여기서 슬라브적인 만드리카와 유럽적인 아라벨라의 혈통이 서로 만나는 음악을 슈트라우스는 이해할 수 없었다. 그는 진부하고 재미없는 줄거리라고 생각했다. 슈트라우스는 중후하고 영웅적인 것을 원했지만 호프만스탈은 내면적이고 경쾌한 작품을 썼다.

무엇보다도 큰 모순은 만드리카가 자살하는 것으로 끝내달라는 슈트라우스의 요구였다. 호프만스탈은 투쟁적인 이원론이 아니라 대립이 없는 세계에서 태어난 사람이었다. 그의 아라벨라는 만드리카와의 결혼으로 끝나야만 했다. 그에게 있어 남녀가 함께 살 수 있다는 신기함, 삶의 합법적인 제도, 상호적 재생이라는 결혼의 테마가 밝은 행복으로 끝나는 것은 당연한 일이었다. 이와 같은 점에서 두 사람의 의견이 충돌했지만, 오페라의 대본은 1929년 7월에 마침내 완성되었다. 그와 동시에 두 사람의 협업은 끝을 고하게 되었다. 슈트라우스는 그에 조금 앞서 이러한 글을 남겼다.

"우리 두 사람은 1년 혹은 1년보다 더 긴 시간 동안 서로를 잘 이해하게 되었습니다. 점점 완성되어가는 이렇게 좋은 작업이 마침내 끝이 났고, 또 새로운 작품을 위해 다시 처음부터 일을 시작해야 한다니 얼마나 유감스러운 일입니까?"

슈트라우스는 여러 의견 충돌을 극복하고 결국 완성된 대본을 호프만스탈에게 전달받았다. 그는 호프만스탈에게 감동하여 감사의 전보를 보냈다. 하지만 전보는 시인의 장남이 자살한 날에 도착했고 끝내 시인이 열어보지 않은 채로 남겨졌다. 섬세한 시인은 아들의 불행에 큰 충격을 받아 다음 날 뇌졸중 발작을 일으켜 타계했다.

아마도 슈트라우스는 극심한 슬픔에 빠졌음에도 <아라벨라>의 작곡에 매진했을 것이다. <아라벨라>의 작곡을 급히 서두르지는 않았다. 그사이 다른 작품을 작업하기도 했다. 1931년 그는 드레스덴의 부슈에게 다음과 같은 편지를 보냈다.

"피아노 스케치로 <아라벨라>를 완성했습니다. 하지만 총보에 대해서는 묻지 말아주십시오! 이런 대작을 마치기에는 지금 시간이 모자랍니다. 이것은 결코 서두를 필요가 없는 작업입니다. 사람들이 <그림자 없는 여인>이나 <인테르메초>나 <이집트의 헬레나>를 조금이라도 이해하기 전에 다른 것을 들을 필요는 없으니까요."

슈트라우스는 그로부터 세 달 뒤에 <아라벨라>의 총보 100페이지를 완성했다. 그는 "초연은 1933년 9월이 될 것"이라고 말했다. 그리고 어조를 바꿔 "당분간 <아라벨라> 상연을 포기한다."라고 썼다. 그러나 결국 <아라벨라>는 드레스덴극장 총감독의 호의로 도움을 받아 1932년 10월 중순에 완성되었다. 다음 해 3월 히틀러는 독일을 억압했다. 슈트라우스는 공연을 올릴 마음이 생기지 않아 <아라벨라>를 상자 속에 재워두고 싶었다. 하지만 계약 이행의 문제도 있어 슈트라우스를 잘 아는 클레멘스 크라우스가 초연을 올렸다.

이미 세상에 없는 호프만스탈, 히틀러 체제 아래 떠나간 친구들……. 슈트라우스는 슬픔에 빠졌다. 하지만 전쟁이 끝나고 <아라벨라>의 위상은 점점 높아져갔다. 두 거장이 오랜 시간을 들여 만든 작품에서는 그 시대가 안고 있던 고민이 느껴지지 않는다. 어떤 기술을 써서 슈트라우스는 이렇게 엄격히 절제된 오케스트라를 완성하였을까? 어떻게 <장미의 기사>보다 더 나긋나긋한 움직임을 획득해낸 것일까? 때로는 실내악 느낌으로 여유롭게 흐르는 청명한 오케스트라, 반음계적 조성을 사용한 세련된 경제성, 모차르트로부터 배운 탄력성, 이들 모든 것이 눈부신 거장 슈트라우스의 실력을 보여준다. <아라벨라>는 음향적인 것이 단면적으로 지배하지 않고, 언어와 조화를 이루었으며 슈트라우스와 호프만스탈의 협업에 있어 그 정점을 각인시켜주었다.

밖으로는 새로운 음악이 소리를 높이고, 정치는 폭풍이 되어 난동을 부리기 시작했지만 슈트라우스의 음악은 <아라벨라>에 있어서 완벽하게 자기중심적인 자율성을 보여주었다. 세상의 언어와 비교하면 이것은 이제 보수적인 작품이 되겠지만, 전진하는 자에 대해 중대한 경고가 되어 불러 세우는 힘을 가지고 있었다. 완전히 자율적으로 자신의 내면이 요구하는 바를 통해 꽃을 피운 예술, 자신과 자신의 음악이 어디에서 왔는지 묻는 데에 성공한 예술은 뿌리 없는 풀이라는 진보 예술에 커다란 위협이 되는 법이다.

그밖에 호프만스탈을 알기 전까지 그는 <군트람(Guntram)>(작품25), <화재비상(Feuersnot)>(작품50), <살로메(Salome)>(작품54)를 작곡했다. 20여 년에 걸친 호프만스탈과의 협업 기간에는 우연히 <인테르메초(Intermezzo)>(작품72)

를 작곡했다. 그의 사후에는 <말 없는 여인(Die schweigsame Frau)>(작품80), <평화의 날(Friedenstag)>(작품81), <다프네(Daphne)>(작품82), <다나에의 사랑(Die Liebe der Danae)>(작품83), <카프리치오(Capriccio)>(작품85) 등을 작곡한다. 처음 세 곡은 바그너 음악의 영향 아래에 있는 그의 초기 오페라이다. <인테르메초>는 호프만스탈과의 협업 기간 중 밝은 분위기의 중기 오페라라 할 수 있겠다. 마지막 다섯 곡은 히틀러의 제3제국 때 만들어진 것이다. 이 작품들은 회화에서 파울 클레, 문학에서 고트프리트 벤이 그랬던 것처럼, 공포 정치의 소용돌이 속에서 탄생한 예술이 갖는 여러 문제점과 특색을 잘 드러내 준다.

슈트라우스의 오페라 처녀작인 <군트람>은 빈의 신자유 신문에 실린 음유 시인 이야기에서 영감을 받아 작곡되었다. 1888년 3월에 초안이 나왔고, 완성된 것은 1893년 그가 남쪽을 여행하던 중에 카이로에서였다. 이야기의 줄거리는 슈트라우스가 직접 짠 것으로 주목할 만한 가치가 있다. 중세 기사들로 구성된 어느 단체가 최고의 선으로 기독교를 신봉하고, 노래를 배워 인류의 형제애를 추구하며 살아간다. 군트람은 이곳에서 성장해 중세의 음유 시인이 되고, 형제애의 사도가 되어 로베르트 공이 전제 정치를 하는 나라로 간다. 여기에서는 자유를 구하는 어떤 시도조차도 억압을 받는다. 로베르트의 아내 프라이힐트는 남편의 화를 누그러뜨리려고 하지만 실패하고 절망에 빠진 나머지 바다로 뛰어든다. 이때 군트람이 그녀를 구한다. 초대받은 승리의 연회에서 군트람이 평화를 찬양하자 로베르트가 조소하며 그를 칼로 위협한다. 군트람은 화가 나서 로베르트를 죽인다.

그 일로 투옥된 군트람은 교단으로부터 답변을 강요받는다. 하지만 그는 자신의 양심에 죄를 물어 그 죄의 원인이 프라이힐트에 대한 연정에 있다고 결론 내린다. 결국 그는 답을 하지 않은 채 그녀의 구애도 거부하고 외롭게 은둔 생활을 한다. 바그너의 아들 지그프리트 바그너는 <군트람>이 바그너의 곡과 정신적인 면에서 매우 다르다고 비난했다. 리터 역시 비도덕적이고 비기독교적이며 무신앙적 작품이라고 비난했다. 하지만 슈트라우스의 의도는 자신의 신념으로 불타오른 운명적 인물을 드라마로 만드는 것이었다. 그는 로맨틱한 것에서 벗어나고자 노력한 부분도 있다. 하지만 사실상 그 목적은 충분히 달성하지 못했다. 또 바그너의 작품인 <탄호이저>나 <파르지팔>에 압도당해 그의 울타리 안에 머물러 있다.

슈트라우스는 <군트람>이 레치타티보와 아리아의 구분이 선명하지 않고, 노래가 아닌 오케스트라 오페라가 되어버렸다며 자기 자신을 비판했다. <군트람>은 당시 오페라로서는 매우 높은 수준이었고 더 주목을 받아도 좋았을 역작이었다. 그러나 단 5, 6회를 상연하고 자취를 감췄다. 슈트라우스의 가르미슈 산장에는 순직 기념비가 있는데 "작가에게 무참히 버림받은 군트람 여기에 잠들다."라고 새겨져 있다.

<군트람>의 실패 후, 슈트라우스는 좀처럼 상처를 드러내지 못한 채 다시 드라마의 소재를 찾아 나섰다. 그러다 볼프의 『네덜란드 전설집』(1843) 중에 '아우더나르데의 사라진 불'을 보고 그는 좋은 소재를 발견했다며 볼초겐에게 부탁해 <화재 비상>이라는 대본을 만들었다. '아우더나르데의 사라진 불'의 전설은 다음과 같다. 이야기는 어느 소녀가 연인을 바구니에 매달아 사람들의 웃음거리로 만든 사건에서 시작된다. 여기에 화가 난 늙은 마술사가 마을의 불을 없애고 소녀를 벌거벗겨 책상 위에 세우고 그녀의 등에서 불이 나오게 해 웃음거리로 만들었다.

여기에 슈트라우스는 이야기를 붙여, 남자를 바구니에서 꺼내 테라스 위에 올려놓고 기운 넘치는 설교를 시킨다. 그는 모두에게 자신이야말로 새로운 가치를 구축해나갈 '연금술사 쿤라트'이며 고독한 창조자라 말한다. 그는 사람들에게 매도되어 새로운 것을 적대시하는 이들의 불만을 사지만, 스스로 불멸의

왕에게 시중을 든다. 슈트라우스는 이 작품으로 묵직한 파토스를 부드럽게 풀어 유머를 듬뿍 불어넣었다. 바이에른과 남부 독일 사투리를 쓰면서 전설 속의 성긴 부분을 잘라내 성적인 부분을 변형시켰다. 총보 마지막에 "전능하신 자의 생신날, 1901년 5월 22일 베를린"이라고 표기되어 있는데, 이 전능하신 자란 바그너를 가리킨다. 바그너는 여기에서 쿤라트의 스승이다.

> 그 활동은 더할 나위 없이 훌륭했소
> 거기서 여러분 모두는 활동가를 따돌렸지
> 그리고 못된 적은 그대로 놔두었소
> 그놈이 또 어김없이 논쟁에 덤벼드는군

그는 이 구절에 자신의 <군트람>과 바그너의 <방황하는 네덜란드인>, 발할라의 모티프를 넌지시 비추었다. 바그너에서 슈트라우스로 얼마만큼 긴밀하게 연결되어 있는지 짐작할 수 있는 재미있는 사례다.

<화재 비상>은 매우 독창적이고 힘차게 쾌활하고 우아하게 남독일의 성격을 짙게 드러낸다. 특히 바이에른의 렌틀러 무곡 등에서 민족성이 잘 살아 있으며 관현악이 화사하다. 호른은 불같이 포효하고 하프와 현악기는 이글이글 타오른다. 또한 베이스 클라리넷의 트레몰로는[18] 연기, 플루트와 트라이앵글은 불꽃, 북은 불에서 올라오는 연기 뭉치를 표현한다. 종곡은 솔로와 합창이 환호하며 에로스의 찬미를 화려하게 노래한다.

> 세상의 모든 따스함은 여성으로부터!
> 세상의 모든 빛은 사랑으로부터
> 오로지 뜨거운 소녀의 육체로만

---

18) 연주에서 음이나 화음을 빨리 규칙적으로 떨리는 듯이 되풀이하는 주법이다.

불꽃은 새로 끓어오르리

1901년 <화재 비상>의 성공적인 초연을 마친 슈트라우스는 이 작품으로 오페라에 대한 결정적인 확신을 얻었다. 그리고 이 불꽃은 그의 삶에서 평생 꺼지는 일이 없었다. 그의 아버지 프란츠는 금관악기들이 비정상이라고 느껴질 만큼 화려한 소리를 내는 것에 당혹해하며 "이 정도면 바지 위가 침으로 범벅이 되겠구나."라고 말했다. 베를린에서는 대본이 거절당해 궁정 쪽을 고려하여 개작한 작품으로 공연을 올리는 등 스캔들이 있었다. 하지만 이 명작에서는 무엇보다도 쇼펜하우어, 바그너, 니체, 만 등 이 무렵 독일인의 공통된 테마를 발견할 수 있다. 즉 작품에서 '예술가와 인생'이라는 주제가 슈트라우스만의 관점으로 재미있게 묻어나온다는 점인데 이는 특히 주목할 만하다.

<군트람>은 사랑을 포기하고 <화재 비상>은 사랑을 찬미했다. 반면 <살로메>의 사랑은 분열되어 있다. <살로메>는 베를린 시절을 장식한다. 이 작품을 평가할 때 극작가 와일드와 슈트라우스를 단순히 프로이트적인 경향, 성욕 중심적인 가치관, 사디즘으로만 결부시키려는 시각에 대해서는 반론을 제기하고 싶다. 살로메와 요하난의 사이에는 비정상을 초월하는 절실한 사랑이라 명명할 무언가가 흐르고 있다. "사랑의 비밀은 죽음의 비밀보다도 더 크다."라는 살로메의 절창은 이 세상의 것이라고는 할 수 없는 엄숙함을 갖추고 있다. 슈트라우스의 관심사가 오로지 센세이션을 일으키는 것으로 생각하는 것 역시 공연을 방해했던 사람들의 변명이다. <살로메>는 세기말적이며, 점차 온화함을 찾아 마지막 부분에서 긍정적이고 내면적인 빛을 발하고, 자신의 숙명을 극복한 인간성을 표현한다.

슈트라우스는 살로메를 인간의 빛으로 감싸 안는 데에 고심했고, 거칠고 병적인, 비도덕적인 것을 뛰어넘은 지점에 이르고자 노력했다. 그는 욕망과 미소

와 사랑을 섞고, 여기에 구원의 울림을 더해 밝은 빛을 던져주었다. 자세히 들여다보면 처음부터 그렇다. 살로메는 달빛을 받으며 자연에 대한 기쁨을 노래한다. 그녀는 헤롯왕의 사랑에서 벗어나 순수함을 원한다. 요하난의 목소리에 놀라는 살로메와 우리는 다를 것이 없다. 요하난의 목을 핥으며 이것은 역시 사랑의 맛이라고 말하는 살로메는 진실에 쫓기고 있다. 함께 세상을 떠난 두 사람은 사실 <트리스탄과 이졸데>의 보다 새로운 현실을 찾고 있는 것처럼 보인다.

신(정신)과 욕망(육체), 바꿔 말하면 요하난과 살로메는 괴테의 그레트헨에게 있어서는 하나였다. 이 점은 낭만주의 바그너의 트리스탄에게 있어서도 마찬가지였다. 하지만 현대의 슈트라우스에게는 어느 한쪽이 다른 한쪽을 쓰러뜨리게 되어있다. 그는 처음에는 요하난에게 우스꽝스러운 음악을 부여했지만, 이후 음악을 상당히 느슨하게 만들었다고 했다. 중세에는 신이 욕망을 쓰러뜨렸지만, 현대에는 욕망이 신을 쓰러뜨린다. 따라서 신과 정신의 승리를 노래하는 바그너를 발견하자마자, 니체는 바그너를 버린 것이다. 니체와 슈트라우스는 사랑이 조화를 이루게 하여 신이 승리하도록 허락하지 않았다. 신은 죽었다고 선언된 시대에 태어난 살로메는 분명 현대적이며 니체적이다. 현대적 파탄은 살로메 이후의 슈트라우스에게 남겨진 큰 문제였다. 호프만스탈의 대본에 따른 아홉 개의 오페라는 사랑의 세계를 위로하는 최적의 길을 보여주었다.

슈트라우스가 얼마나 <살로메>로부터 자기 혁명을 성취했는지는 20여 년 후의 작품인 <인테르메초>를 보면 확실히 알 수 있다. <인테르메초>는 개인적이며 소시민적인 오페라로, 자신을 너무 많이 드러낸 일상다반사를 예술 작품이라 했다고 비난받았다. 이 작품을 보면 초기 슈트라우스의 흔적이 남아 있는지 의심하게 된다. 슈트라우스는 이에 대해 작품의 서장에 다음과 같은 주장을 해놓았다.

"이 신작은 예로부터 사랑받아온 '사랑과 살인을 다루는 대본'에 등을 돌린다. 작품은 완벽하게 인간의 삶을 향해 심할 정도로 대담하게 손을 뻗어 새로운 길을 열고자 한다. 나 이후의 작곡가가 더욱 많은 재능과 행복에 둘러싸여 이 길을 계속 걸어가기를 바라는 바이다."

돌이켜보면 <인테르메초>는 의식적으로 일상적인 이야기를 하고 있다. 전화, 전보, 보트 젓기, 스키, 스케이트, 남녀의 모던한 심리……. 처음부터 가정주부가 등장해 하녀에게 "짐은?", "10시가 됐는데 밀크티는?", "소시지는?", "빵은?", "양칫물은?", "보따리는?" 등을 묻는 장면이 나온다. 부인은 남편의 직업에 대해 푸념한다. "나는 이런 환경에는 맞지 않아. 사람들 입방아에나 오르내리고, 그런가보다 하면 또 점점 사람들이 밀어닥쳐. 수치심도 모르는 시인들은 자기들 경험을 붙들고 살아가고, 악장님은 객석 자기 자리에서 인형 춤을 추고, 격렬한 감정은 15분이 지나면 잊어버리지!"

오페라 <인테르메초>의 큰 줄기는 사람을 착각해서 벌어지는 해프닝이다. 악장 슈트로에게는 연인이 있었다. 그 연인은 그를 유명한 지휘자 슈토르흐라고 잘못 알고 있다. 어느 날 그녀는 그에게 사랑을 속삭이는 편지를 써서 슈토르흐의 주소로 보내고 만다. 그 편지를 슈토르흐의 아내가 뜯어보고 화를 내며 남편의 행동을 모조리 다 캐내려 한다. 결국 슈트로와 슈토르흐가 대결하기에 이르렀을 때 갈등은 겨우 진정된다.

작품의 인물은 모두 실존 모델이 있는데, 슈토르흐의 아내 역할은 슈트라우스의 아내가 연기했다. 무대 배경 역시 오스트리아 빈과 잘츠부르크로 근교로, 슈트라우스가 좋아하는 스커트 놀이나 그 단골손님이 나온다. 인간 슈트라우스가 이만큼 뚜렷하게 드러나는 작품은 없다.

게다가 <인테르메초>의 대본은 본인이 직접 집필한 것으로 <군트람>과 비교해보면 재미있다. 30년 사이 대본의 완성도가 크게 차이 나기 때문이다. 호프만스탈은 이 작품에 대해 꺼려지는 작업이라며 협력하기를 거부했다. 반면 헤르만 바르는 막스 라인하르트와 함께 슈트라우스의 번뜩이는 재능을 격찬했다. 그것만 보더라도 이제는 이러한 소재가 얼마든지 오페라가 될 수 있는 듯하다. 영웅의 시대가 물러나고, 19세기의 인간 해방이라는 오래된 이념은 통용되지 않게 된 것이다. 슈트라우스는 이를 분명하게 깨닫고 있었다. 그러나 그는 반시대적인 전통파 호프만스탈에게 완전히 사로잡혀 있었다.

　　호프만스탈이 세상을 떠난 후, 슈트라우스는 비영웅적 오페라 <말 없는 여인>으로 훌륭한 성과를 이뤘다. 정치에는 참여하지 않았지만, 히틀러 시대의 긴장감을 암시하는 두 작품에 대해서는 다음과 같이 생각해볼 수 있겠다. 호프만스탈을 계승하는 작가 슈테판 츠바이크가 행복하게도 <말 없는 여인>의 대본을 집필해주었다. 슈트라우스는 불꽃처럼 생기 넘치는 정열이 되살아나 <장미의 기사> 이후 오랜만에 오페라 부파에 몰두할 수 있게 되었다. 그는 화산 같은 기질을 다이내믹하게 내세워, 반짝반짝 빛나는 소리의 연쇄를 만들어냈다.

　　소박한 슈트라우스는 <말 없는 여인>이라고 말을 없애고 오케스트라로 상징을 그려내지는 않았다. 구두쇠 부자 모로서스와 티미다로 변장한 '말 없는 여인(가난한 아민타)'은 계속해서 노래를 부른다. 구두쇠 모로서스는 특이한 체질이자 비음악적인 인물로 그려져 허둥대는 베이스로 표현된다. 가난한 아민타는 프리마돈나의 콜로라투라로 노래 불린다. 이들의 개성 넘치는 창조가 테마를 변형시키며 앙상블 장면과 잘 어우러져, 가면과 실존을 도처에 드러내는 기막힌 작품이 되었다. 완결된 아리아가 작품 전체를 마무리 짓고, 사상적인 부분은 반주 없이 말로써 전달되어 말 없는 여인다운 표현을 했다.

　　동작을 하면서 노래하는 대화는 리듬과 언어를 구사하여 경쾌하면서도 자유자재로 흘렀다. 제1앙상블에는 배우 동료와 시민 사회의 모순, 모로서스의 제멋대로인 면모에 대한 공격을 다뤘다. 왈츠식의 제2앙상블에는 배우들과 이발사의 장면에서 이발사가 모로서스의 부(富)를 노래한다. 그리고 결혼식 음악, 모로서스의 한탄과 괴로운 가정부, 드디어 고통에서 벗어난 모로서스는 변용을 통해 새로운 인식에 도달한다.

> "원하는 만큼 소란을 피워보시지. 말 없는 여자를 얻은 남자는 이 세상의 소란을 견뎌낼 테니까."

히틀러 시대를 사는 스스로를 암시하는 이 대목은 대위법적이고 힘이 넘친다. 이것이 끝나면 불협화음은 물러난다. 하모니로 풍성한 모로서스 찬가가 이발사의 노래로 불리며 진정한 고요가 온다. 하지만 대단원의 마무리는 모로서스다. 제1막의 '소란이 싫은 노래'에서 제2막의 '아민타와의 대화'를 통해 여기까지 끊임없이 이어진 평화 찬가가 정점을 이룬다. 이 장면은 슈트라우스 스스로 가장 성공적인 장면이라고 했다. 장면에는 자전적인 노년의 선의와 지혜가 선명하게 담겨 있다. 그밖에 "사람은 돈이 있는 한 술을 마시지."나 "사람은 투기를 그만해야 해."처럼 소리 지르고, 공격하고, 신음을 내고, 소리를 지르는 장면에서 스케르초나 패러디는 특히 주목할 만하다.

크라우제는 이 정도로 쾌활한 명작은 슈트라우스의 다른 어떤 작품에도 없다고 말했다. 그는 민요를 정교하게 담아냈고, 소음 음악을 문소리, 수다 소리, 다툼 등에 사용했다. 나치는 이 명작을 금지했다. 이는 나치를 비판하는 부분이 있어서가 아니라 대본을 쓴 사람이 유대인이었기 때문이었다. 그러나 전쟁이 끝난 오늘날 <말 없는 여인>은 가장 많이 공연되며 성공을 거두고 있다.

레지스탕스 오페라 <평화의 날>은 1938년 뮌헨, 드레스덴, 빈에서 공연되어 이상할 만큼 호평을 받았다. 하지만 갑자기 평화 음악 금지 조치와 함께 사라져버렸다. <평화의 날>은 피델리오를 연상시키는 부분이 많은 작품으로 알려져 있다. 제3제국의 침략이 순조롭게 준비되어 가던 무렵, 70세가 된 슈트라우스는 평화 사상을 내용으로 하는 진지하고 이념적이고 사실적인 오페라를 만들었다. 대본은, 나치에 쫓기는 몸인 츠바이크를 대신해, 빈의 연극사 연구자 요제프 그레고르가 썼다. 이 오페라부터 대본 작가가 갖는 한계는 극복할 수 없는 장애가 되었다.

<평화의 날>은 1648년 10월 24일 포위 공격을 당한 마을 성내에서 일어난 일을 다루고 있다. 단막 오페라의 후반 부분이 상당히 진행되었을 무렵, 종소리가 베스트팔리아의 화해를 알리며 역사상 가장 공포스러웠던 30년 전쟁이 그 막을 내린다. 권력자의 이익을 위해 독일인끼리 서로 피를 흘리며 국토를 불바다로 만든 지 30년째다. 황제로부터 무슨 일이 있어도 마을을 지키라는 명령이 내려온다. 군대장은 시민의 한탄에 귀를 기울이지 않은 채, 젊은 아내에게조차 차갑고 엄격하다. 그는 결국 끝내 지키지 못한 성을 폭파하려 한다. 살아남은 남녀가 성안에 모여 서로에게 이별을 고한다. 이제 막 화약에 불이 붙으려고 할 때 종이 울리고 정세가 급변한다. 평화 조약이 체결된 것이다! 아마도 그들이 평생 들어본 적 없는 평화라는 말이 그들의 마음속으로 들어와 머리를 이해시키리라! 사람들은 기쁨에 겨워 소리를 지르고 막이 내린다.

슈트라우스는 그레고르의 『세계연극사』에서 칼데론의 드라마 정경을 그린 벨라스케스의 명화로부터 영감을 받았다. 적대 관계인 두 대장이 서로 끌어안을 때의 심정을 오페라로 만들고자 했다. 그는 츠바이크의 「인류의 성시」의 한 문장인 '극적 형식을 역사에 부여하는 것은 약간의 폭발적인 순간'이라는 말에 감명을 받았다. 그래서 이와 같은 순간을 오페라로 만들어 히틀러 시대의 독일인에게 보여주고자 했다.

그레고르는 전쟁의 시대를 반영한 여러 형태를 언어로 변환시켰다. 총을 들 줄만 아는 젊은이, 살인을 싫어하면서도 남들 따라 움직이는 포수, 고향에 대한 사랑을 노래하면서도 다른 나라 황제의 시중을 드는 전령, 그중에는 평화주의

자도 있다. 시장은 이렇게 말한다. "여러분들은 누구를 이기려고 하는 건가요? 나는 적을 보고 왔습니다. 적도 우리와 똑같은 인간이었어요. 그들도 우리와 완전히 똑같이 움막에서 머리를 싸매고 괴로워하고 있더군요. 그들이 마구 짓밟히자 우리와 똑같이 숨을 헐떡이며 신음을 냈어요. 그리고 기도를 할 때는 우리처럼 신에게 간절히 애원했어요." 어떤 여인은 절망에 빠져 "살인자!"라고 군대장을 향해 울부짖는다.

> 황제는 옳다, 병사들이여
> 나가 뒈지라고 한다면
> 황제는 그르다, 농부들이여
> 나가 죽으라고 한다면

굶주린 사람들의 가여운 목소리는 "빵을 달라!", "배가 고파 죽겠다!"라고 되풀이된다. 하지만 성직자는 "조신한 것들은 승리를 얻지 못해."라고 말한다. 대장은 "의무를 충실히 이행하도록"이라고 말할 뿐이다. 작품은 아리아, 중창, 합창이 대부분이다. 전체적으로 칸타타풍이고 줄거리가 약하다. 게다가 음악은 계조가 부족해 낭랑하고 엄격하게 미래의 전쟁이 드리우는 어둠을 암시하는 듯하다. 반음계와 불협화음이 주체성을 보여주는데 주요 모티프는 세 개의 소라고둥 소리이며 이것도 불협화음이다.

<평화의 날>은 행진곡조로 시작한다. 유령의 무리처럼 깊은 곳에서부터 올라오는 논쟁에는 장례 행렬이 쓰인다. 끝이 가까워지면 급속한 행진곡으로 적의 행진을 알린다. 민중적인 음악으로서는 이탈리아인의 노래나 대장의 '기사의 노래'가 나온다. 장대한 정경에서 부부가 부르는 2중창도 있다. "당신과 함께 죽으리."라며 오로지 전쟁만 아는 대장과 전쟁을 저주하는 아내. 그러나 아내가 남편보다 강한 존재다. 왜냐하면 무슨 일이 닥쳐도 그녀는 죽지 않고 마음속에

평화를 그리고 있기 때문이다. 슈트라우스는 직접 종곡을 구성하며 다음과 같이 말했다.

"두 대장이 끌어안을 때부터 완전히 바뀌어야만 한다. 이 정숙한 순간에 완벽하게 고요하게 국민이 부르는 평화의 찬가가 울려 퍼진다. 전쟁의 기억이 없는 찬가가. 그리고 찬가 다음으로 아내의 아리아가 나오고, 두 대장이 선창을 하면 모두가 그에 화답하는 것이다."

사람들이 폭발의 순간을 기다리는 동안 평화의 종이 울려 퍼진다. 그리고 '빛의 목소리'가 점점 더 커지고, 더욱 행복한, 번쩍이는 광대한 굉음이 된다. 불협화음의 고민이 지속되는 동안 모든 음계의 밝은 소리가 길게 뻗어간다. 마치 종이 잃어버렸던 멜로디를 되찾을 것만 같다. 그리고 스트레토가 온다. 이는 푸가의 끝부분으로 주제, 화답, 주제 식으로 급속하게 겹쳐지며 긴박함을 드러내는 형식이다. 2중 푸가를 주장했던 그레고르의 의견에 반대해 슈트라우스가 "스트레토, 스트레토!"라고 외치며 강행한 대목이다. 우연의 은총에 의해 아름다운 평화가 도래한 것처럼 보인다는 점은 대본 작가의 한계라 할 수 있겠다.

우리는 이 음악을 뛰어넘어 슈트라우스가 히틀러와 대결하기를 바라는 것이 아닐까? 유감스럽게도 진보는 직선으로 뻗지 않는다. 오히려 좌절하는 경우가 태반이다. 슈트라우스는 히틀러와의 대결에서 좌절했다. 그 후 변절했던 것일까? <평화의 날>을 정치 음악으로 본다면 그렇게 말할 수 있을지도 모르겠다. 하지만 <평화의 날>을 자율 음악으로 본다면 그렇지는 않다. 논리적으로는 그렇다는 것이다. 슈트라우스는 평생 자율적 음악가였다. 그럼에도 그는 자율이 곧 정치라고 해야 할 <말 없는 여인>과 <평화의 날>까지 만들어냈다. 우리는 그런 그에게 기대를 걸어야 하지만, 슬프게도 그 후 슈트라우스는 정치와 음악이라는 이원론에 사로잡혔다. 그래서 정치와 동떨어진 신화를 소재로 두 곡, 예술론 한 곡을 오페라로 만들었다.

　그레고르는 테오도르 샤세리오의 석판화에 자극을 받아 가르미슈 시절의 슈트라우스에게 단막 오페라 <다프네>의 계획도 가지고 왔다. 슈트라우스는 관심을 보였고, 로마 보르게제 박물관에 있는 로렌초 베르니니의 「아폴로와 다프네」를 떠올렸다. 다프네는 몸을 뒤로 젖히고 오른손을 높이 들어 계속 노래를 하지만 손과 발은 이미 월계수가 되어 있다. 그녀를 사로잡은 기쁨도 잠시, 그녀가 변하는 모습에 놀라는 아폴로. 여기서 순간은 영원에 사로잡혀 하나의 신비가 사상이 된다.

　1935년 늦여름부터 대본이 집필되기 시작했다. 무대는 올림포스의 거대한 산괴, 때는 위대한 신 디오니소스가 눈부시게 활약하던 시대다. 모든 자연의 최고 전성기, 교합의 시기. 기원전 6세기 목가적인 그리스. 사람과 신과 자연이 가까이서 뒤섞이던 시대. 하지만 이 범신론에 점점 기독교적 죄의 개념이 스며들고 있다. 무엇보다도 꽃이 피는 포도의 제전이 지배하지 않으면 안 된다. 처음 3분의 1은 완전한 목가다. 샘과 나무의 대화는 하늘로 가는 아폴로를 찬양한다. 다프네와 레우키포스의 우아한 장면, 다프네가 아폴로를 알게 되는 장면, 아폴로의 사랑, 그리고 디오니소스 축제.

　오케스트라는 대대적으로 모티프와 테마가 풍성하다. 주부에 들어가면 신을 눈물로 유혹하는 다프네의 한탄, 다프네가 나무로 변신하는 장면이 나오고 그녀는 나무 안에 갇히고 만다. 아이올로스의 하프와 같이 현실에서 해방된 그녀의 목소리가 우주의 무한대로 펼쳐진다. 다프네의 음악은 시적이고, 내면적이고, 고대적이고, 단순하며 소박하다. 대체 예술이란 세상의 흐름과 단절되어 꼭 유토피아에 취해야만 하는 것일까? 예술가도 나이가 들면 자신의 발판을 지키는 것밖에 관심이 없어지는 것일까?

1920년 호프만스탈이 똑같은 계열의 오페라 <다나에의 사랑>을 슈트라우스에게 제안했을 때는 버림받았다. 그런데 한창 세계대전이 일어나고 있을 때 그레고르와 함께 시도되었다는 사실은 새삼 신기하지 않은가? 게다가 그레고르가 개작한 것을 보면 추상적 사고로 꽉 차 있어 드라마로서는 실패했다고 볼 수 있다. 관객에게 이미 보여준 것을 나중에 설명으로 붙이는 등 호프만스탈이라면 그렇게 하지 않았을 부분이 눈에 띈다. 이뿐 아니라 호프만스탈이 그렸던 먼 옛날 황금의 왕 미다스와 다나에의 아름다운 결혼 모티프는 사라져버렸다.

두 사람 다 권력, 돈, 지위보다도 사랑에 매달려야 한다는 것을 주장한다는 점에서는 공통점이 있다. 슈트라우스의 작곡은 더욱 맑고 깨끗하며 손에 닿는 것을 황금으로 바꾸는 미다스처럼 자유자재로 모든 전경을 만들었다.

> 네 손에 닿은 것
> 입술에 가져다 대는 것
> 감미로운 것도 추악한 것도
> 모두 다 황금이 되어라!

신과 미다스의 계약인 이 모티프가 라이트모티프다. 바그너가 황금에 대한 저주를 썼다면 슈트라우스는 황금을 극복하는 사랑을 작곡했다. 특히 훌륭한 점은 다나에가 황금의 행복을 포기하고 사랑의 행복을 향해간다는 점이다.

슈트라우스는 클레멘스 크라우스의 대본 <카프리치오>에 만년의 정력을 바쳤다. 그는 이 작품으로 큰 자신감을 얻었다. 마들렌 백작 부인은 젊고 아름다운 미망인으로 시인 올리비에와 음악가 플라망으로부터 구애를 받는다. 예술적인 면이나 인간적인 면에서 두 사람은 라이벌이다. 이들은 그녀에게 두 사람의 사랑에 대한 결정권과 시와 음악의 우위를 정해달라고 부탁한다. 부인은 결정할 수 없다. 올리비에의 소네트를 플라망이 작곡하자, 음악과 시가 하나가 되고 둘이 협력한 효과를 톡톡히 보이며 아름다움을 선사한다. 마들렌 백작 부인은 노래한다.

> 품격 높은 멜로디와 아름다운 마음—
> 이보다 더 좋은 결합은 없지요
> 둘을 떼어놓으려 하셔도
> 헛수고로 끝이 날 거예요
> 말과 소리가 하나가 되어 녹아내려
> 새로운 것이 되어가요
> 시간의 비밀이 하나의 예술을
> 또 하나의 예술로 녹일 거예요

시와 음악이 하나가 된 인격을 지닌 사람인 극장 감독 라 로슈는 두 사람의 의견을 부정하며 극장을 찬양한다. 그것이야말로 존재의 실존성을 가상의 모습으로 갖추고 있는 것이다. 액자식 구성으로 매우 술술 써진 이 오페라는 멜로디가 풍성한 대화의 배합과 레치타티보풍의 반주가 두드러진다. 모든 것은 경쾌한 구식 느낌을 띤다. 슈트라우스는 "드디어 동시대 음악에서 멀어져간다."라고 말했다. 구조는 3부로 나뉜다. 제1부는 두 연인과 부인의 3중창으로 끝나는 발단부, 제3부는 부인이 마무리 짓는 에필로그다. 그리고 이 둘을 연결시키는 것이 소네트를 중심으로 한 제2부다. 여기에 음악과 시의 결합론이 나오며 그 밖에도 여러 심도 있는 예술론을 엿볼 수 있다. 늙은 슈트라우스가 이 작품으로 연마한 생기발랄한 기법은 구성, 대위법, 모티프, 패러디 모든 면에서 경이적인 것이었다.

그는 글루크의 오페라 개혁 시대 음악 문화에 생생한 영혼을 불어넣었다.

<카프리치오>에는 글루크, 쿠프랭, 라모, 로시니, 도니체티 등을 암시하는 모티프를 사용했다. 슈트라우스는 이 작품으로 자신에게 있어 세계를 의미한 무대에서 물러난다고 말했다. 그리고 그는 "여태까지 한 번도 폭풍을 일으킨 적도 없고, 한 번도 사상을 움직인 적이 없다."라고 말하려 했다. "하나의 새로운 오페라가 나오면 그 작품에 대해 차분히 생각해주시길 바랍니다. 그런데 당신은 정말로 제가 <카프리치오> 다음에 더 좋은 작품을 쓸 수 있다고 보십니까? 이 작품이야말로 내 작품의 완결이라고 할 만하지 않나요? 우리는 결국 유서 하나를 남기면 되는 겁니다." 슈트라우스는 "더욱 오페라를!"이라고 말하는 클레멘스 크라우스에게 위와 같은 답변을 했다.

합창곡 / 독창곡

슈트라우스의 성악곡은 다수 존재하지만 들어볼 기회가 적은 곡들이 많다. 그래서 문헌에 의존해서 해설할 수밖에 없는 상황이다. 그의 작품은 모두 86(작품 번호가 없는 것은 제외)개의 작품으로 그중 40개 가까이가 성악곡에 해당한다. 슈트라우스는 한때 거의 리트에 집중을 했고 평생에 걸쳐 리트 작곡하기를 멈춘 적이 없었다. 그는 200~300곡의 리트를 만들었지만, 슈베르트와 볼프만큼 리트 작곡가는 아니다. 슈트라우스가 상황이 허락할 때만 리트를 작곡하였기 때문이다. 어느 정도의 서정적 체험이 그의 마음에 잠재적 음악을 풀어놓았다. 그 과정에 대해 그는 다음과 같이 말한 바 있다.

"내면적으로 준비된 음악적 사고로 마음이 가득 차올랐을 때, 시집을 펼쳐 그 내용에 어울리는 것을 찾으면 홀연히 리트가 완성된다. 그러나 결정적인 순간에 정당한 부싯돌 두 개(음악과 시)를 잘 문지르지 않으면(완벽히 상응하는 사고의 도구로서 시를 찾아내지 않으면) 그 충동은 음을 만들더라도 느슨해지고 기교에 지고 말아 멜로디가 딱딱해진다. 이처럼 혹독한 비평을 견딜 수 있도록 온갖 기술을 짜내지 않으면 안 되는 것이다."

슈트라우스의 리트는 자신의 마음 상태에 따라 다양한 시인의 시를 선택한 것이다. 그의 선택이 특정 범주 안에 있는 시인 한 명의 작품에 한정된 것은 아니었다. 바로 이 점이 슈트라우스에게 불행을 초래한 것은 아니었을까? 오히려 슈트라우스는 시인 단 한 명의 작품을 가지고 음악의 세계로 들어가야 했던 것이 아닐까? 자신의 정념에 사로잡혀 이것저것 시집을 들춰 고른다면 다작을 위해 어떻게든 멈추지 않게 된다. 그래서 시인과 음악가의 심도 있는 연결 고리를 찾지 못하게 된다.

그가 선택한 시는 세기가 바뀔 때의 것이 많다. 데멜(1863~1920), 릴리엔크론(1844~1909), 레나우(1802~1850) 이외에 칼 헨켈(1864~1929), 펠릭스 단(1834~1912), 헤르만 폰 길름(1812~1864), 아돌프 프리드리히 폰 샤크(1815~1894), 오토 율리우스 비어바움(1865~1910) 등. 모두가 그의 시대 사람들이라는 점에서 현대의 이야기를 하고 싶어 한 슈트라우스의 의욕이 엿보인다. 자세히 들여다보면 고전 시인인 헤르더, 쉴러, 괴테, 횔덜린, 브렌타노, 뤼케르트 등 광범위하다. 그러나 압도적인 것은 19세기 말의 시인이다.

이들 시인은 슈트라우스에게 있어서 전환기에 선 채로 낭만주의의 자신을 벗어던지고 자연주의에 가까운 격렬한 문학에 자리 잡고 있다. 슈트라우스는 예술 지상주의와 사회주의, 리얼리즘과 자연주의가 그들 문학에 소용돌이치고 있다고 여겨졌기 때문에 마음이 가는 대로 그들을 선택했다. 그러나 이 점 때문에 그가 불행한 음악가였다고 할 수 있다. 이 시인들 중 오늘날에도 중요한 인물은 적다. 시를 보면 슈트라우스가 살았던 빌헬름 시대의 찌꺼기 같은 것이 많다. 힌데미트는 릴케와 벤을, 쇤베르크는 게오르게를 작곡할 기회가 있었다. 반면 슈트라우스는 가장 시가 필요했던 음악가였음에도 좋은 서정 시인을 접할 기회를 잃은 것이다. 만약 그가 오페라 작업처럼 좋은 시인을 만나 예술 협업을 했다면 분명 흥미로운 리트를 작곡했을 것이다. 이 점이 매우 유감스럽다.

슈트라우스가 리트를 작곡했던 시기에는 대략 세 번의 정점이 있었다. 첫 번째는 1894년부터 1898년까지로 가장 훌륭한 시기다. 이때는 뮌헨의 시인 오토 비어바움의 자극이 크게 작용했다. 두 번째는 뮌헨을 떠나 베를린으로 갔던 시기인 1899년부터 1901년까지로 제2차 개화기라고 볼 수 있다. 그 후, 55세가 되었을 무렵 다시 한 번 그는 리트를 쓰게 된다.

그 작풍은 슈베르트 후기의 낭독조에서 출발하여 슈만, 리스트를 쫓아 항상 시의 근본적 형태에 대응해 말의 근원인 리듬을 존중한다. 노래 내용은 감상적인 사랑 노래 아니면 객관적인 사회성을 띠는 것으로 사회주의 시는 드문 편이다. 또 매우 진지한 찬가가 있는가 하면 경쾌한 농담 같은 노래도 있다. 특히 연애시가 많다. 데멜이나 레나우, 비어바움의 연애시가 진지한 파토스로 목소리 그 자체의 아름다움과 청순한 서정을 담아 노래한다. 하지만 꿈에서 깬 20세기의 우리가 듣기에는 흥이 깨지는 느낌도 있다. 노래들은 우리보다도 슈베르트, 슈만에게 더 가깝다. 이렇게 슈트라우스가 후기 낭만주의와 한 데 묶인다는 것은 그의 한계이자 숙명이었다. 우리에게는 그가 <군트람>의 실패를 위로해주는 노래나 자연주의 유행에 사로잡히지 않은 객관적인 노래가 더 이해하기 쉽다. 하지만 슈트라우스의 노래가 교묘한 전개, 기능적 화음, 근대적 멜로디, 세련된 젊음에 있어서 뛰어나다는 것은 명백하다.

가장 중요한 곡들의 특색은 시의 낭독법에 모순되지 않도록 그가 세심하게 주의를 기울였다는 점이다. 또 시에서 각 음절의 강약은 음악 안에서 멋지게 살아나야만 한다. 그러나 슈트라우스가 생각한 시의 리듬과 음악의 멜로디를 양

립시키기란 어려운 일이었다. 늘 멜로디가 시의 리듬을 희생시키고 말았다. 슈타이니처는 "슈트라우스는 시의 리듬을 지켜내고자 하였고, 서슴지 않고 시에 멜로디 흐름을 울퉁불퉁 굴곡지게 만들었다. 오히려 엄밀한 리듬이 영감을 약화시키는 일이 여러 차례 있었다."라고 언급한 바 있다. 그러나 이 사실이 오히려 그의 멜로디 특색을 만들어냈다.

그는 시의 내용을 완전히 자유롭게 했고, 시와 회화를 뛰어넘어 직접 영혼에 의한 음의 표현으로 날아오르게 했다. 한층 높은 차원의 초점으로 내용이 전개되어간다. 이는 교향시와 오페라에서와 다른 자세다. 우리의 머릿속에는 얌전하고 풍성한 피아노 반주와 강요된 감상의 목소리, 장대한 관현악 반주와 남유럽다운 밝은 관능의 울림이 각인된다. 멈출 줄 모르는 그의 성장은 피아노 반주를 탈피해 관현악 반주를 원하기에 이르렀다. 그 반주는 섬세해서 그가 가장 뛰어난 오케스트라 리트 작곡가라고 꼽힐 정도였다.

그에게는 합창곡도 있다. 합창곡은 슈트라우스의 일대기를 훑으며 성악곡에 대해 자세히 설명했으므로 여기에서는 아주 윤곽만 언급하겠다. 그의 리트가 상황의 소산이 되는 습성은 연애 시절이나 결혼 생활에서부터 그 얼굴을 드러내기 시작한 듯하다. 또 파울리네가 좋은 반려자가 되어 유럽과 미국에서도 슈트라우스의 노래를 불렀다는 점도 리트가 많이 작곡된 원인을 짐작하게 해준다.

슈트라우스의 성악곡이 사람들에게 많이 불리는 날이 다시 한 번 오지 않을까? 브람스 이후 성악곡의 역사 속에서 슈트라우스의 성악곡은 절대로 빼놓을 수 없는 커다란 위치를 점하고 있다. 슈트라우스의 리트가 음악사의 어떤 위치에 있는지에 대해서는 조금 더 시간을 두지 않으면 단언할 수 없는 문제다. 하지만 객관적인 음악의 시대에 들어가는 입구인 가곡으로서 음악에 말과 같은 기능을 부여했다는 점, 철저하게 음악이며 절대로 문학은 아니었다는 점은 높이 평가될 것이다.

슈트라우스의 유언에 해당하는 마지막 명곡은 1948년에 발표된 네 곡이다. 이 곡들은 사후에 발표된 상징적인 작품이다. 순화되고 섬세해지고 조화를 이루며 명암의 갈림길에 있던 노년의 리트는 세상을 떠나가는 백조의 노래다. 슬픔에 가득 차 있지만 약속으로도 가득 차 있다. 첫 번째 곡은 아이헨도르프의 <저녁노을(Im Abendrot)>이다. 고통에 익숙해지고 기쁨에 익숙해져서 손을 잡고 걷는 두 사람. 머지않아 자연 풍경의 저녁노을이 보이고 우리는 걷는 데에 지쳐간다. 이것은 죽음을 의미할까? 마지막으로 '죽음과 변용'의 테마가 호른으로 연주된다. 관현악 반주는 신선한 표제 음악 느낌이다. 그리고 친구로부터 받은 헤르만 헤세의 시집으로 세 곡의 리트가 만들어진다. <봄(Frühling)>, <잠들 무렵(Beim Schlafengehen)>, <9월(September)>이다.

뜰이 슬픔에 빠졌어요
꽃에 차가운 빗줄기가 떨어지네요
여름이 떨고 있어요
고요히 시간의 끝이 다가오고
한 장 한 장 황금빛 이파리가
키 큰 아카시아나무에서 떨어져요
여름은 놀라고 지치고
절멸하는 뜰의 꿈에 미소 지어요

여름은 아직 장미 근처에
멈추어 서서 쉬고 싶다는 생각을 하죠
여름이 피로에 찬 커다란 눈을
천천히 감네요

위의 시는 뜰에서 보는 여름과 여름의 기색이 변화되는 모습을 노래하고 있다. 이 노래는 한여름 큰 나무와 같은 슈트라우스의 의미 깊은 유언이 되었다.

● 부록

1. 연표

※ 저자인 안익태, 야기 히로시가 작성한 원본에 따르며 감수를 거쳐 수정됨.

1864년

- 6월 11일 뮌헨 출생.

- 아버지: 프란츠 요제프 슈트라우스(1822~1905, 뮌헨 궁정악단의 제1호른 연주자).

- 어머니: 요제피네 프쇼르(1837~1910).

  (음악사) 바이에른왕 루트비히2세가 바그너를 뮌헨에 초청.
  (세계사) 사회주의자 라살 사망. 2차 슐레스비히 전쟁. 국제 적십자 창설(제네바).

1865년 (1세)

  (음악사) 바그너 <트리스탄과 이졸데> 초연.
  (세계사) 멘델 「유전의 법칙」 발표. 미국 남북 전쟁 종료.

1866년 (2세)

  (음악사) 브루크너 <교향곡 1번> 작곡.
  (세계사) 오보 전쟁, 프로이센 승리.

1867년 (3세)

- 여동생 요한나 출생.

  (음악사) 요한 슈트라우스 2세 <아름답고 푸른 도나우> 초연.
  (세계사) 마르크스 『자본론』 출판. 노벨 다이너마이트 발명.

1868년 (4세)

– 아우구스트 톰보 문하에서 피아노 배움.

  (음악사) 바그너 <뉘른베르크의 명가수> 초연. 브람스 <독일진혼곡> 작곡 및 초연.
  (세계사) 시인 게오르게 출생. 도스토예프스키 「백치」 발표.

1869년 (5세)

  (음악사) 바그너 <라인의 황금> 초연. 브람스 <겨울의 하르츠 여행> 작곡. 베를리오즈 사망.
  (세계사) 베벨과 리프크네히트 '사회민주노동자당' 설립(아이제나흐).

1870년 (6세)

– 베노 발터에게 바이올린 배움.

– 작곡 시작.

– <슈나이더 폴카>, <크리스마스 리트> 작곡.

– 초등학교 입학(~1874년).

  (음악사) 바그너 <발퀴레> 초연. 요제프 슈트라우스 사망.
  (세계사) 보불 전쟁. 파리 포격.

1871년 (7세)

– 어머니와 뮌헨 국민극장에서 처음으로 오페라(마탄의 사수) 관극.

  (음악사) 베르디 <아이다> 초연. 차이콥스키 <현악 4중주 1번> 작곡 및 초연.
  (세계사) 빌헬름 1세 즉위(베르사유 궁전 거울의 방). 비스마르크 수상 취임.

1872년 (8세)

  (음악사) 바그너가 바이로이트극장 건립 시작. 브루크너 <교향곡 2번> 작곡.
  (세계사) 시인 그릴파르처 사망. 시인 포이어바흐 사망.

1873년 (9세)

  (음악사) 브람스 <하이든의 주제에 의한 변주곡> 작곡 및 초연. 브루크너 <교향곡 3번> 작곡.
  (세계사) 켈러 「젤트빌라 사람들」 발표. 랭보 「지옥의 계절」 발표.

1874년 (10세)

- 뮌헨의 루트비히스 김나지움 입학(~1882년).

  (음악사) 쇤베르크 출생. 무소르그스키 <보리스 고두노프> 작곡.
  (세계사) 시인 호프만스탈 출생. 독일육군법 제정.

1875년 (11세)

- 마이어 문하에서 음악 이론, 작곡, 기악법 배움(~1880년).

  (음악사) 차이콥스키 <교향곡 3번> 작곡. 비제 <카르멘> 초연.
  (세계사) 시인 릴케 출생. 토마스 만 출생. 뫼리케 사망. 독일—프랑스 전쟁의 위기. '사회주의노동자
    당(사민당)' 설립.

1876년 (12세)

- <축전 행진곡 E♭장조>(작품1) 작곡.

  (음악사) 바이로이트극장 완성. 바그너 <니벨룽의 반지> 전곡 초연. 브람스 <현악 4중주 3번> 작
    곡 및 초연.
  (세계사) 니체 「바이로이트에서의 바그너」 발표.

1877년 (13세)

  (음악사) 브람스 <교향곡 2번> 작곡.

  (세계사) 사민당 국회에 12의석. 독일, 첫 전화 설치.

1878년 (14세)

  (음악사) 브람스 <바이올린 협주곡 D장조> 작곡.
  (세계사) 사회주의자 진압법 제정. 입센 「인형의 집」 발표. 작가 칼 구츠코프 사망.

1879년 (15세)

  (음악사) 스메타나 <나의 조국> 작곡. 포레 <피아노 4중주 1번> 작곡.
  (세계사) 독일—오스트리아 협정. 뷔히너 「보이체크」 발표.

1880년 (16세)

– <현악 4중주 A장조>(작품2), <교향곡 D단조> 작곡.

(음악사) 포레 <자장가>(작품16), <엘레지>(작품24) 작곡.
(세계사) 랑케 「세계사」 집필 시작. 니체 「인간적인 너무나 인간적인」 발표.

1881년 (17세)

– 자작 <교향곡 D단조> 뮌헨에서 초연.

– <다섯 개의 피아노 소곡>(작품3), <피아노 소나타 B단조>(작품5), <13개의 목관악
기를 위한 세레나데>(작품7) 작곡.

(음악사) 무소르그스키 사망. 브루크너 <교향곡 4번> 초연, <교향곡 6번> 작곡.
(세계사) 도스토예프스키 사망. 피카소 출생. 철도 첫 개통(베를린).

1882년 (18세)

– 졸업 시험 합격, 뮌헨대학 입학.

– 철학, 미학, 예술사 배움(~1883년).

– 아버지와 처음으로 바이로이트 여행.

– <13개의 목관악기를 위한 세레나데> 드레스덴에서 공연.

– <바이올린 협주곡 D단조>(작품8) 빈에서 공연.

(음악사) 바그너 <파르지팔> 초연 후, 베네치아로 요양 감. 차이콥스키 <피아노 3중주 A단조> 작곡.
(세계사) 코흐 결핵균 발견. 다윈 사망. 독일─오스트리아─이탈리아 3국 동맹.

1883년 (19세)

– 처음으로 베를린과 드레스덴 여행.

– <첼로 소나타 F장조>(작품6) 작곡.

– 《헤르만 폰 길름에 의한 여덟 개의 노래》(작품10), <호른 협주곡 E♭장조>(작품11)
등 작곡.

(음악사) 바그너 사망. 브람스 <교향곡 3번> 작곡 및 초연. 브루크너 <교향곡 7번> 작곡. 림스키 코
르사코프 <피아노 협주곡> 작곡.

(세계사) 니체 「차라투스트라는 이렇게 말했다」 발표. 마르크스 사망. 엥겔스 「공상에서 과학으로」 발표. 아프리카 식민 정책 시작.

1884년 (20세)

- 뷜로와 만남.
- 뮌헨에서 처음으로 지휘자로서 그해 작곡한 <13개의 목관악기를 위한 모음곡>(작품4) 공연.
- <교향곡 F단조>(작품12) 작곡, 미국에서 공연.
- <방랑자의 폭풍의 노래>(작품14) 작곡.

  (음악사) 말러 <방황하는 젊은이의 노래> 작곡. 프랑크 <전주곡, 코랄과 푸가> 작곡.
  (세계사) 독일, 남서아프리카로 진출. 엥겔스 「가족, 사유재산, 국가의 기원」 발표.

1885년 (21세)

- 뷜로의 지휘 대리인으로 마이닝겐에 도착.
- 11월, 같은 궁정악단 지휘자인 브람스와 교류.
- <피아노 4중주 C단조>(작품13) 초연, 수상.
- <피아노와 관현악을 위한 부를레스케 D단조>, 《다섯 개의 노래》(작품15) 작곡.

  (음악사) 브람스 <교향곡 4번> 초연. 프랑크 <교향적 변주곡> 작곡. 차이콥스키 <만프레드 교향곡> 작곡.
  (세계사) 베를린 회담, 유럽 열강의 아프리카 분할 협의. 독일, 캐롤라인제도 얻음. 백열전등, 사진필름 발명.

1886년 (22세)

- 4월, 마이닝겐을 떠남.
- 4~5월, 이탈리아 여행.
- 바이로이트에서 <트리스탄과 이졸데>와 <파르지팔> 관극.
- 8월, 뮌헨 궁정 가극장 제3지휘자 취임.
- 교향적 환상곡 <이탈리아에서>(작품16), 《샤크에 의한 여섯 개의 노래》(작품17) 작곡.

(음악사) 리스트 사망. 글라주노프 <교향곡 2번> 작곡. 생상스 <교향곡 3번> 작곡.

(세계사) 니체 「선악의 저편」 발표. 랑케 사망. 스티븐슨 「지킬 박사와 하이드」 발표. 미국, 노동총 동맹 창립. 자동차와 가솔린, 엔진 발명.

1887년 (23세)

- 3월, 뮌헨에서 <이탈리아에서> 초연.

- 아내가 될 파울리네 데 안나를 알게 됨.

- 말러와 만남.

- <교향곡 F단조> 라이프치히와 밀라노에서 공연.

- <바이올린 소나타 E♭장조>(작품18) 작곡.

(음악사) 브람스 <바이올린과 첼로를 위한 2중 협주곡> 작곡 및 초연. 베르디 <오텔로> 초연. 드보르자크 <피아노 5중주> 작곡. 림스키 코르사코프 <러시아 주제에 의한 환상곡> 작곡. 브루크너 <교향곡 8번> 작곡.

(세계사) 니체 「도덕의 계보」 발표. 퇴니에스 「공동사회와 이익사회」 발표. 화가 한스 폰 마레스 사망.

1888년 (24세)

- 함부르크에서 뷜로를 방문.

- 5~6월, 이탈리아 여행.

- 가르다 호, 베로나, 볼로냐에서 <트리스탄과 이졸데> 지휘.

- 《샤크의 <연잎> 중 여섯 개의 노래》(작품19), <돈 후안>(작품20), 《펠릭스 단에 의한 다섯 개의 노래 소프라노 <간소한 조사>》(작품21), 《펠릭스 단에 의한 네 개의 노래 <소녀의 꽃>》(작품22) 작곡.

(음악사) 볼프 <뫼리케, 아이헨도르프 가곡집> 작곡. 말러 <교향곡 1번> 작곡. 프랑크 <교향곡 D단조> 작곡. 포레 <레퀴엠> 작곡.

(세계사) 빌헬름 2세 즉위. 독일령 동아프리카 반란. 헤르츠 전기파 확인. 시인 테오도르 슈토름 사망. 니체 「이 사람을 보라」 발표.

1889년 (25세)

- 바이로이트 상연 조수 <파르지팔> 공연.

- 10월, 바이마르 궁정 극장 부악장, 라센을 도움(~1894년).

- 직접 개작한 <타우리스의 이피게니아>, <탄호이저>, <로엔그린> 암보.

- <죽음과 변용>(작품24) 작곡.

  (음악사) 차이콥스키 <잠자는 숲속의 미녀> 작곡. 드보르자크 <교향곡 8번> 작곡. 드뷔시 <피아노 연탄 소조곡> 작곡. 샤르팡티에 <이탈리아의 인상> 작곡.

  (세계사) 파리 제2인터내셔널 창립. 홀츠와 슐라프 「파파 햄릿」 발표. 하우프트만 <해뜨기 전> 초연. 연극 단체 '자유 무대' 창설.

1890년 (26세)

- 1월, 베를린 필 객연 <돈 후안>, <피아노와 관현악을 위한 부를레스케 D단조> 공연.

- 6월, 아이제나흐의 톤퀸스틀러 축제에서 <죽음과 변용> 공연.

- 10월, <맥베스>(작품23)를 바이마르에서 초연.

  (음악사) 볼프 <스페인 가곡집> 작곡. 드뷔시 <베르가마스크 조곡> 작곡.

  (세계사) 비스마르크 실각. 고고학자 하인리히 슐레이만 사망. 시인 고트프리트 켈러 사망. 코흐 투베르쿨린 발견. 글라이더 비행.

1891년 (27세)

- 1월, <트리스탄과 이졸데> 바이마르에서 지휘.

- 5월, 폐렴으로 중병을 앓음.

- 바이로이트 체재.

- 파울리네가 엘리자베트를 연기함.

- 《레나우의 시에 의한 두 개의 노래》(작품26) 작곡.

  (음악사) 브람스 <클라리넷 5중주> 작곡. 볼프 <이탈리아 가곡집 1권> 작곡. 라흐마니노프 <피아노 협주곡 1번> 작곡.

  (세계사) 사민당 에어푸르트 강령. 수력발전소 건설(란펜). 베데킨트 「눈 뜨는 봄」 발표. 호들러 비물질적인 주제 '상징화' 등장.

1892년 (28세)

- 6월, 늑막염과 기관지염으로 중병을 앓음.

- 건강상 이유로 그리스, 이집트에서 <군트람>(작품25) 제작에 집중함.

- 바이마르 공작 금혼식을 위한 축전 음악 작곡.

> (음악사) 브루크너 <시편 150번> 작곡. 글라주노프 <교향곡 3번> 작곡.
> (세계사) 최초의 증기기관차 개통(베를린). 하우프트만 「직조공들」 발표. 월트 휘트먼 사망.

1893년 (29세)

- 이집트, 시칠리아, 여름에는 파울리네의 별장이 있는 바이에른 산지에서 보냄.

- 12월, 훔퍼딩크의 <헨젤과 그레텔> 초연.

- 오페라 <군트람>(작품25) 완성.

> (음악사) 드보르자크 <교향곡 9번 신세계로부터> 작곡. 차이콥스키 <교향곡 6번 비창> 작곡 및
> 초연. 베르디 <팔스타프> 작곡 및 초연.
> (세계사) 군비 확장. 활동 사진, 디젤 엔진 발명. 와일드 「살로메」 발표.

1894년 (30세)

- 1월, 뷜로와 마지막 회합.

- 5월, 파울리네와 약혼, <군트람> 초연.

- 파울리네가 프라이힐트를 연기.

- 처음으로 바이로이트에서 <탄호이저> 지휘.

- 9월, 파울리네와 결혼.

- 10월, 뮌헨 궁정 가극장의 부악장으로 레비를 도움(~1896년).

- 베를린 필의 뷜로 콘서트 부지휘자 취임(~1895년).

- 《네 개의 노래》(작품27) 작곡.

- 뮌헨 음악아카데미 콘서트 지휘(~1896년).

> (음악사) 뷜로 사망. 브루크너 <교향곡 5번> 초연. 말러 <교향곡 2번 부활> 작곡. 드뷔시 <목신의
> 오후에의 전주곡> 작곡.
> (세계사) 프랑스 드레퓌스 사건. 청일 전쟁. 엥겔스 「마르크스 자본론 제3권」 발표. 뭉크 판화 제작.

발로트 제국 의사당 건설(베를린). 딜타이 「기술—분석 심리학」 발표. 트라이치케 「19세기 독일사」 발표.

1895년 (31세)

- 모차르트 작품 지휘.
- <틸 오일렌슈피겔의 유쾌한 장난>(작품28) 작곡, 11월 쾰른에서 초연.
- 아내와 <군트람> 상연.
- 뮌헨, 헝가리 여행.
- 《비어바움의 시에 의한 세 개의 노래》(작품29) 작곡.

  (음악사) 피츠너 <오페라 불쌍한 하인리히> 초연. 라흐마니노프 <교향곡 1번> 작곡. 글라주노프 <교향곡 5번> 작곡.

  (세계사) 킬 운하 개통. 해군 확장. 뢴트겐 X선 발견. 난센 북극 탐험. 프로이트 「히스테리 연구」 발표. 슈니츨러 「연애삼매」 발표. 엥겔스 사망.

1896년 (32세)

- 레비 물러나고, 뮌헨 궁정 가극장 음악총감독 취임.
- 마르크 알트슈타인에서 휴양.
- <차라투스트라는 이렇게 말했다>(작품30) 작곡, 프랑크푸르트에서 초연.
- 뤼티히, 쾰른, 모스크바 연주 여행.
- 뒤셀도르프(라인 음악제), 브뤼셀, 리에주에서 지휘.
- 《네 개의 노래》(작품31), 《다섯 개의 노래》(작품32) 작곡.

  (음악사) 브루크너 <교향곡 9번> 작곡(미완), 사망. 말러 <교향곡 3번> 작곡. 브람스 <코랄 전주곡> 작곡. 볼프 <코레기도르> 초연. 푸치니 <라보엠> 초연. 쇼송 <시곡> 작곡. 생상스 <피아노 협주곡 5번> 작곡.

  (세계사) 제1회 올림픽(아테네). 랭글리 모형 비행기(에어로드롬) 최초 엔진비행 성공. 노벨상 설립. 반더포겔 운동(베를린). 좀바르트 「19세기의 사회주의 및 사회 운동」 발표. 베를렌 사망.

1897년 (33세)

- 암스테르담, 바르셀로나, 브뤼셀, 함부르크, 런던, 파리에서 자신의 작품 지휘.

- 아들 프란츠 출생.
- 《네 개의 노래》(작품33), 《두 개의 노래》(작품34), <돈키호테>(작품35), <이노크 아든>(작품38) 작곡.

(음악사) 브람스 사망. 말러 빈 국립 오페라극장 지휘자 취임. 뒤카 <마법사의 제자> 작곡.
(세계사) 역사가 부르크하르트 사망. 체호프 「바냐 아저씨」 발표. 톨스토이 「예술이란 무엇인가」 발표. 게오르게 「영혼의 해」 발표. 메링 「독일사회민주당사」 발표.

1898년 (34세)
- 베를린 궁정 가극장으로 프로이센 궁정악장 취임(10년 계약, 처음에는 무크, 블레흐와 협력).
- <트리스탄과 이졸데> 지휘.
- 레쉬와 독일작곡가 협회 창설, 저작권을 위해 싸움.
- 작품36, 37, 39 가곡집, <영웅의 생애>(작품40) 작곡.

(음악사) 말러, 빈 필하모니 지휘자 취임. 포레 <펠레아스와 멜리장드> 작곡. 림스키 코르사코프 <사드코> 초연.
(세계사) 비스마르크 사망. 말라르메 사망. 베벨 '군국주의 반대' 투쟁. 폰타네 「슈테힐린」 발표. 하우프트만 「마부 헨셸」 발표. 미국―스페인 전쟁.

1899년 (35세)
- 프랑크푸르트에서 <영웅의 생애>, 파리에서 <차라투스트라는 이렇게 말했다>, 베를린에서 <니벨룽의 반지>, <박쥐> 지휘.
- 작품41, 42, 43, 44, 45 성악곡 작곡.

(음악사) 요한 슈트라우스 2세 사망. 쇤베르크 <정화된 밤> 작곡. 시벨리우스 <교향곡 1번>, <핀란디아> 작곡 및 초연.
(세계사) 국제평화회의(헤이그). 바그다드 철도건설 인하. 톨스토이 「부활」 발표. 루케르트 「과학과 역사」 발표.

1900년 (36세)

– 파리에서 호프만스탈과 처음으로 만남.

– 파리 라무뢰 콘서트 지휘.

– 작품46, 47, 48, 51 가곡 작곡.

(음악사) 말러 <교향곡 4번> 작곡. 푸치니 <토스카> 초연.
(세계사) 니체 사망. 지멜 「돈의 철학」 발표. 프랑크 「양자론의 기초」 발표.

1901년 (37세)

– 빈에서 제1회 슈트라우스 콘서트 개최.

– 6월 하이델베르크에서 톤퀸스틀러 축제.

– 독일 음악협회 회장 취임(~1909년).

– 베를린의 톤퀸스틀러 오케스트라 지휘자로서 연주 여행(~1903년).

– 오페라 <화재 비상>(작품50) 작곡, 11월 드레스덴에서 슈흐가 초연.

– 《여덟 개의 노래》(작품49) 작곡.

(음악사) 베르디 사망. 엘가 <위풍당당 행진곡> 초연. 피츠너 <사랑 정원의 장미> 작곡. 라벨 <물의 희롱> 작곡. 라흐마니노프 <피아노 협주곡 2번> 작곡 및 초연. 말러 <탄식의 노래> 초연.
(세계사) 토마스 만 「부덴브로크가의 사람들」 발표. 하르낙 「기독교의 본질」 발표. 화가 뵈클린 사망. 피카소 '청색 시대' 작업. 호주 연방 수립. 체호프 「세 자매」 발표.

1902년 (38세)

– <화재 비상>을 빈에서 말러가 지휘, 30회 이상 연출.

– 톤퀸스틀러 오케스트라를 이끌고 독일 남부, 오스트리아, 이탈리아, 남프랑스, 스위스 순회.

– 쇤베르크를 슈테른 음악원 교수로 추천.

(음악사) 시벨리우스 <교향곡 2번> 작곡 및 초연.
(세계사) 쿠바 공화국 수립. 시베리아 철도 완성. 뭉크, 칸딘스키, 호들러 '베를린 분리파 전' 참여.

1903년 (39세)

– 런던에서 슈트라우스 축제 개최(암스테르담 콘세르트헤바우 오케스트라).

- 건강상 이유로 와이트섬으로 떠남.

- 10월, 하이델베르크대학 명예교수 취임.

- <타유페르>(작품52) <가정교향곡>(작품53) 작곡.

  (음악사) 후고 볼프 사망. 쇤베르크 <펠레아스와 멜리장드> 작곡. 사티 <배 모양의 세 개의 소품>
  작곡.

  (세계사) 멘셰비키와 볼셰비키 분열. 폴 고갱 사망. 고리키 「밑바닥에서」 발표. 토마스 만 「토니오
  크뢰거」 발표.

1904년 (40세)

- 아내와 공동 출연을 위해 미국으로 감. 35회 출연.

- <가정교향곡> 뉴욕에서 초연.

- 레겐스부르크에서 바이에른 음악 축제.

- 프랑크푸르트와 스위스에서 톤퀸스틀러 오케스트라 축제.

  (음악사) 말러 <교향곡 6번> 작곡, <교향곡 5번>, <죽은 아이를 그리는 노래> 초연. 바르토크 <피
  아노와 관현악을 위한 랩소디>, <14편의 바가텔> 작곡. 드보르자크 사망. 한슬리크 사망.
  볼프 <이탈리아 세레나데> 초연.

  (세계사) 러일 전쟁. 체호프 사망. 헤세 「페터 카멘친트」 발표. 피카소 '적색 시대' 작업.

1905년 (41세)

- 그라츠에서 톤퀸스틀러 오케스트라 축제.

- 아버지 사망.

- 런던에서 출연.

- 오페라 <살로메>(작품54) 작곡, 12월 드레스덴에서 초연.

- 베를리오즈 기악교본 신버전 출판, 자신의 작곡을 뒷받침함.

- <음유 시인의 노래>(작품55), 《두 개의 군가 행진곡》(작품57) 작곡.

  (음악사) 말러 <교향곡 7번> 작곡. 쇤베르크 <현악 4중주 1번> 작곡. 드뷔시 <바다> 작곡. 라벨 <거
  울> 작곡. 슈바이처가 『음악가·시인 요한 제바스티안 바흐』(프랑스어 버전) 출판.

  (세계사) 제1차 러시아 혁명. 모로코 사건. 로틀루프, 헤켈, 키르히너 등 표현주의 회화 그룹 '브뤼케' 창
  설.

1906년 (42세)

– 밀라노, 토리노, 브뤼셀, 암스테르담, 베를린에서 <살로메> 공연.

– 톤퀸스틀러 <살로메> 공연.

– 6월, 파리에서 <가정교향곡> 공연.

– 잘츠부르크에서 빈 필하모니 지휘.

   (음악사) 쇤베르크 <실내교향곡>(작품9) 작곡. 포레 <피아노 5중주> 작곡.
   (세계사) 입센 사망. 세잔 사망. 파울라 모더존, 모데르트 등 표현주의적 경향 심화.

1907년 (43세)

– 파리 그랑 오페라에서 <살로메> 직접 6회 지휘.

– 이탈리아, 프랑스에서 활약.

– 나우하임에서 휴양.

– 빈 필하모니 상임객연 지휘(~1908년).

– 잡지 《아침(Der Morgen)》 세 달 동안 출간.

   (음악사) 그리그 사망. 시벨리우스 <교향곡 3번> 초연. 스트라빈스키 <교향곡 1번> 초연. 말러 <교
   향곡 8번> 작곡.
   (세계사) 베르그송 「창조적 진화」 발표. '브뤼케 전'(드레스덴). 게오르게 「일곱 번째 반지」 발표. 고
   리키 「어머니」 발표.

1908년 (44세)

– 프랑스, 이탈리아, 스페인, 포르투갈, 스위스, 남독일에서 활약.

– 5월, 바인가르트너 물러나고, 베를린 궁정악단 심포니 콘서트 지휘자 취임(~1920
   년).

– 비스바덴 슈트라우스 주간, 가르미슈 산장에서 작업.

– 8월, 베를린 궁정 가극장의 음악총감독 취임.

– 10월부터 다음 해 9월 1일까지 창작 휴가.

– 호프만스탈에 의한 오페라 <엘렉트라>(작품58) 작곡.

(음악사) 림스키 코르사코프 사망. 말러 뉴욕 필 지휘자 취임. 베베른 <파사칼리아>(작품1) 작곡. 쇤베르크 <현악 4중주 2번> 초연.

(세계사) 레닌 「유물론과 경험비판」 발표. 보링거 「추상과 감정이입」 발표. 쿠빈 「대극」 발표. 브라크 '큐비즘(입체파)' 등장. 릴케 「신시집」 발표. 니체 유고 「이 사람을 보라」 발표.

1909년 (45세)

- <엘렉트라>에 의한 드레스덴 슈트라우스 주간.

- 베를린 예술 아카데미 회원.

- 6월, 슈투트가르트 톤퀸스틀러 축제.

- 독일 음악협회 회장 사임, 명예의장 취임.

- <성 요한 기사단의 장엄한 입장> 작곡.

(음악사) 알베니스 사망. 말러 <교향곡 9번> 작곡. 베베른 <현악 4중주를 위한 다섯 개의 악장> 작곡. 쇤베르크 <다섯 개의 관현악곡>, <모노드라마 기대> 작곡.

(세계사) 모로코 반란. 스페인 원정. 메테를링크 「파랑새」 발표. 피카소 '입체파 시대' 작업. 칸딘스키, 야블렌스키 '제1회 신미술가협회 전'(뮌헨) 참여.

1910년 (46세)

- 런던, 프라하, 부다페스트에서 <엘렉트라> 공연.

- 프랑크푸르트, 뮌헨에서 슈트라우스 주간.

- 연 25회 베를린 국립 오페라극장 지휘(~1918년).

- 오페라 <장미의 기사>(작품59) 작곡.

(음악사) 스트라빈스키 <불새> 초연. 드뷔시 <12개의 전주곡 1권> 작곡. 알반 베르크 <현악 4중주> 작곡.

(세계사) 릴케 「말테의 수기」 발표. 칸딘스키 「예술에 있어서의 정신적인 것에 대하여」 발표. 표현주의 잡지 《슈투름》 발간.

1911년 (47세)

- 1월 드레스덴, 3월 밀라노에서 <장미의 기사> 초연.

- 크레펠트, 쾰른, 헤이그에서 슈트라우스 주간.

- 뮌헨에서 바그너 축제.

- 슈타이니처 『슈트라우스 전기』 출판.

- 제3막 왈츠집 <장미의 기사> 작곡.

  (음악사) 쇤베르크 <구레의 노래> 작곡, 『화성악』 출판. 말러 사망.
  (세계사) 독일—프랑스 관계 위기. 칸딘스키, 마르크, 아우구스트 마케, 쇤베르크 '제1회 청기사파
  전' 참여. 호프만스탈 「예더만」 발표. 딜타이 사망.

1912년 (48세)
- 오페라 <낙소스의 아리아드네>(작품60) 작곡, 슈투트가르트의 슈트라우스 주간에
  서 초연.

  (음악사) 쇤베르크 <달에 홀린 피에로> 작곡. 알반 베르크 <알텐베르크 가곡> 작곡.
  (세계사) '코코슈카 전'. '미래파 전'(파리). 벤 「시체공시소」 발표. 로맹 롤랑 「장 크리스토프」 발표.

1913년 (49세)
- 호프만스탈과 이탈리아 여행.

- 로마에서 연주.

- 칼스루에, 베를린에서 슈트라우스 주간.

- 10월, <축전 서곡, 빈 콘체르트하우스의 헌당식을 위하여>(작품61) 작곡.

- 12월, 베를린에서 뤼케르트의 시에 의한 <독일 모테트>(작품62) 작곡.

  (음악사) 베베른 <여섯 개의 바가텔>, <관현악을 위한 다섯 개의 소품> 작곡. 쇤베르크 <행복한 손>
  작곡. 스트라빈스키 <봄의 제전> 초연.
  (세계사) 제2차 발칸 전쟁. 독일 군비 대확장. 슈바이처 아프리카 전도. 사회주의 정치가 아우구스
  트 베벨 사망. 로자 「자본축적론」 발표.

1914년 (50세)
- 5월 파리, 6월 런던에서 <요제프의 전설>(작품63)을 디아길레프 발레단과 함께 공
  연 중 제1차 세계대전 발발.

- 50세 생일, 생가에 기념판 걸림.

– 옥스퍼드대학 명예박사.

– 칸타타 <유능한 자에게 행복은 빨리 온다> 작곡.

(음악사) 레거 <모차르트의 주제에 의한 변주곡> 작곡. 알반 베르크 <관현악을 위한 세 개의 소품>(작품6) 작곡.

(세계사) 제1차 세계대전 발발. 파나마 운하 개통. 비행기, 잠수함, 무전기 등 기술 약진. 카이저 「칼레의 시민」 발표. 아우구스트 마케 사망.

1915년 (51세)

– 2월, <알프스 교향곡>(작품64) 작곡, 10월 베를린 필하모니에서 초연.

(음악사) 힌데미트 <현악 4중주 1번> 작곡.

(세계사) 독일, 무제한 잠수함 작전. 독일, 교전 중 최초 독가스 사용.

1916년 (52세)

– 빈 음악 반대협회 명예회원 취임.

– <낙소스의 아리아드네>(제2고) 10월 빈에서 상연.

(음악사) 그라나도스 사망. 레거 사망. 홀스트 <혹성> 작곡. 레스피기 <로마의 분수> 작곡.

(세계사) 독일군 무제한 잠수함 작전. 영국군 전차 사용. 베르하렌 사망. 센키비치 사망. 시인 에밀 베르하렌 사망.

1917년 (53세)

– 잘츠부르크 음악제 설립에 협력.

– 100회째 <장미의 기사>를 자신의 지휘로 드레스덴에서 상연.

– <서민귀족>(작품60—2), 오페라 <그림자 없는 여인>(작품65) 작곡.

(음악사) 프로코피예프 <고전교향곡> 작곡. 라벨 <쿠프랭의 무덤> 작곡. 버르토크 <푸른 수염 영주의 성> 작곡.

(세계사) 러시아 2월, 10월 혁명. 레닌 「국가와 혁명」 발표. 오귀스트 로댕 사망. 에드가 드가 사망.

1918년 (54세)

- <서민귀족> 빈 슈트라우스 주간.

- 5월, 휼젠 헤이즐러와 충돌.

- 베를린 궁정 가극장 그만 둠.

- 11월, <장미의 기사>, <살로메>, 빈에서 <살로메> 공연.

- 작품66, 67, 68, 69 가곡 작곡.

  (음악사) 스트라빈스키 <병사의 이야기> 작곡 및 초연. 댕디 <교향곡 3번> 작곡. 힌데미트 <두 개의 바이올린 소나타> 작곡.

  (세계사) 제1차 세계대전 휴전 협정. 독일 혁명. 빌헬름 2세 퇴위. 토마스 만 「한 비정치인의 고찰」 발표. 하우프트만 「소아나의 이단자」 발표.

1919년 (55세)

- 12월, 빈 국립 오페라의 지휘자로 프란츠 샬크와 추대됨(~1924년).

- 빈 오페라 무대 50주년 축제 월간에 <마술피리>, <피델리오>, <트리스탄과 이졸데> 지휘.

- 10월, <그림자 없는 여인> 빈, 드레스덴에서 공연.

- 빈으로 이주.

  (음악사) 미요 <발레 음악 지붕 위의 황소> 작곡. 생상스 <현악 4중주 2번> 작곡. 버르토크 <팬터마임 중국의 이상한 관리> 작곡.

  (세계사) 베르사유 조약. 1월 폭동, 로자 룩셈부르크, 칼 리프크네히트 암살. 바이마르 공화국 수립. 파리 제3인터내셔널 결성(~1943년). 그로피우스가 바우하우스 건립(바이마르). 아르프, 에른스트 '다다 전람회'(쾰른). 스파르타쿠스 항쟁.

1920년 (56세)

- 베를린 국립 오페라와 고별콘서트, 후임으로 푸르트벵글러 취임.

- 빈 음악제 월간에 <코지 판 투테>, <살로메>, <엘렉트라> 공연.

- 8~12월, 빈 팔하모니와 남아메리카 연주 여행에서 <살로메>, <엘렉트라> 등 공연.

  (음악사) 브루흐 사망. 미요 <현악 4중주 5번> 작곡. 힌데미트 <현악 4중주 3번> 작곡.

  (세계사) 국제연맹 수립. 카프 반란. 오스트리아 신헌법 제정. 막스 베버 사망. '노이에 자흐리히카이트(신즉물주의)' 등장. 톨러 「대중과 인간」 발표. 분트 「민족 심리학」 발표. 분트 사망.

1921년 (57세)

– <요제프의 전설> 베를린에서 상연.

– 도나우싱엔 음악제.

– <휘핑크림>(작품70),《횔덜린에 의한 세 개의 찬가》(작품71) 작곡.

（음악사) 훔퍼딩크 사망. 생상스 사망. 크레네크 <현악 4중주 1번>, <현악 4중주 2번> 작곡. 힌데미트 <살인자 여자의 희망> 초연. 루셀 <교향곡 2번> 작곡.
（세계사) 나치스당 결성. 전쟁 배상금 결정. 워싱턴 군축 회의. 호프만스탈 「까다로운 사나이」 발표.

1922년 (58세)

– 잘츠부르크 음악제에서 <코지 판 투테>, <돈 조반니> 공연.

– 모차르트 콘서트 음악제 명예회원 취임.

– 북아메리카 연주 여행, 뉴욕 필하모니, 필라델피아 오케스트라 지휘.

– 『호프만스탈 왕복 서간』 출간.

（음악사) 포레 <첼로 소나타 2번> 초연. 크레네크 <폭군의 요새>, <교향곡 2번>, <교향곡 3번> 작곡.
（세계사) 라테나우 외무장관 암살. 이탈리아 무솔리니, 로마 진격. 파시즘 내각 조직. 엘리엇 「황무지」 발표. '다다 전'(파리). 헤세 「싯다르타」 발표. 릴케 「두이노의 비가」 발표. 슈펭글러 「서양의 몰락」 발표.

1923년 (59세)

– <쿠프랭의 피아노곡에 의한 무용조곡> 작곡.

– 빈 필 명예회원 취임.

– 두 번째 남아메리카 연주 여행.

– <인테르메초>(작품72) 작곡.

（음악사) 쇤베르크의 <다섯 개의 피아노곡>(작품23), <세레나데>(작품24) 작곡. 아이슬러가 쇤베르크의 곁을 떠나 사회주의 음악 시작. 쇤베르크 <피아노 모음곡>(작품25) 작곡.
（세계사) 루르 점령. 히틀러 뮌헨 반란. 인플레이션 심화.

1924년 (60세)

– 아들 프란츠 결혼.

– 이탈리아 여행, <살로메> 로마에서 지휘.

– 60세 생일 기념 연주회에 <휘핑크림> 공연.

– 베를린, 뮌헨, 드레스덴, 브레슬라우 등에서 슈트라우스 주간.

– 드레스덴에 슈트라우스 광장 건립.

– 빈과 뮌헨의 명예시민 취임.

– 빈 음악대학 명예교수 취임.

– 잘츠부르크 음악제의 명예의장 취임.

– 빈 오페라 감독 취임.

– 자유로운 삶을 위해 가르미슈 산장 감.

– 11월, <인테르메초> 빈에서 공연.

　(음악사) 부조니 사망. 포레 사망. 푸치니 사망. 거쉰 <랩소디 인 블루> 작곡. 시벨리우스 <교향곡 7
　번> 작곡. 스트라빈스키 <피아노 협주곡> 작곡. 힌데미트 <마리아의 생애>, <현악 3중주
　1번> 작곡.

　(세계사) 레닌 사망. 독일 공산당 선거로 대진출. 도스 배상안 채택. 카프카 사망. 토마스 만 「마의
　산」 발표. 카로사 「루마니아 일기」 발표. 되블린 「산, 바다, 거인」 발표. '쉬르레알리슴(초
　현실주의)' 등장.

1925년 (61세)

– 2월, 스페인 여행.

– 10월, 이탈리아 여행.

– 4월, 함부르크에서 슈트라우스 주간.

– 뮌헨 축제에서 <코지 판 투테>, <트리스탄과 이졸데> 공연.

– <가정교향곡의 부산물>(작품73), 영화 음악 <장미의 기사> 작곡.

　(음악사) 알반 베르크 <보체크> 초연, <실내 협주곡> 작곡. 힌데미트 <관현악을 위한 협주곡>(작
　품38) 작곡. 쇼스타코비치 <교향곡 1번> 작곡.

　(세계사) 대통령 에베르트 사망. 힌덴부르크 대통령 취임. 히틀러 「나의 투쟁 제1부」 발표. 호프만스
　탈 「탑」 발표. 카프카 유고 「심판」 발표. 에이젠슈타인 영화 <전함 포템킨> 제작. 클레 「황
　금물고기」 발표.

1926년 (62세)

- <장미의 기사> 영화화.

- 그리스 여행.

- 잘츠부르크 음악제에서 <낙소스의 아리아드네> 공연.

- 빈 오페라와 화해.

- 11월, <엘렉트라> 지휘.

  (음악사) 쇤베르크 <현악 4중주 3번> 작곡. 베베른 <두 개의 노래>(작품19) 작곡. 알반 베르크 <서
    정조곡> 작곡.
  (세계사) 릴케 사망. 칸딘스키「점선면」 발표. 스탈린 지배 강해지고 트로츠키 해임.

1927년 (63세)

- 빈에서 <인테르메초>, 파리에서 <장미의 기사> 공연.

- 드레스덴, 프랑크푸르트에서 슈트라우스 주간.

- 베토벤 100년제에서 <교향곡 9번> 지휘.

- <판아테나이코스의 행렬>(작품74), 오페라 <이집트의 헬레나>(작품75), <하루의

  시간>(작품76), <동양의 다섯 개의 노래>(작품77) 작곡.

  (음악사) 크레네크 <조니는 연주한다> 초연. 베베른 <현악 3중주> 작곡. 힌데미트 <실내악 5번>
    작곡. 쇼스타코비치 <교향곡 2번> 작곡.
  (세계사) 해군 군축 회담 난항(제네바). 브레히트「가정용 설교집」 발표. 아르놀트 츠바이크「그리
    샤 상사에 관한 논쟁」 발표. 톨러「어이쿠, 우리는 살아있다」 발표. 하이데거「존재와 시
    간」 발표. 찰스 린드버그 대서양 횡단 비행.

1928년 (64세)

- 6월, <이집트의 헬레나> 드레스덴에서 초연.

- 빈에서 슈트라우스 주간.

- 빈, 베를린에서 <이집트의 헬레나> 공연.

  (음악사) 바일 <서푼짜리 오페라> 초연. 쇤베르크 <관현악을 위한 변주곡> 작곡. 야나체크 사망.
  (세계사) 독일 사민당 총선 승리. 소비에트 제1차 5년 계획 수립. 프루스트「잃어버린 시간을 찾아
    서」 발표.

1929년 (65세)

- 4월, 건강 악화.

- <오스트리아>(작품78) 작곡.

(음악사) 쇤베르크 <오늘부터 내일까지> 작곡. 힌데미트 <오늘의 뉴스> 초연. 호프만스탈 사망.
(세계사) 레마르크 「서부 전선 이상 없다」 발표. 헤밍웨이 「무기여 잘 있어라」 발표.

1930년 (66세)

- 드레스덴에서 슈트라우스 주간.

- 모차르트의 <이도메네오> 개작.

- <뤼케르트에 의한 세 개의 노래> 작곡.

(음악사) 바일 <긍정자> 작곡, <마하고니 시의 흥망> 초연. 베베른 <4중주>(작품22) 작곡.
(세계사) 금융 공황, 파산, 파업 속출. 나치당 국회에 107의석 약진. 브레히트 「어머니」 발표.

1931년 (67세)

- 빈에서 <이도메네오> 공연.

- 스위스 여행.

- 뮌헨 축제에서 <코지 판 투테> 공연.

(음악사) 힌데미트 <오라토리오 무한한 것> 작곡. 아이슬러 <어머니>, <연대의 노래> 작곡. 쇤베
르크 <피아노곡>(작품33) 작곡.
(세계사) 스페인 혁명, 공화국 수립. 에디슨 사망.

1932년 (68세)

- 뮌헨에서 슈트라우스 주간.

- 손자 사망.

- 잘츠부르크 음악제에서 <피델리오> 공연.

- 오페라 <아라벨라>(작품79) 작곡.

(음악사) 프랑크 <두 대의 피아노를 위한 협주곡> 초연.
(세계사) 로잔 회의(스위스 로잔). 군축 회의(제네바). 나치당 제1당.

1933년 (69세)

- 바그너 50주기를 맞이해 드레스덴에서 <트리스탄과 이졸데> 지휘.

- 여름 바이로이트에서 토스카니니를 대신해 <파르지팔> 지휘.

- 드레스덴 오페라 축제에서 <아라벨라> 초연.

- 잘츠부르크에서 <이집트의 헬레나> 초연.

- 11월, 제국음악국 총재 취임.

(음악사) 푸르트벵글러가 '유대계 음악가 옹호' 문제로 나치와 충돌. 쇤베르크, 아이슬러 미국 망명.
(세계사) 히틀러 내각. 국회의사당 화재. 미국 경제 대공황. 일본과 독일, 국제연맹 탈퇴. 게오르게
사망. 브레히트, 아인슈타인 등 수많은 예술가와 학자 미국 망명. 바우하우스 폐쇄.

1934년 (70세)

- 드레스덴에서 생일에 <장미의 기사>, <아라벨라> 공연.

- 모든 대도시에서 슈트라우스 주간.

- 정부로부터 지휘봉 수여.

- 드레스덴 국립오페라 명예회원 취임.

- 드레스덴 명예시민 취임.

- <군트람> 라디오 방송.

- 바이로이트에서 <파르지팔> 공연.

- 베네치아에서 음악 축제.

- 작곡가 국제협회 상임이사 취임.

(음악사) 베베른 <아홉 악기를 위한 협주곡> 작곡. 쇤베르크 <현악 오케스트라를 위한 모음곡> 작
곡. 힌데미트 <오페라 화가 마티스> 작곡. 아이슬러 <흰빵 칸타타> 작곡.
(세계사) 힌덴부르크 사망. 히틀러 대통령 취임. 슈뢰딩거 미국 망명. 오스카 코코슈카 프라하 망명.

1935년 (71세)

- 로마에서 <낙소스의 아리아드네> 공연.

- <말 없는 여인>(작품80) 작곡.

- 6월, 드레스덴에서 오페라 초연을 둘러싸고 나치와 충돌 후, 총재 사퇴, 후임으로 페터 라베 취임.
- <화장실의 여신> 등 성악곡 작곡.

(음악사) 알반 베르크 <바이올린 협주곡> 작곡. 힌데미트 <비올라 협주곡> 작곡. 아이슬러 <플루트, 오보에와 하프를 위한 소나타> 작곡.
(세계사) 독일, 베르사유 조약 군사 조항 파기. 인민전선 결의. 야스퍼스 「이성과 실존」 발표. 하인리히 만 「앙리 4세의 청년기」 발표.

1936년 (72세)
- 밀라노에서 <말 없는 여인> 공연.
- 프랑스, 이탈리아, 벨기에에서 객연.
- <올림픽 찬가>, <평화의 날>(작품81) 작곡.
- 런던 여행하며 <낙소스의 아리아드네> 상연.
- 11월, 로열협회로부터 금메달 수여.

(음악사) 《프라우다》지 쇼스타코비치의 <므첸스크의 맥베스 부인> 비판. 베베른 <피아노 변주곡>(작품27) 작곡. 쇤베르크 <바이올린 협주곡> 작곡.
(세계사) 독일, 로카르노 조약 파기. 이탈리아가 에티오피아 침략. 일본—독일 방공협정. 고리키 사망. 스페인 내전. 하이데거 「횔덜린과 시의 본질」 발표.

1937년 (73세)
- 시칠리아 여행.
- <다프네>(작품82) 작곡.
- 빈 콘체르트하우스 명예회원 취임.
- 프랑크푸르트 슈트라우스 주간.
- 건강 악화.
- 파리 출연 고사.

(음악사) 크레네크 미국 망명. 버르토크 <미크로코스모스> 작곡. 쇼스타코비치 <교향곡 5번> 작곡.
(세계사) 중일 전쟁.

1938년 (74세)

– 7월, <평화의 날> 뮌헨에서 초연.

– 10월, <다프네> 드레스덴에서 초연.

 (음악사) 베베른 <현악 4중주>(작품28) 작곡. 크레네크 <카를 5세> 작곡.
 (세계사) 뮌헨 협정. 독일, 오스트리아 합병. 유대인 박해. 원자핵 분열 발견. 쉬잔 발라동 사망. 키르히너 자살.

1939년 (75세)

– 75세 생일 기념 빈 슈트라우스 주간에서 <평화의 날> 상연.

– 모든 도시에서 <아라벨라> 상연.

– 가르미슈 시로부터 명예 금반지 수여.

– 파리에서 <살로메> 상연 100회 넘김.

– 잘츠부르크에서 <서민귀족> 공연.

 (음악사) 쇤베르크 <실내교향곡>(작품38) 작곡. 힌데미트 <바이올린 협주곡> 작곡. 브루노 발터, 힌데미트 미국 망명. 아이슬러 <독일 교향곡> 작곡.
 (세계사) 스페인 인민전선 실패. 독일, 체코 합병 후, 폴란드 침공. 제2차 세계대전. 퇴폐예술품 매각. 브레히트 「억척어멈과 그 자식들」 발표.

1940년 (76세)

– 빈에서 <다프네> 공연.

– 바이마르에서 단축된 <군트람> 공연.

– 도쿄에서 <일본 제국 건국 2600년 축전 음악>(작품84) 공연.

 (음악사) 힌데미트 <주제와 4변주곡> 작곡. 바르토크, 미요 미국 망명.
 (세계사) 독일, 덴마크와 노르웨이 침공. 프랑스 항복. 파울 클레 사망.

1941년 (77세)

– <멈춰버린 축제> 연주.

– 빈에서 모차르트 축제 주간 오페라 <카프리치오>(작품85) 공연.

- <쿠프랭의 건반음악 소품에 의한 소관현악을 위한 희유곡>(작품86) 작곡.

(음악사) 쇼스타코비치 <교향곡 7번> 작곡. 달라피콜라 <죄수의 노래> 작곡. 브리튼 <현악 4중주>(작품25) 작곡. 베를린 운터 덴 린덴 국립 오페라극장 붕괴.

(세계사) 독일, 유고슬라비아와 불가리아, 그리스 침공. 대서양 헌장. 일본—미국 전쟁 발발. 독일, 미국과 영국에 선전 포고. 모스크바 공방전.

1942년 (78세)

- 빈 시로부터 베토벤상 수상.

- 빈 필 100년제 콘서트에서 <알프스 교향곡> 공연.

- 스위스 여행.

- 10월, 뮌헨에서 <카프리치오> 초연.

- 뮌헨 국민극장에서 <다프네> 지휘.

- 겨울, 빈에 머뭄.

- <호른 협주곡 F장조> 작곡.

(음악사) 쇤베르크 <나폴레옹 보나파르트를 위한 송가> 작곡. 미요 <영국 모음곡> 작곡. 쇼스타코비치 <레닌그라드> 초연, 스탈린 상 수상.

(세계사) 스탈린그라드 공방전. 일본, 싱가포르 점령. 미드웨이 해전. 솔로몬 해전. 무질 사망. 슈테판 츠바이크 「어제의 세계」 집필 후 자살. 카뮈 「이방인」 발표.

1943년 (79세)

- 건강 악화.

- 잘츠부르크 음악제에서 모차르트 작품과 <호른 협주곡 F장조> 연주.

- 겨울, 빈에 머뭄.

- 빈 시의 트럼펫 합주용 축제악 <16개의 목관악기를 위한 제1소나티네—병자의 작업실에서>, <다프네의 나무에게> 작곡.

(음악사) 쇼스타코비치 <교향곡 8번> 작곡. 쇤베르크 <밴드를 위한 주제와 변주곡> 작곡. 버르토크 <관현악을 위한 협주곡> 작곡. 오르프 <현명한 여인> 작곡. 뮌헨 국민극장 붕괴.

(세계사) 북아프리카의 추축군 트리폴리 후퇴. 독일군 항복(스탈린그라드). 튀니지 퇴각. 이탈리아 후퇴.

1944년 (80세)

- 빈에서 80세 생일 <낙소스의 아리아드네> 공연.

- 빈과 드레스덴 슈트라우스 주간.

- 빈 예술 아카데미 명예회원 취임.

- 자신의 모든 관현악곡을 수록하지만 이듬해 불에 탐.

- <다나에의 사랑> 초연은 전란으로 최종 리허설까지 함.

　(음악사) 미요 <교향곡 2번> 작곡 . 메시앙 <아기 예수를 바라보는 20개의 시선> 작곡. 프로코피예
　프 <교향곡 5번> 작곡. 쇼스타코비치 <현악 4중주 2번> 작곡.

　(세계사) 독일군 스페인에서 철퇴. 연합군 노르망디 작전 성공, 파리 해방. 독일 신병기 V2호 영국
　공격. 미국, 일본 공습. 일본군 후퇴. 뭉크 사망. 칸딘스키 사망.

1945년 (81세)

- 가르미슈에서 종전 소식 들음.

- 10월, 스위스 이주.

- 10월, 드레스덴에서 전후 처음으로 슈트라우스 작품 <낙소스의 아리아드네> 상연.

- <메타모르포젠 E♭장조>, <16개의 목관악기를 위한 제2소나티네―즐거운 작업실 E♭장
　조> 작곡.

- 왈츠 <뮌헨>(제2고) 작곡.

　(음악사) 아이슬러 <제3제국의 공포와 참상>(영어 버전) 초연. 베베른 사망. 버르토크 사망. 하차투
　리안 스탈린 상 수상. 쇼스타코비치 <교향곡 9번> 작곡 및 초연. 드레스덴 소실. 빈 오페
　라극장 소실.

　(세계사) 독일, 바르샤바 후퇴. 얄타 회담. 미군 라인강 도하. 베를린 공방전. 독일 전면 후퇴. 일본에
　원자폭탄 투하. 일본 무조건 항복. 베르펠 사망. 카이저 사망.

1946년 (82세)

- <메타모르포젠 E♭장조> 취리히에서 초연.

- 드레스덴에서 <말 없는 여인> 공연.

- <오보에와 소관현악을 위한 협주곡>, 관현악 환상곡 <그림자 없는 여인> 작곡.

- 쳄발로 모음곡 <카프리치오> 작곡.

  (음악사) 프로코피예프 <전쟁과 평화 1부> 초연. 힌데미트 <레퀴엠> 작곡. 브리튼 <루크레티아의 능욕> 초연. 프로코피예프 스탈린 상 수상.
  (세계사) 뉘른베르크 군사재판. 국제연합 제1회 총회(런던). 하우프트만 사망. 유네스코 제1회 총회(파리).

1947년 (83세)

- 4월, 맹장 수술.

- 폰트레시나, 몽트뢰, 영국 여행.

- 10~11월, 로열 필과 BBC 심포니 오케스트라에서 교향곡 지휘.

- <현악기와 하프를 동반하는 클라리넷과 바순의 듀엣 콘체르티노> 작곡.

  (음악사) 아이넴 <오페라 당통의 죽음> 초연. 쇤베르크 <바르샤바의 생존자> 작곡. 미요 <교향곡 4번 1848년 혁명 100주년을 위하여>(작품281) 작곡. 아이슬러 <갈릴레이> 작곡.
  (세계사) 4국 외무장관 회의(런던 및 모스크바). 마샬 유럽 경제 원조. 파리 조약 체결. 토마스 만 「파우스트 박사」 발표.

1948년 (84세)

- 뮌헨의 비(非)나치화 재판, 나치 협력 건 무죄 판결.

- 로잔에서 신장 수술.

- 몽트뢰, 잘츠부르크에서 <저녁노을>, 《헤세에 의한 세 개의 노래》 작곡.

  (음악사) 주다노프가 소비에트 동맹 공산당 중앙위원회 음악가 토의 모임에서 소비에트 음악의 경향을 형식주의라 비판.
  (세계사) 베를린 봉쇄. 미국—소련 냉전의 정점. 독일 통화 개혁. 브레히트 「코뮌의 나날들」 발표.

1949년 (85세)

- 5월, 가르미슈 감.

- 시에서 생일 축전 개최.

- 뮌헨 시 슈트라우스 재단 설립.

- 뮌헨대학 명예박사 취임.

- 뮌헨 프렌츠레겐텐극장에서 <장미의 기사> 마지막 장의 최종 리허설 지휘(슈트라우스 필름 작성).

- 6월 13일, 라디오 방송에서 <카프리치오의 월광의 음악> 지휘.

- 8월, 심장마비.

- 9월 8일 오후 2시, 가르미슈에서 사망.

- 11일, 뮌헨에서 화장.

- 1950년, 아내 파울리네 사망.

　(음악사) 쇼스타코비치 미국 방문. 아이슬러 <폐허에서 부활하여> 작곡. 오르프 <안티고네> 작곡. 크레네크 <교향곡 5번> 작곡. 쇤베르크 <환상곡> 작곡. 쇼스타코비치 <숲의 노래> 작곡.
　(세계사) 북대서양 조약(워싱턴). 서독 헌법 성립. 독일 연방 공화국 수립(대통령 테오도어 호이스, 수상 콘라트 아데나워). 동독 헌법 성립. 독일 민주 공화국 수립(대통령 피크, 수상 그로테볼).

2. 교우 인명 리스트

음악가

블레흐(Leo Blech, 1871~1958)

작곡가이자 지휘자. 나치 시대 외에도 1906년부터 1953년까지 베를린 오페라 무대에서 활약했다. 1909년 베를린에서 상연한 <엘렉트라> 이후 슈트라우스의 창작활동과 공연에 늘 밀접한 관계를 맺었다.

뵘(Karl Böhm, 1894~1981)

오스트리아 그라츠 출신으로 뛰어난 슈트라우스 지휘자. 슈트라우스는 그에게 <말 없는 여인>과 <다프네>를 선사했고, 뵘은 이 작품들의 초연을 지휘했다.

뷜로(Hans Guido Freiherr von Bülow, 1830~1894)

바그너에게서 지휘를, 리스트에게서 피아노를 배웠다. 바그너의 <트리스탄과 이졸데>와 <뉘른베르크의 명가수>를 뮌헨에서 초연. 젊은 슈트라우스가 성장하는 데에 열쇠가 되어준 은인이다. 둘 사이를 오간 감동 어린 서간이 남아 있다.

부쉬(Friz Busch, 1890~1951)

훌륭한 지휘자. 1922~1933년 드레스덴 활동 기간에 슈트라우스의 <인테르메초>와 <이집트의 헬레나>를 초연했다.

드레제케(Felix Draeseke, 1835~1913)

리스트의 제자. 음악극과 오라토리오를 작곡. 1907년 「음악의 혼란」이라는 그의 논문이 슈트라우스 논쟁을 일으켰다.

한슬리크(Eduard Hanslick, 1825~1904)

빈의 저명한 음악 평론가. 브람스를 칭송했고 바그너, 브루크너, 슈트라우스에게 적의를 품었다.

크라우스(Clemens Krauss, 1893~1954)

빈 출신으로 청년 시절부터 슈트라우스의 작품과 밀접한 관계가 있다. 슈트라우스의 창작활동에 충고와 조력을 했던 인물. <카프리치오> 대본을 썼고 초연을 지휘했다.

레비(Hermann Levi, 1839~1900)

뮌헨에서 <파르지팔> 초연. 슈트라우스의 은인으로 슈트라우스는 그에게 교향곡 D단조를 바쳤다.

말러(Gustav Mahler, 1860~1911)

빈 출신의 위대한 지휘자 겸 작곡가. 1897~1907년 빈 국립 오페라극장 지휘자 시절 슈트라우스의 <화재 비상>을 지휘했다.

모틀(Felix Mottl, 1856~1911)

뮌헨 등에서 슈트라우스 초기 오페라를 지휘하며 그 지평을 넓혔다.

리터(Alexander Ritter, 1833~1896)

일찍부터 바그너를 지지하여 그의 조카딸과 결혼했다. 바이마르의 리스트 숭배 그룹 중 한 명이었고 뷜로의 마이닝겐 악단 제1바이올린 주자였다. 슈트라우스의 아버지라 칭할 만큼 은인이다. 슈트라우스는 <맥베스>를 그에게 바쳤다. <바보 한스>, <누구에게 왕관을> 등 오페라와 교향시를 작곡한 인물이다.

레쉬(Friedrich Rësch, 1862~1925)

뮌헨 청년 시절부터 슈트라우스의 친구이며 법률가이자 재능 있는 작곡가. 독일 음악가조합의 설립자로서 슈트라우스와 활약했다. 슈트라우스는 그에게 <죽음과 변용>, <가계주인의 거울>을 바쳤다.

샬크(Franz Schalk, 1863~1931)

빈의 지휘자. 브루크너의 제자로서 브루크너를 알리는 데에 힘쓴 인물이다. 베를린에서 슈트라우스와 함께 활약했다. 1900년 이후에는 빈 국립 오페라극장 지휘자로 활동했는데, 그때 슈트라우스의 <그림자 없는 여인>을 초연했다.

실링스(Max von Schillings, 1868~1933)

오페라극장의 지배인으로 슈투트가르트와 베를린에서 활약했다. 슈트라우스는 그의 <모나리자>를 지휘했다.

슈흐(Ernst von Schuch, 1846~1914)

드레스덴 궁정 오페라를 지휘했다. <화재 비상>, <살로메>, <엘렉트라>, <장미의 기사>를 초연했다.

슈(Willi Schuh, 1900~1986)

취리히의 음악 비평가. 슈트라우스의 마지막 10년 동안 절친한 친구로서 슈트라우스를 소개하는 데에 힘썼다. 슈트라우스는 그를 전기 작가로 지목했다.

투일레(Ludwig Thuille, 1861~1907)

뮌헨 음악학교의 음악 교사. 슈트라우스는 그에게 <돈 후안>을 선사했고 작곡용 오페라 텍스트를 양보한 적도 있다.

뷜너(Franz Wüllner, 1832~1902)

뮌헨에서 <라인의 황금>과 <발퀴레>를 초연. 쾰른에서 <틸 오일렌슈피겔의 유쾌한 장난>, <돈키호테>를 초연했다. 슈트라우스의 든든한 지지자가 되어주었다.

그 밖의 예술가·작가

바르(Hermann Bahr, 1863~1934)
오스트리아의 극작가. 슈트라우스와 친분을 나누며 <인테르메초>의 완성을 도왔다. 그의 아내 안나 바르-밀덴부르크는 유명한 클리템네스트라(오페라 <엘렉트라>의 등장인물) 가수였다.

비어바움(Otto Julius Bierbaum, 1865~1910)
뮌헨의 서정 시인으로, 수많은 슈트라우스 가곡의 시를 집필한 작가다. 슈트라우스를 위한 오페라 대본도 몇 편 쓴 적이 있지만 완성된 적은 없다.

데멜(Richard Dehmel, 1863~1920)
독일 북부 지방의 시인. 슈트라우스는 사회성 짙은 그의 시에 매료되어 작곡했다.

그레고르(Joseph Greogor, 1888~1960)
문화사, 연극학 학자. 빈 사람이다. 슈트라우스의 오페라 <평화의 날>, <다프네>, <다나에의 사랑> 대본을 썼다.

헨켈(Karl Henckell, 1864~1929)
사회성이 강한 작품을 쓰는 서정시인. 슈트라우스는 그의 여러 시에 곡을 붙였다.

호프만스탈(Hugo von Hofmannsthal, 1874~1929)
오스트리아의 저명한 작가. <엘렉트라> 이후 슈트라우스와 가장 긴밀한 관계를 맺었고, 수많은 오페라 대본을 집필했다. 두 사람 사이에 오간 방대한 서간들은 슈트라우스 관련 문헌으로서 가장 중요한 자료다.

케어(Alfred Kerr, 1867~1948)
베를린의 연극 비평가. 슈트라우스를 위해 풍자성 짙은 가곡 연작 <소상인의 거울>의 가사를 집필했다.

라인하르트(Max Reinhardt, 1873~1943)

위대한 연극 연출가. 그는 1933년 베를린에서 미국으로 활동 무대를 옮겨 망명한다. <장미의 기사> 공연으로 비정상적일 정도의 큰 성공을 끌어낸 장본인. 슈트라우스와 호프만스탈이 탄생시킨 <낙소스의 아리아드네>의 연출을 맡았고 이 작품은 세 사람의 종합 예술로 평가받았다.

롤랑(Romain Rolland, 1866~1944)

프랑스의 저명한 작가이자 음악 비평가. 슈트라우스와의 우정이 두터웠으며 많은 작업을 함께 했다. 두 사람이 주고받은 서간은 중요한 문헌 자료가 되었다.

롤러(Alfred Roller, 1864~1935)

말러에게 있어 가장 중요한 조연출이며 슈트라우스 오페라의 무대를 만드는 데에 천재적인 면모를 드러냈다.

슈피츠베그(Eugen Spitzweg, 1840~1914)

뮌헨의 출판업자. <돈키호테>까지 슈트라우스의 작품을 인쇄했다.

베데킨트(Frank Wedekind, 1864~1918)

뮌헨의 극작가. 후기 부르주아 문화의 표면에 흐르는 도덕을 파헤쳐 폭로했다. 슈트라우스와 발레 문제로 협력했다.

와일드(Oscar Wilde, 1854~1900)

영국의 극작가. 슈트라우스는 그의 <살로메>를 대본으로 오페라를 만들어 성공을 거두었다.

볼초겐(Ernst von Wolzogen, 1855~1934)

풍부한 풍자가 특기인 뮌헨의 작가. 오페라 <화재 비상>의 대본을 집필했다. 그 밖에도 슈트라우스 오페라 대본을 여러 편 계획했지만 결실을 보지 못했다.

츠바이크(Stefan Zweig, 1881~1942)

오스트리아의 저명한 작가. 호프만스탈이 세상을 떠난 후 대본 작가로서 그 뒤를 이어갔다. 하지만 무수한 계획을 세웠음에도 불구하고 <말 없는 여인>이 완성되었을 무렵 나치의 탄압을 받아 더는 함께 작업할 수 없게 되었다. 그는 망명했고 남아메리카에서 자살했다.

3. 레코드 리스트

※ 일러두기: 레코드 라벨의 약호 표기는 다음과 같다.

A : 엔젤
C : 콜롬비아
Ca : 캐피털
D : 데카
G : 그라모폰
L : 런던
Ph : 필립스
Py : 파이
V : 빅터
W : 웨스트민스터

교향곡

교향곡 F단조 Op.12
헤프너 지휘, 빈 교향악단 [미 SPA—17]

가정 교향곡 Op.53
콘비츠니 지휘, 작센 국립관현악단 [G—LGM41 폐반]

알프스 교향곡 Op.64
뵘 지휘, 작센 국립관현악단 [G—LGM1058]

교향시

돈 후안 Op.20

(1) 뵘 지휘, 베를린 필하모니 관현악단 [G—⑤SLGM1193]

(2) 뵘 지휘, 작센 국립관현악단 [G—LMG1021]

(3) 클렘페러 지휘, 필하모니아 관현악단 [A—⑤SCA1042]

(4) 요훔 지휘, 암스테르담 콘세르트허바우 관현악단 [Ph—⑤SFL7505, FL5586]

(5) 라이너 지휘, 시카고 교향악단 [V—⑤SHP2098]

(6) 카라얀 지휘, 빈 필하모니 관현악단 [L—⑤SLC1225]

(7) 멩엘베르흐 지휘, 암스테르담 콘세르트허바우 관현악단 [Ph—FL5602]

(8) 푸르트벵글러 지휘, 빈 필하모니 관현악단 [A—HD1034]

(9) 콘비츠니 지휘, 빈 교향악단 [C—⑤OS3399]

죽음과 변용 Op.24

(1) 클렘페러 지휘, 필하모니아 관현악단 [A—⑤AA7039]

(2) 라이너 지휘, 빈 필하모니 관현악단 [V—⑤SUP2018]

(3) 푸르트벵글러 지휘, 빈 필하모니 관현악단 [A—HA1109 폐반]

(4) 카라얀 지휘, 빈 필하모니 관현악단 [L—⑤SLC1060]

틸 오일렌슈피겔의 유쾌한 장난 Op.28

(1) 뵘 지휘, 베를린 필하모니 관현악단 [G—⑤SLGM1193]

(2) 번스타인 지휘, 뉴욕 필하모닉 교향악단 [C—⑤OS306]

(3) 요훔 지휘, 암스테르담 콘세르트허바우 관현악단 [Ph—⑤SFL7505]

(4) 클렘페러 지휘, 필하모니아 관현악단 [A—⑤SCA1042]

(5) 카라얀 지휘, 빈 필하모니 관현악단 [L—⑤SLC1225]

(6) 라이너 지휘, 빈 필하모니 관현악단 [V—⑤SUP2018]

(7) 푸르트벵글러 지휘, 베를린 필하모니 관현악단 [G—LGM1075]

(8) 리하르트 슈트라우스 지휘, 베를린 국립가극장 관현악단 [G—LGM1067]

(9) 푸르트벵글러 지휘, 빈 필하모니 관현악단 [A—HD1034]

차라투스트라는 이렇게 말했다 Op.30

(1) 뵘 지휘, 베를린 필하모니 관현악단 [G—ⓢSLGM1183]

(2) 카라얀 지휘, 빈 필하모니 관현악단 [L—ⓢSLC1112]

(3) 라이너 지휘, 시카고 교향악단 [V—ⓢSHP2166]

(4) 마젤 지휘, 필하모니아 관현악단 [A—ⓢSCA1080]

돈 키호테 Op.35

(1) 라이너 지휘, 시카고 교향악단 [V—ⓢSHP2099, LS2288]

영웅의 생애 Op.40

(1) 뵘 지휘, 베를린 필하모니 관현악단 [G—ⓢSLGM1181]

(2) 뵘 지휘, 작센 국립관현악단 [G—LGM1106]

(3) 카라얀 지휘, 베를린 필하모니 관현악단 [G—ⓢSLGM7]

(4) 비첨 지휘, 로열 필하모니 관현악단 [A—ⓢASC5400]

(5) 라인스도르프 지휘, 보스턴 교향악단 [V—ⓢSHP2290]

관현악곡

살로메 중 살로메의 춤

(1) 클렘페러 지휘, 필하모니아 관현악단 [A—ⓢSCA1042]

(2) 뵘 지휘, 베를린 필하모니 관현악단 [G—ⓢSLGM1193]

(3) 카라얀 지휘, 빈 필하모니 관현악단 [L—ⓢSLC1225]

장미의 기사 관현악 조곡
로진스키 지휘, 런던 필하모니 관현악단 [W—ML5170 폐반]

장미의 기사 중 왈츠
(1) 뵘 지휘, 베를린 필하모니 관현악단 [G—ⓢSLGM1194]
(2) 라이너 지휘, 시카고 교향악단 [V—ⓢSHP135, HP194]
(3) 리하르트 슈트라우스 지휘, 바이에른 국립관현악단 [G—LGM1067]

서민귀족 관현악 조곡
드자르장스 지휘, 로잔 실내 관현악단 [W—ⓢSH5097]

축전서곡 Op.61
뵘 지휘, 베를린 필하모니 관현악단 [G—ⓢSLGM1193]
번스타인 지휘, 뉴욕 필하모닉 교향악단 [C—ⓢOS293]

요제프의 전설 교향적 단장
아이히호른 지휘, 뮌헨 국립가극장 관현악단 [미 우라니아—ⓢ5244/2—244/2]

그림자 없는 여인 중 간주곡
라인스도르프 지휘, 필하모니아 관현악단 [Ca—ⓢCSC5049]

휘핑크림 Op.70
크라우스 지휘, 프랑크푸르트 국립교향악단 [미 리리코드—41]

쿠프랭의 피아노곡에 의한 무용조곡

크라우스 지휘, 프랑크푸르트 국립교향악단 [미 리리코드―58]

메타모르포젠

클렘페러 지휘, 필하모니아 관현악단 [A―ⓈAA7039]

협주곡

호른 협주곡 제1번 E♭장조 Op.11

브레인(hrn), 자발리쉬 지휘, 필하모니아 관현악단 [C―RL3044 폐반]

피아노와 관현악을 위한 부를레스케

(1) 자키노(pf), 피스툴라리 지휘, 필하모니아 관현악단 [A―OC1003 폐반]

(2) 제르킨(pf), 필라델피아 관현악단 [C―WL5239 폐반]

왼손 피아노와 관현악을 위한 가정 교향곡을 위한 부산물 Op.73

(1) 비트겐슈타인(pf) 외 [미 보스턴―Ⓢ1011, 412]

(2) 굴다(pf) 외 [L―LLA10108 폐반]

호른 협주곡 제2번 F장조

브레인(hrn), 자발리쉬 지휘, 필하모니아 관현악단 [C―RL3044 폐반]

동일 [미 A―35496]

취주악곡

13개의 목관악기를 위한 세레나데 Op.7

시몬 지휘, 보스턴 기악 앙상블 [미 보스턴—Ⓢ1016, 406]

페넬 지휘, 이스트먼 기악 앙상블 [미 M—Ⓢ90170, 50173]

빈 팡파르

필러스 지휘, 빈 시 트럼펫 합주단 [L—ⓈSLW9 폐반]

성 요한 기사단의 장엄한 입장

필러스 지휘, 빈 시 트럼펫 합주단 [L—ⓈSLW9 폐반]

실내악곡 기악곡

피아노 소나타 B단조 Op.5

브렌델(pf) [미 SPA—48]

첼로 소나타 E장조 Op.6

나바라(vc), 라쉬(pf) [A—HA5034]

바이올린 소나타 E♭장조 Op.18

코간(vn), 미트니크(pf) [al MK—1561]

테니슨의 이노크 아든(피아노 멜로드라마) Op.38

레인(pf), 골드(pf) [미 C—ⓈMS6341, 5741]

오페라

살로메 1막 전곡 Op.54
(1) 닐슨(S), 호프만(Ms), 슈톨체(T), 크멘트(T), 베히터(B), 숄티 지휘, 빈 필하모니 관현악단 [L—ⓈSLX2—8]
(2) 골츠(S), 파차크(T), 데르모타(T), 브라운(B), 크라우스 지휘, 빈 필하모니 관현악단 [L—LYX2—2]

엘렉트라 3막 전곡 Op.58
보르크(S), 셰크(S), 마데이라(A), 울(T), 피셔 디스카우(B), 뵘 지휘, 작센 국립관현악단, 드레스덴 국립가극장 합창단 [G—ⓈSLGM1050—1]

장미의 기사 3막 전곡 Op.59
(1) 제프리트(S), 슈트라이히(S), 셰크(S), 뵈메(Bs), 피셔 디스카우(B), 뵘 지휘, 작센 국립가극장 관현악단, 합창단 [G—ⓈSLGM34—7, LGM167—7]
동일 하이라이트 [G—ⓈSLGM1168]
(2) 라이닝(S), 유리나치(S), 귀덴(S), 베버(Bs), 포엘(B), 클라이버 지휘, 빈 필하모니 관현악단, 빈 국립가극장 합창단 [L—LLA10167—70 폐반]

낙소스의 아리아드네 1막 전곡 Op.60
(1) 페터스(S), 리자네크(S), 유리나치(S), 뢰셀 마이단(A), 피어스(T), 딕키(T), 베리(B), 라인스도르프 지휘, 빈 필하모니 관현악단 [V—ⓈSRA2028—30]
동일 하이라이트
(2) 델라 카사(S), 오토(S), 쇼크(T), 에레데 지휘, 베를린 필하모니 관현악단 [A—ⓈASC5277]
아리아드네의 비가

작은 한숨

레만(S) [A─GR46]

그림자 없는 여인 3막 전곡 Op.65

리자네크(S), 호프(T), 골츠(S), 횡겐(Ms), 셰플러(B, Bs), 뵘 지휘, 빈 필하모니 관현악단 [미 L─4505]

아라벨라 3막 전곡 Op.79

델라 카사(S), 런던(B), 귀덴(S), 에델만(Bs), 숄티 지휘, 빈 필하모니 관현악단 [미 L─Ⓢ1404, 4412]

동일 하이라이트 [미 L─Ⓢ25243, 5616]

카프리치오 1막 전곡 Op85.

슈바르츠코프(S), 게다(T), 피셔 디스카우(B), 자발리쉬 지휘, 필하모니아 관현악단 [미 A─3580C/L]

내 마음을 이렇게 애태운 사람은 없어

데르모타(T) [L─LEX17]

합창곡

방랑자의 폭풍의 노래 Op.14

스보보다 지휘, 빈 교향악단, 빈 아카데미 실내합창단 [미 W─9600]

독창곡

헌정 Op.10 No.1
(1) 범브리(Ms) [G—ⓈSLGM1135]
(2) 피셔 디스카우(B) [A—HA5119]

밤 Op.10 No.3
(1) 포스터(Bs) [Py—PYE12—29]
(2) 슈트라이히(S) [G—ⓈSLGM1105]
(3) 베히터(B) [C—ⓈOS3392]
(4) 델라 카사(S) [A—ⓈASC5270]
(5) 피셔 디스카우(B) [A—HA5119]

달리아 Op.10 No.4
범브리(Ms) [G—ⓈSLGM1135]

인내 Op.10 No.5
플라크슈타트(S) [영 C—LXT5329]

위령의 날 Op.10 No.8
프라이(B) [L—ⓈSLC1243]

귀향 Op.10 No.5
(1) 프라이(B) [L—ⓈSLC1243]
(2) 슈만(S) [A—GR24]

그대의 눈빛 Op.17 No.1

플라크슈타트(S) [영 C—CXT5329]

세레나데 Op.17 No.2

(1) 범브리(Ms) [G—ⓢSLGM1135]

(2) 슈만(S) [A—GR24]

(3) 피셔 디스카우(B) [A—HA5119]

(4) 동일 [A—HJ5016]

(5) 프라이(B) [L—ⓢSLC1243]

여전히, 무엇을 위해 Op.19 No.1

피셔 디스카우(B) [A—HA5119]

우리 머리 위 드넓게 Op.19 No.2

크라우제(B) [L—ⓢSLC1335]

어떻게 우리는 Op.19 No.4

게르하르트(S) [영 델타—TQD3024]

우리 마음은 침묵한다 Op.19 No.6

모트(S) [영 델리즈—ECB3138]

내 모든 마음 Op.21 No.1

(1) 슈만(S) [A—GR24]

(2) 피셔 디스카우(B) [A—HA5119]

내 마음의 귀여운 왕관 Op.21 No.2

제프리트(S) [영 G—ⓈSLPEM136016, LPEM19165]

아아 불행한 나 Op.21 No.4

(1) 피셔 디스카우(B) [A—HA5119]

(2) 호터(B) [A—ⓈAA7019]

아아 그대가 내 것이라면 Op.26 No.2

피셔 디스카우(B) [A—HA5119]

쉬어라 나의 마음 Op.27 No.1

피셔 디스카우(B) [A—HA5119]

체칠리에 Op.27 No.2

(1) 닐슨(S) [V—ⓈSHP2089]

(2) 비욜링(T) [영 RCA—ⓈRB46011]

(3) 크라우제(B) [L—ⓈSLC1335]

비밀스런 요구 Op.27 No.3

(1) 베히터(B) [C—ⓈOS3392]

(2) 프라이(S) [L—ⓈSLC1243]

(3) 피셔 디스카우(B) [A—HA5119]

아침 Op.27 No.4

(1) 슈만(S) [A—GR24]

(2) 베히터(B) [C—ⓈOS3392]

(3) 피셔 디스카우(B) [A—HA5119]

황혼을 가는 꿈 Op.29 No.1

(1) 슬레자크(T) [G—LGM1130]

(2) 피셔 디스카우(B) [A—HA5119]

(3) 베히터(B) [C—⑤OS3392]

설레는 마음 Op.29 No.2

슈트라이히(S) [G—⑤SLGM1105]

밤의 노래 Op.29 No.3

피셔 디스카우(B) [A—HA5119]

나는 사랑을 품는다 Op32. No.2

호터(B) [A—⑤AA7019]

동경 Op.32 No.2

범브리(Ms) [영 G—⑤SLPM138635, LPM18635]

말했어요 Op.36 No.3

델라 카사(S) [A—⑤ASC5270]

그대를 사랑해 Op.37 No.2

피셔 디스카우 [A—HA5119]

나의 아이에게 Op.37 No.3

제프리트(S) [영 G—⑤SLPEM136016, LPEM19165]

봄의 그대 Op.37 No.5

피셔 디스카우(B) [A—HA5119]

해방되어 Op.39 No.4

(1) 델라 카사(S) [A—ⓈASC5270]

(2) 피셔 디스카우(B) [A—HA5119]

자장가 Op.41 No.1

(1) 슈트라이히(S) [G—ⓈSLGM1105]

(2) 슈바르츠코프(S) [G—ⓈSCA1048]

(3) 슈만(S) [A—GR24]

친근한 환영 Op.48 No.1

(1) 피셔 디스카우(B) [A—HA5119]

(2) 슬레자크(T) [G—LGM113]

(3) 슈만(S) [A—GR24]

겨울의 축복 Op.48 No.4

슐루스누스(B) [영 CG—LPEM19265]

그대의 푸른 눈에서 Op.56 No.4

플라크슈타트(S) [영 C—LXT5329]

세상 사람들이 바라는 사람은 Op.67 No.4

피셔 디스카우(B) [G—ⓈSLGM1177]

그렇게 충고했건만 Op.67 No.5

피셔 디스카우(B) [G—ⓈSLGM1177]

나그네 마음의 안정 Op.67 No.6

피셔 디스카우(B) [G—ⓈSLGM1177]

밤에 기대어 Op.68 No.1

슈트라이히(S) [G—ⓈSLGM1105]

그대의 노래가 울려 퍼졌을 때 Op.68 No.4

슈트라이히(S) [G—ⓈSLGM1105]

사랑의 신 Op.68 No.5

슈트라이히(S) [G—ⓈSLGM1105]

나쁜 날씨 Op.69 No.5

(1) 슈트라이히(S) [G—ⓈSLGM1105]

슈만(S) [A—GR24]

(3) 델라 카사(S) [A—ⓈASC5270]

저녁노을(1948)

봄(1948)

노래할 때(1948)

9월(1948)

(1) 골츠(S), 홀라이저 지휘, 밤베르크 교향악단 [영 Vo—PL9400]

(2) 델라 카사(S), 뵘 지휘, 빈 필하모니 관현악단 [영 D—LXT5403]

4. 작품 리스트

※ 일러두기

① 출판사는 아래와 같이 약표(Ernst Krause : Richard Strauss에 따름)로 썼다.

Bauer : Otto Bauer, München

B & B : Bote & Bock, Berlin

B & H : Boosey & Hawkes, London

Br & Hä : Breitkopf & Härtel, Leipzig

Bruckmann : F. Bruckmann, München

Cassirer : Paul Cassirer, Berlin

Challier : C.A. Challier, Berlin

Forberg : Robert Forberg, Leipzig

Fürstner : Adolph Fürstner, Berlin

Heinrichshofen : Heinrichshofen, Magdeburg

J & D : Juncker & Dünnhaupt, Berlin

Leuckart : F. E. C. Leuckart, Leipzig

Mosse : Mosse, Berlin

Oertel : Johannes Oertel, Berlin

Peters : C. F. Peters, Leipzig

Rahter : Rahter, Berlin

Steingräber : Steingräber, Leipzig

UE : Universal—Edition, Wien—Leipzig

② 작품의 표기는 Ernst Krause에 따른 것으로 "■ 작품 번호 / 곡명 / 작곡년도 / 출판사 / 헌정" 순이다.

③ 연호가 없는 것은 작곡에 이어 곧바로 출판된 것이다.

교향곡 교향시

■ - / 교향곡 D단조 / 1880 / 원고 / -

■ 12 / 교향곡 F단조 / 1883~1884 / Peters / -

■ 16 / 교향적 환상곡 G장조 <이탈리아에서(Aus Italien)> / 1886 / Peters / 뷜로

■ 20 / 교향시 <돈 후안(Don Juan)>(니콜라우스 레나우의 시) / 1887~1888 / Peters / 루트비히 투일레

■ 24 / 교향시 <죽음과 변용(Tod und Verklärung) / 1889 / Peters / 프리드리히 레쉬

■ 23 / 교향시 <맥베스(Macbeth)>(셰익스피어의 드라마) / 1888 / Peters / 알렉산더 리터

■ 28 / 교향시 <틸 오일렌슈피겔의 유쾌한 장난(Till Eulenspiegels lustige Streiche) / 1894~1895 / Peters / 아르투르 자이들

■ 30 / 교향시 <차라투스트라는 이렇게 말했다(Also sprach Zarathustra)>(니체의 에세이, 자유로운 착상) / 1896 / Peters / -

■ 35 / 기사적 성격의 테마에 의한 환상적변주곡 교향시 <돈키호테(Don Quixote)> / 1897 / Peters / 요제프 뒤퐁

■ 40 / 교향시 <영웅의 생애(Ein Heldenleben)> / 1897~1898 / Leuckart / 빌럼 멩엘베르흐, 암스테르담 콘세르트허바우 오케스트라

■ 53 / <가정교향곡(Sinfonia domestica)> / 1902~1903 / B&H / 아내와 아들

■ 64 / <알프스 교향곡(Eine Alpensinfonie)> / 1911~1915 / Leuckart / 니콜라우스 지바흐 백작, 드레스덴 왕립오페라

행진곡 축전곡(관현악곡 I)

■ 1 / <축전 행진곡(Festmarsch) E♭장조> / 1876 / Br&Hä(1881) / 게오르크 프쇼르

■ - / 바이마르 공작 금혼식을 위한 <축전 음악(Festmusik)> / 1892 / Heinrichshofen(1940) / -

■ 57 / 《두 개의 군가 행진곡(Zwei Militärmärsche)》 1. <E♭장조> 2. <C단조> / 1905 / Peters / -

■ - / <성 요한 기사단의 장엄한 입장(Feierlicher Einzug der Ritter des Johanniter—Ordens)>(트럼펫5, 호른4, 나팔, 튜버, 북) / 1909 / Fürstner, B&H / -

■ - / <브란덴부르크 행진곡(Der Brandenburgische Marsch)> / 1909 / Fürstner, B&H / -

■ - / <국왕 행진곡(Königsmarsch)> / 1909 / Fürstner / 빌헬름 3세

■ - / <용기병 연대의 관병 행진(Zwei Paradenmärsche des Regiments Königs jäger zu Pferde und für Kavallerie)> / 1909 / Fürstner, B&H / 빌헬름 2세

■ 61 / <축전 서곡, 빈 콘체르트하우스의 헌당식을 위하여(Festliches Präludium, Zur Einweihung des Wiener Konzerthauses)>(대관현악과 오르간) / 1913 / Fürstner, B&H / -

■ - / <빈 필하모니를 위한 팡파레(Fanfare für die Wiener Philharmoniker)>(금관과 북) / 1924 / 원고 / -

■ - / <빈 시청의 팡파레(Wiener Rathaus—Fanfare)> / 1924 / 원고 / -

■ 84 / <일본 제국 건국 2600년 축전 음악(Festmusik zur Feier des 2600 jährigen Bestehens des Kaiserreichs Japan)> / 1940 / - / -

■ - / <금관합주를 위한 빈 시 축전 음악(Festmusik der Stadt Wien für Bläser)> / 1943 / 원고 / -

발레 왈츠 서곡 조곡(관현악곡 II)

■ - / <연주회용 서곡(Konzertouvertüre) C단조> / 1883 / 원고 / 헤르만 레비

■ (59) / 제3막 왈츠집 <장미의 기사> / 1911 / Fürstner, B&H / -

■ (60—2) / <서민귀족(Der Bürger als Edelmann)> 중 관현악 조곡 / 1917 / Leuckart / -

■ 63 / <요제프의 전설(Josephslegende)>(호프만스탈과 케슬러에 의한 팬터마임) / 1914 / B&H / 에두아르트 헤르만

■ 70 / 2막의 신나는 빈 발레 <휘핑크림(Schlagobers)> / 1921 / Fürstner, B&H /

루트비히 카르파트

■ – / <쿠프랭의 피아노곡에 의한 무용조곡(Tanzsuite nach Klavierstücken von François Couperin)>(발레와 콘서트용으로 편곡) / 1923 / Leuckart, Fürstner, B&H / –

■ (59) / 영화 음악 <장미의 기사>(호프만스탈의 대본) / 1925 / 원고 / –

■ (70) / 발레 관현악 조곡 <휘핑크림(Schlagobers)> / 1932 / Fürstner, B&H / –

■ – / 왈츠 <뮌헨(München)>(제1고) / 1939 / 원고 / –

■ – / 쿠프랭의 2세기에 걸친 무도환상곡 <멈춰버린 축제(Verklungene Feste)> / 1940 / 원고 / –

■ 86 / <쿠프랭의 건반음악 소품에 의한 소관현악을 위한 희유곡(Divertimento für Kleines Orchester nach Klavierstücken von François Couperin)> / 1941 / Oertel / –

■ (59) / 제1, 2막의 왈츠집 <장미의 기사> / 1944 / B&H / –

■ – / 왈츠 <뮌헨(München)>(제2고) / 1945 / B&H / 바이에른 국립도서관

■ (59) / 관현악 조곡 <장미의 기사> / 1945 / B&H / –

■ (65) / 관현악 환상곡 <그림자 없는 여인> / 1946 / B&H / 만프레트 폰 마우트너 마르크 호프

■ (63) / 교향적 단장 <요제프의 전설> / 1947 / B&H / –

협주곡(현악기, 피아노, 관악기를 위한)

■ 8 / <바이올린 협주곡 D단조> / 1882 / UE / 베노 발터
■ 11 / <호른 협주곡 E^{b}장조> / 1883 / UE / 오스카 프란츠
■ – / <피아노와 관현악을 위한 부를레스케(Burleske für Klavier und Orchester) D단조> / 1885 / Steingräber / 달베르토

■ 73 / 왼손 피아노와 관현악을 위한 <가정교향곡의 부산물(Parergon zur Sinfonia domestica)> / 1925 / B&H(1950) / 파울 비트겐슈타인

■ 74 / 왼손 피아노와 관현악을 위한 교향적 연습곡 <판아테나이코스의 행렬 (Panathenäenzug)> / 1927 / B&H(1950) / 파울 비트겐슈타인

■ - / <호른 협주곡 F장조> / 1942 / B&H / -

■ - / <오보에와 소관현악을 위한 협주곡> / 1946 / B&H / -

■ - / <현악기와 하프를 동반하는 클라리넷과 바순의 듀엣 콘체르티노> / 1947 / B&H / 라디오 루가노를 위하여

현악곡

■ 2 / <현악 4중주 A장조> / 1880 / UE / 발터 4중주단

■ 6 / <첼로 소나타 F장조> / 1883 / UE / 하누스 비한

■ 18 / <바이올린 소나타 E♭장조> / 1887 / UE / 사촌 형 로베르트 프쇼르

■ - / 23개의 독주현악기를 위한 습작 <메타모르포젠(Metamorphosen) E♭장조> / 1945 / B&H / 파울 자허, 취리히의 음악협회회원

피아노곡

■ 3 / <다섯 개의 피아노 소곡> / 1881 / UE / -

■ 5 / <피아노 소나타 B단조> / 1881 / UE / 요제프 기흘

■ 9 / 《서정소경(Vier Stimmungsbilder)》 1. <고요한 숲의 소경(Auf stillem Waldespfad)> 2. <외로운 샘(An einsamer Quelle)> 3. <인테르메초 (Intermezzo)> 4. <트로이메라이(Träumerei)> 5. <황야의 노래(Heidelied)> /

1882 / – / –

■ 13 / <피아노 4중주 C단조> / 1884 / UE / 게오르게 2세(마이닝겐)

■ – / <테마와 14즉흥곡과 푸가> / 1885 / Bruckmann(1889) / 뷜로

■ – / 모차르트의 피아노 협주곡 24번 C단조를 위한 <카덴차> / 1885 / 원고 / –

■ – / 《피아노 4중주를 위한 2개의 작품(Zwei Stücke für Klavierquartett)》 1. <아라비아 무용(Arabischer Tanz)> 2. <귀여운 작은 노래(Liebes Liedchen)> / 1893 / 원고 / –

■ 38 / 낭독자와 피아노를 위한 멜로드라마 <이노크 아든(Enoch, Arden)>(테니슨의 시) / 1897 / Forberg / 에른스트 포사르트

목관악곡 그 외

■ 7 / <13개의 목관악기를 위한 세레나데> / 1881 / UE / 마이어

■ 4 / <13개의 목관악기를 위한 모음곡> / 1884 / Leuckart(1911) / –

■ – / <16개의 목관악기를 위한 제1소나티네—병자의 작업실에서> / 1943 / B&H / –

■ – / <16개의 목관악기를 위한 제2소나티네—즐거운 작업실 E$^\flat$장조> / 1945 / B&H / 모차르트의 영혼을 위하여

■ – / <두 개의 오르간을 위한 결혼서곡> / 1924 / 원고 / 아들 프란츠와 알리스의 결혼을 위하여

■ (85) / 쳄발로 모음곡 <카프리치오> / 1946 / 원고 / 이졸데 아흘그림

오페라

■ 25 / 3막 오페라 <군트람(Guntram)>(작곡가의 대본) / 1892~1893 / Fürstner, B&H / 부모님을 위하여

■ 50 / 1막 오페라 <화재 비상(Feuersnot)>(에른스트 볼초겐의 대본) / 1900~1901 / Fürstner, B&H / 프리드리히 레쉬

■ 54 / 1막 드라마 <살로메(Salome)>(오스카 와일드의 대본) / 1904~1905 / Fürstner, B&H / 에드가 슈파이어

■ 58 / 3막 비극 <엘렉트라(Elektra)>(호프만스탈의 대본) / 1906~1908 / Fürstner, B&H / 빌리 레빈, 나탈리에 레빈

■ 59 / 3막 음악 희극 <장미의 기사(Der Rosenkavalier)>(호프만스탈의 대본) / 1909~1910 / Fürstner, B&H / 친척 프쇼르 가족

■ 60 / 1막 오페라 <낙소스의 아리아드네(Ariadne auf Naxos)>(호프만스탈의 대본) / 1911~1912 / Fürstner, B&H / 막스 라인하르트

■ (60) / 1막 오페라 <낙소스의 아리아드네>(호프만스탈의 서막에 덧붙여 개작) / 1916 / Fürstner, B&H / -

■ (60—2) / 무용이 삽입된 희극 3막 자유 구성 <서민귀족(Der Bürger als Edelmann)>(몰리에르의 희극) / 1917 / Leuckart, B&H / -

■ 65 / 3막 오페라 <그림자 없는 여인(Die Frau ohne Schatten)>(호프만스탈의 대본) / 1914~1917 / Fürstner, B&H / -

■ 72 / 희극적 간주를 동반한 2막 시민 희극 <인테르메초(Intermezzo)> / 1922~1923 / Fürstner, B&H / 아들 프란츠

■ 75 / 2막 오페라 <이집트의 헬레나(Die ägyptische Helena)>(호프만스탈의 대본) / 1924~1927 / Fürstner, B&H / -

■ 79 / 3막 서정극 <아라벨라(Arabella)>(호프만스탈의 대본) / 1930~1932 / Fürstner, B&H / 알프레트 로그너, 프리츠 부쉬

■ (75) / <이집트의 헬레나(Die ägyptische Helena)>(빈 국립오페라를 위하여 2막을 단축한 개작) / 1933 / Fürstner, B&H / -

■ 80 / 3막 희극 <말 없는 여인(Die schweigsame Frau)>(벤 존슨 원작에 의한 츠바이크의 대본) / 1935 / Fürstner, B&H / -

■ 81 / 1막 오페라 <평화의 날(Friedenstag)>(그레고르의 대본) / 1936 / Oertel, B&H / 비오리카 우르슐레아치, 클레멘스 크라우스

■ 82 / 1막 목가풍 비극 <다프네(Daphne)>(그레고르의 대본) / 1936~1937 / Oertel, B&H / 칼 뵘

■ (25) / <군트람>(편곡 및 단축) / 1940 / B&H / -

■ 83 / 3막 즐거운 신화 <다나에의 사랑(Die Liebe der Danae)>(호프만스탈 초안에 의한 그레고르의 대본) / 1938~1940 / Oertel / 하인츠 티에첸

■ 85 / 1막 대화 <카프리치오(Capriccio)>(크라우스와 슈트라우스에 의한 대화) / 1940~1941 / Oertel / 클레멘스 크라우스

■ - / <타우리스의 이피게니아(Iphigenie auf Tauris)>(글루크 오페라의 독일 무대를 위한 재번역 및 개작) / 1889 / Fürstner / -

■ - / 무용과 합창을 동반한 축제극 <아테네의 폐허(Die Ruinen von Athen)>(베토벤의 <프로메테우스의 창조물>을 일부 사용해 호프만스탈과 합작) / 1924 / Fürstner / -

■ - / 3막 오페라 <이도메네오(Idomeneo)>(발러슈타인과 함께 모차르트의 <세리아> 완전히 개작) / 1930 / Heinrichshofen / -

합창곡(관현악 반주)

■ - / <엘렉트라 코러스(Chor aus der "Elektra")>(소포클레스의 비극) / 1880 / Br&Hä / -

■ 14 / 6부 <방랑자의 폭풍의 노래(Wanderers Sturmlied)>(괴테의 시) / 1884 / UE / 프란츠 빌너

■ - / 혼성 찬가 <빛이여 영원히 하나(Licht, Du ewiglich eines)> / 1897 / 원고 / -

■ 52 / 혼성과 독창 <타유페르(Taileffer)>(울란트의 발라드) / 1903 / Fürstner, B&H / 하이델베르크대학 철학과

■ 55 / 남성3부 <음유 시인의 노래(Bardengesang)>(클롭슈토크의 시) / 1905 / Fürstner, B&H / 구스타프 보흘게무트

■ 76 / 남성 합창 <하루의 시간(Die Tageszeiten)>(아이헨도르프 가곡 연작) / 1927 / Leuckart / 빈 슈베르트 협회, 지휘자 빅토르 켈도르퍼

■ 78 / <오스트리아(Austria)>(빌드간스의 시) / 1929 / B&B / 빈 남성 합창단

■ - / 혼성 <올림픽 찬가(Olympische Hymne)>(루반의 시) / 1936 / Oertel, B&H / -

합창곡(피아노 반주/무반주)

■ - / <축전합창곡(Festchor)>(피아노 반주) / 1881 / 원고 / -

■ - / 뢰베에 의한 남성4부 <슈바벤의 유산(Schwäbische Erbschaft)> / 1885 / Leuckart / -

■ - / <남성 합창용 스케르초 콰르텟> / 1889 / 원고 / -

■ 34 / 《두 개의 노래》 1. <저녁(Der Abend)>(쉴러의 시) 2. <찬가(Hymne)>(뤼케르트의 시) / 1897 / UE / 율리우스 부츠와 필립 볼훌름

■ 42 / 《두 개의 남성 합창 헬더의 모든 민족의 소리》 1. <사랑(Liebe)> 2. <고대 독일전쟁가(Altdeutsches Schlachtlied)> / 1899 / Leuckart / -

■ 45 / 《세 개의 남성 합창 헬더의 모든 민족의 소리》 1. <전쟁가(Schlachtgesang)> 2. <우정가(Lied der Freundschaft)> 3. <새신부의 춤(Brauttanz)> / 1899 / Fürstner, B&H / 아버지 프란츠 요제프 슈트라우스

■ - / 남성 합창 <여섯 개의 민요(Sechs Volksliedbearbeitungen)>(개작) / 1906 / Peters / -

■ - / 남성 합창 <병사의 노래(Soldatenlied)>(팔러슬레벤의 시) / 1909 / Bauer / -

■ 62 / 4명의 독창과 혼성 합창 <독일 모테트(Eine deutsche Motette)>(뤼케르트의 시) / 1913 / Fürstner, B&H / 후고 뤼델

■ - / 칸타타 <유능한 자에게 행복은 빨리 온다(Tüchtigen stellt das schnelle Glück)>(호프만스탈의 시) / 1914 / J&D / 니콜라우스 글라프 폰 지바흐

■ - / 8부 혼성 <화장실의 여신(Die Göttin im Putzzimmer)>(뤼케르트의 시) / 1935 / B&H / -

■ - / 남성 합창 <고독한 춤(Durch Einsamkeiten)>(빌드간스의 시) / 1939 / 원고 / 빈 슈베르트 협회

■ - / 9부 혼성 <다프네의 나무에게(An den Baum Daphne)>(그레고르의 시) / 1943 / B&H / 빈 국립오페라 합창단

독창곡(관현악 반주)

■ 33 / 《네 개의 노래》 1. <유혹(Verführung)>(맥케이의 시) 2. <아폴로 여사제의 노래(Gesang der Appolopriesterin)>(보드만의 시) 3. <찬가(Hymne)>(쉴러의 시) 4. <순례의 아침의 노래(Pilgers Morgenlied)>(괴테의 시) / 1897 / B&H / -

■ 44 / 《두 개의 큰 노래》 1. <야곡(Notturno)>(데멜의 시) 2. 베이스 <밤의 산책 (Nächtlicher Gang)>(뤼케르트의 시) / 1899 / Forberg / 안톤 반 루이, 칼 샤이데만텔

■ 51 / 《두 개의 노래》 1. <산골짜기(Das Tal)>(울란트의 시) 2. 베이스 <외로운 남 자(Der Einsame)>(하이네의 시) / 1900 / Fürstner, B&H / 파울 쿠니퍼

■ 71 / 《횔덜린에 의한 세 개의 찬가》 1. <사랑의 찬가(Hymne an die Liebe)> 2. <귀 향(Rückkehr in die Heimat)> 3. <사랑(Die Liebe)> / 1921 / Fürstner, B&H / 미니 운 터마일

■ - / <작은 시내(Bächlein)>(괴테의 시) / 1933 / UE / -

■ - / 소프라노 <저녁노을(Im Abendrot)>(아이헨도르프의 시) / 1948 / B&H / 에른스트 로트

■ - / 《헤세에 의한 세 개의 노래》 1. <봄(Frühling)> 2. <잠들 무렵(Beim Schlafengehen)> 3. <9월(September) / 1948 / B&H / 빌리 슈, 아이돌프 예일, 아리아 세리요예리차

독창곡(피아노 반주)

■ 10 / 《헤르만 폰 길름에 의한 여덟 개의 노래》 1. <헌정(Zueignung)> 2. <아무것도(Nichts)> 3. <밤(Die Nacht)> 4. <달리아(Georgine)> 5. <인내(Geduld)> 6. <침묵하는 사람들(Die Verschwiegenen)> 7. <코르치쿰의 꽃(Die Zeitlose)> 8. <위령의 날(Allerseelen)> / 1883 / UE, B&H / 하인리히 포글

■ 15 / 《다섯 개의 노래》 1. <마드리갈(Madrigal)>(미켈란젤로의 시) 2. <겨울의 밤(Winternacht)> 3. <고뇌의 찬가(Lob des Leidens)> 4. <그 마음에(Dem Herzen ähnlich)> 5. <귀향(Heimkehr)>(샤크의 시) / 1885 / UE / 요한나 프쇼르, 빅토리아 프랑크

■ 17 / 《샤크에 의한 여섯 개의 노래》 1. <그대의 눈빛(Seit dem dein Aug)> 2. <세레나데(Ständchen)> 3. <비밀(Das Geheimnis)> 4. <어두운 베일에 덮여(Von dunklem Schleier umsponnen)> 5. <용기만은(Nur Mut)> 6. <뱃노래(Barcarole)> / 1885~1886 / Rahter / -

■ 22 / 《펠릭스 단에 의한 네 개의 노래 <소녀의 꽃(Mädchenblumen)>》 1. <수레국화(Kornblumen)> 2. <양귀비꽃(Mohnblumen)> 3. <담쟁이덩굴(Epheu)> 4. <수련(Wasserrose)> / 1888 / Fürstner, B&H / -

■ 19 / 《샤크의 <연잎(Lotosblätter)> 중 여섯 개의 노래》 1. <여전히 무엇을 위하

여(Wozu noch)> 2. <내 머리 위 드넓게(Breit über mein Haupt)> 3. <하늘의 별은 아름다워(Schön sind die Himmelssterne)> 4. <어떻게 우리는(Wie sollten wir)> 5. <희망(Hoffen)> 6. <우리 마음은 침묵한다(Mein Herz ist stumm)> / 1888 / UE, B&H / 에밀리 헤어초크

■ 21 / 《펠릭스 단에 의한 다섯 개의 노래 <간소한 조사(Schlichte Weisen)>》 1. <내 모든 마음(All meine' Gedanken)> 2. <내 마음의 귀여운 왕관(Du meines Herzens Krönelein)> 3. <아아 연인이여 헤어질 때가 왔소(Ach Lieb ich muß nun scheiden)> 4. <아아 불행한 나(Ach weh mir, unglückhaftem Mann)> 5. <여자들(Die Frauen)> / 1888 / UE, B&H / 여동생 요한나

■ 26 / 《레나우의 시에 의한 두 개의 노래》 1. <봄의 번화(Frühlings gedränge)> 2. <아아 그대가 내 것이라면(O wärst du mein)> / 1891 / UE, B&H / -

■ 27 / 《네 개의 노래》 1. <쉬어라 내 마음(Ruhe meine Seeie)>(헨켈의 시) 2. <체칠리에(Cacilie)>(하르트의 시) 3. <비밀스런 요구(Heimliche Aufforderung)>(맥케이의 시) 4. <아침(Morgen)> / 1894 / UE, B&H / 아내 파울리네

■ 29 / 《비어바움의 시에 의한 세 개의 노래》 1. <황혼의 꿈(Traum durch die Dämmerung)>(관현악 반주) 2. <설레는 마음(Schlagende Herzen)> 3. <밤의 노래(Nachtgesang)> / 1895 / UE, B&H / 외겐 다프

■ 31 / 《네 개의 노래》 1. <푸른 여름(Blauer Sommer)>(부세의 시) 2. <언제(Wenn)>(부세의 시) 3. <하얀 자스민(Weisser Jasmin)>(부세의 시) 4. <조용한 산책(Stiller Gang)>(데멜의 시) / 1896 / Fürstner, B&H / -

■ 32 / 《다섯 개의 노래》 1. <나는 사랑을 품는다(Ich trage meine Minne)>(헨켈의 시) 2. <동경(Sehnsucht)>(릴리엔크론의 시) 3. <사랑의 찬가(Liebeshymnus)> 4. <오 감미로운 5월(O süsser Mai)>(헨켈의 시) 5. <연인의 침대로 향하는 하늘의 시종(Himmelsboten zu Liebchens Himmelbett)>(독일 민중 시집 『어린이의 이상한 뿔피리』) / 1896 / UE, B&H / 아내 파울리네

■ 36 / 《네 개의 노래》 1. <장미의 리본(Das Rosenband)>(클롭슈토크의 시) 2. <15 페니히로(Für fünfzehn Pfennige)> 3. <말했어요(Hat gesagt)>(독일 민중 시집 『어린이의 이상한 뿔피리』) 4. <기도(Anbetung)>(뤼케르트의 시) / 1898 / UE, B&H / 라울 발터

■ 37 / 《여섯 개의 노래》 1. <행복이 가득(Glückes genug)> 2. <그대를 사랑해(Ich liebe dich)>(릴리엔크론의 시) 3. <나의 아이에게(Meinem Kinde)>(팔케의 시) 4. <나의 눈동자(Mein Auge)>(데멜의 시) 5. <봄의 그대(Herr Lenz)>(폰 보드만의 시) 6. <결혼식의 노래(Hochzeitlich Lied)>(린트너의 시) / 1898 / UE, B&H / 아내 파울리네

■ 39 / 《다섯 개의 노래》 1. <은밀한 노래(Leises Lied)>(데멜의 시) 2. <젊은 마녀의 노래(Jung Hexenlied)>(비어바움의 시) 3. <노동자(Der Arbeitsmann)>(데멜의 시) / 4. <해방되어(Befreit)> 5. <아들에게 전하는 노래(Lied an meinen Sohn)>(데멜의 시) / 1898 / Forberg / 프리츠 지거

■ 41 / 《다섯 개의 노래》 1. <자장가(Wiegenlied)>(데멜의 시) 2. <캄파냐에서(In der Campagna)>(맥케이의 시) 3. <절벽에서(Am Ufer)>(데멜의 시) 4. <형 리더리히(Bruder Liederlich)>(릴리엔크론의 시) 5. <은밀한 노래(Leise Lieder)>(모르겐슈테른의 시) / 1899 / Leuckart, B&H / 마리아 뢰슈(결혼 전 성 : 리터)

■ 43 / 《세 개의 노래》 1. <당신에게(An Sie)>(클롭슈토크의 시) 2. <어머니의 장난(Muttertändelei)>(뷔르거의 시) 3. <히르사우의 느릅나무(Die Ulme zu Hirsau)>(울란트의 시) / 1899 / Challier / –

■ 46 / 《뤼케르트의 시에 의한 다섯 개의 노래》 1. <폭풍 속의 숙소(Ein Obdach gegen Sturm)> 2. <어제 나는 아틀라스였다(Gestern war ich Atlas)> 3. <일곱 개의 봉인(Die sieben Siegel)> 4. <이른 아침(Morgenrot)> 5. <거울을 들여다보듯 보다(Ich sehe wie in einem Spiegel)> / 1899~1900 / Fürstner, B&H / –

■ 47 / 《울란트의 시에 의한 다섯 개의 노래》 1. <어느 아이에게(Auf ein Kind)> 2. <시인의 저녁 산책(Des Dichters Abendgang)>(관현악 반주) 3. <회생

(Rückleben)> 4. <귀환(Einkehr)> 5. <일곱 명의 술친구에 대해(Von den sieben Zechbrüdern)> / 1900 / Fürstner, B&H / F. C. 플뤼거

■ 48 /《다섯 개의 노래》1. <친근한 환영(Freundliche Vision)>(비어바움의 시) 2. <나는 떠오르네(Ich schwebe)>(헨켈의 시) 3. <울림(Kling)>(헨켈의 시) 4. <겨울의 축복(Winterweihe)>(헨켈의 시) 5. <겨울의 사랑(Winterliebe)>(헨켈의 시) / 1900 / Fürstner, B&H / -

■ 49 /《여덟 개의 노래》1. <숲의 황홀(Waldseligekeit)>(데멜의 시) 2. <황금빛으로 가득히(In goldener Fulle)>(레머의 시) 3. <자장가(Wiegenliedchen)>(데멜의 시) 4. <돌 깨는 사람의 노래(Das Lied des Steinklopfers)>(헨켈의 시) 5. <당신은 몰라(Sie wissen's nicht)>(파니짜의 시) 6. <젊은이의 맹세(Junggesellenschwur)>(독일 민중 시집『어린이의 이상한 뿔피리』) 7. <사랑하려고 하는 자는(Wer lieben will, muß leiden)> 8. <아아 고민, 괴로운 아픔(Ach, was Kummer, Qual und Schmerzen)>(알자스 민요) / 1901 / Fürstner / -

■ - /《칼데론에 의한 두 개의 노래》1. <사랑의 작은 노래(Liebesliedchen)> 2. 메조 소프라노 또는 테너 <키스파의 노래(Lied der Chispa)>(기타 또는 하프) / 1904 / B&H(1954) / -

■ 56 /《여섯 개의 노래》1. <찾았다(Gefunden)>(괴테의 시) 2. <맹인의 한탄(Blinden Klage)>(헨켈의 시) 3. <느린 보트에서(Im Spätboot)>(마이어의 시) 4. <그대의 푸른 눈에서(Mit deinen blauen Augen)> 5. <봄의 제전(Frühlingsfeier)>(관현악 반주) 6. <삼성 왕(Die heiligen drei Könige)>(하이네의 시, 관현악 반주) / 1903~1906 / B&H / 아내 파울리네와 어머니 요제피네 프쇼르

■ 66 /《알프레트 케어에 의한 12개의 노래 <소상인의 거울(Krämerspiegel)>》1. <옛날 옛적 수컷 양이 있었다(Es war einmal ein Bock)> 2. <수컷 양이 하인에게 왔다(Einst kam der Bock als Bote)> 3. <토끼가 반했다(Es liebte einst ein Hase)> 4. <세 개의 마스크(Drei Masken)> 5. <너는 교향시를 만들었

다(Hast du ein Tongedicht vollbracht)> 6. <오 사랑하는 예술가여(O, lieber Künstler)> 7. <우리의 적(Unser Feind)> 8. <예술은 상인들에게 협박 당한다 (Von Händlern wird die Kunst bedroht)> 9. <옛날 옛적 빈대가 있었다(Es war mal eine Wanze)> 10. <예술가는 창조자(Die Künstler sind die Schöpfer)> 11. <상인과 범죄자(Die Handler und die Macher)> 12. <오 창조의 열정(O Schröpferschwarm)> / 1918 / Cassirer / 프리드리히 레쉬

■ 67 / 《여섯 개의 노래》 1. 햄릿 중 <오필리어의 노래(Lieder der Ophelia)> 3곡 2. 괴테의 <서동시집, 불만의 서(Aus dem West—östlicher Divan)> 3곡 / 1918 / B&H / -

■ 68 / 《브렌타노에 의한 여섯 개의 노래》 1. <밤에 기대어(An die Nacht)> 2. <꽃 다발을 만들려고 했다(Ich wollt ein Sträusschen binden)> 3. <미르테여, 살랑 이거라(Säusle, liebe Myrte)> 4. <그대의 노래가 울려 퍼졌을 때(Als mir Dein Lied erklang)> 5. <사랑의 신(Amor)> 6. <여자들의 노래(Lied der Frauen)> / 1918 / Frürstner, B&H / 엘리자베트 슈만

■ 69 / 《다섯 개의 작은 노래》 1. <별(Stern)>(아르님의 시) 2. <잔(Der Pokal)>(아르님의 시) 3. <똑같은 꼴로(Einerlei)>(아르님의 시) 4. <숲의 여행 (Waldesfahrt)>(하이네의 시) 5. <나쁜 날씨(Schlechtes Wetter)>(하이네의 시) / 1918 / Fürstner, B&H / -

■ - / <잠언 모든 인간은(Alle Menschen groß und klein)>(괴테의 시) / 1919 / Mosse / -

■ - / 베이스 <한스 아담은 흙덩어리였다(Hans Adam war ein Erdenkloß)>(괴 테의 시) / 1922 / Oertel / 미하엘 보넨

■ - / <온갖 울림과 음을 빼라(Durch allen Schall und Klang)>(괴테의 시) / 1925 / B&H / 로맹 롤랑

■ 77 / <동양의 다섯 개의 노래(Fünf Gesänge des Orients)>(한스 베트케의 독 역 중국 시집 『하피스와 중국의 피리』) / 1927 / Leuckart / -

- ■ - / <뤼케르트에 의한 세 개의 노래> / 1930 / 원고 / -
- ■ - / <절도 있는 리듬은 물론 매력 있지(Zugemessne Rhythmen reizen freilich)>(괴테의 시) / 1935 / 1954 / B&H / -
- ■ - / 《바인헤버의 시에 의한 두 개의 가곡》1. <성 미하엘(St. Michael)> 2. <벨베데레 궁전에서 본 전망(Blick vom oberen Belvedere)> / 1942 / UE / 바인헤버 50세 생일
- ■ - / 2행시 <덧 없는 것은 아무 것도 없고(Nichts vom Vergänglichen)>(괴테의 시) / 1942 / 원고 / 게르하르트 하우프트만

번역자의 글

이홍이

1964년 7월, 리하르트 슈트라우스의 탄생 100주년을 기념하여 일본에서 단행본 『리하르트 슈트라우스』가 출간되었다. 이 책을 펴낸 곳은 '음악의 친구'라는 뜻의 출판사 음악지우사(音楽之友社, Ongakunotomo sha)로 1941년에 설립되어 지금까지 일본을 대표하는 음악 전문출판사다. 당시 음악지우사는 클래식 거장들의 삶과 작품을 다룬 시리즈를 기획해 출판한 듯하다. 이 책에는 '대음악가의 인생과 작품23'이라는 부제가 붙어 있다.

저자는 안익태와 야기 히로시(八木浩)다. 참고로 책 속에 두 사람의 영문명은 'Eaktay Ahn'과 'Hiroshi Yagi'로 표기되어 있고, 두 저자의 역할 분담이 어떻게 이루어졌는지는 따로 기록되어 있지 않았다. 책을 번역하기 위해 야기 히로시의 유가족을 수소문해보았지만 실패하고 말았다. 그의 저서를 출판한 출판사들에서도 연결 고리를 못 찾았고, 그가 교수로 재직했던 오사카외국어대학은 지금은 없어진 학교이기 때문이다. 늦게라도 번역서의 존재를 알려 양해를 구하고 저작권에 대해 의논드릴 수 있는 날이 오기를 바랄 뿐이다. 이 자리에서는 그에 대한 정보를 전하는 것으로 조금이나마 성의를 표하고 싶다.

야기 히로시(1927~1986)는 오사카에서 태어나 교토대학 문학부 독일문학과를 졸업한 뒤 독문학자이자 시인으로 활동했다. 그는 주로 브레히트 등 연극과 문학에 관련된 서적의 번역을 했던 것으로 보인다. 음악과 관련된 것으로는 쿠르트 리스가 저술한 『푸르트벵글러, 음악과 정치』(1959, 미스즈 쇼보)의 공역자로 이름이 올라 있다. 또 『우주와 지구』(1983, 다카쓰키 분코)라는 시집을 출간했다.

그와 안익태 사이의 접점은 끝내 찾아내지 못했다. 저자명 순서상 안익태가 앞에 적혀 있고, 무엇보다 안익태와 리하르트 슈트라우스의 관계를 생각한다면 이 책의 집필을 주도한 사람이 안익태였을 것이라고 짐작할 수 있다. 따라서 책이 다루는 내용 못지않게 저자의 문체 또한 중요하다는 생각에, 처음에는 역사적 자료로서 원문을 오롯이 옮기는 데에 중점을 두었다. 하지만 인터넷으로 무엇이든 쉽게 검색되는 요즘 시대에 보기에는 연도 표기 등에서 오류가 여러 차례 발견되었고, 한 문단이 적게는 한 페이지 많게는 두 페이지 이상 넘어가는 일도 있어 가독성이 떨어지는 문제가 있었다. 이에 명백한 실수로 보이는 오기는 별도의 표시 없이 바로잡았고 긴 문단과 문장은 읽기 편하게 나누어 정리했음을 밝혀둔다.

'대음악가의 삶과 작품'이라는 부제에 걸맞게, 이 책을 펼치면 오랫동안 쌓아 올린 한 거장의 어마어마한 기록이 코앞까지 와르르 밀려오는 것 같은 기분이 든다. 그것들이 본래의 의도대로 명확하게 전달될 수 있도록 노력한 것이, 어느 대목에서는 미숙한 욕심이 되지는 않았을지 되돌아보고 또 되돌아보았다. 어쩌면 이 작업은 출판된 이후에도 여전히 과제로 남을지도 모르겠다. 아무쪼록 이 번역서가 리하르트 슈트라우스와 안익태의 연구에 도움이 되어 계속해서 이 번역서 또한 발전할 수 있게 되기를 바란다.

끝으로, 이 책을 발견해 번역을 제안해주시고, 음악에 관한 지식과 조언을 아낌없이 주신 김승열 칼럼니스트에게 감사드린다. 그리고 이 책의 출판을 결정해주시고, 원고 속의 오류를 꼼꼼하게 찾아주신 달아실출판사 관계자분들께 깊은 감사의 마음을 전한다.

2021년 봄
이홍이 씀

20세기 초·중반 동양 최고의 지휘자, 안익태

김승열
음악 칼럼니스트, 안익태기념재단 연구위원

베를린 필하모닉 오케스트라, 베를린 방송 교향악단, 빈 심포니 오케스트라, 파리 음악원 오케스트라, 파리 라디오 심포니 오케스트라, 스위스 이탈리아 방송 교향악단, 로마 방송 교향악단, 더블린 방송 교향악단, 런던 심포니 오케스트라, 런던 필하모닉 오케스트라, 로열 필하모닉 오케스트라, 필하모니아 오케스트라, 뉴 필하모니아 오케스트라, 바르셀로나 이베리카 오케스트라, 바르셀로나 리세우 대극장 오케스트라, 마드리드 심포니 오케스트라, 마요르카 심포니 오케스트라, LA 필하모닉 오케스트라, 신시내티 심포니 오케스트라, 할리우드 보울 심포니 오케스트라, NBC 하우스 오케스트라(NBC 심포니 오케스트라의 전신), NHK 심포니 오케스트라, 도쿄 필하모닉 오케스트라, 오사카 필하모닉 오케스트라, 도쿄 ABC 교향악단 및 동유럽과 중남미, 대만, 필리핀의 주요 악단들.

지금까지 열거한 오케스트라 리스트는 대한민국의 애국가 작곡가 안익태(1906~1965) 선생이 생전 지휘한 해외 유수 악단들의 이름이다. 한국인에게 안익태 하면 애국가 작곡가 이상도, 이하도 아닌 고착화된 인물로 각인되어 있다. 그러나 생전 안익태는 작곡가로서보다도 상당한 경지에 이른 지휘자로서 세계 음악계에서 인정받은 최초의 동양인 마에스트로였다.

일찍이 전설적인 독일 지휘자 빌헬름 푸르트벵글러(1886~1954)의 상임지휘자 시절, 베를린 필하모닉 오케스트라의 총감독으로 있던 게르하르트 폰 베스터만(1894~1963) 박사는 독일―일본협회 베를린 본부 총무에게 보낸 1943년 5월 3일 자의 편지에서 다음과 같이 증언하고 있다.

> "고노에 백작 초청 건은 당분간 없던 일로 할 수 있을까요? 두 명의 일본 지휘자를 한꺼번에 베를린 필하모닉 오케스트라의 객원지휘자로 초청하는 것은 좀 과한 듯합니다. 당신이 제안한 두 명 중에 선택하라면 나는 예술적인 관점에서 안익태 씨를 절대적으로 선호하겠습니다."

1943년 당시의 시점은 세계 지도에 한국이라는 나라가 존재하지 않던 시절이었다. 따라서 당시 안익태처럼 국제무대를 누비던 한국의 예술가에게 일본이라는 국적은 불가항력이었다. 이 같은 시대적 불가항력을 친일 행위로 트집 잡는다면, 1936년 히틀러가 보는 앞에서 일장기가 새겨진 유니폼을 입고 베를린 올림픽 마라톤 금메달과 동메달을 획득한 손기정과 남승룡도 친일파로 낙인찍어야 할 것이다. 손기정과 남승룡은 일장기가 펄럭이는 시상대에 올라 <기미가요>가 울려 퍼지는 내내 일본의 국가대표 선수로 소개됐다. 이들이 감내해야 했고 감내할 수밖에 없었던 시대적 딜레마를 간과해서는 안 된다.

안익태가 한창 유럽에서 음악 활동을 하던 1930년대 후반에서 1940년대 초반의 상황도 마찬가지였다. 당시의 유럽은 미국과는 달리 한인 사회란 것이 형성되어 있지 않던 시절이었다. 그만큼 유럽에서 한국인을 볼 수 없었고, 동양인이라고 하면 1940년 9월 27일 베를린에서 체결된 독일, 이탈리아, 일본의 군사동맹 조약인 3국 동맹을 전후해서 일본인들 일색이던 시절이었다. 이 같은 악조건의 시대 상황 속에서 안익태가 이룬 음악 업적은 기적에 가까운 것이었다.

구스타프 말러(1860~1911), 클로드 드뷔시(1862~1918)와 동시대를 살았던 후기 낭만파 최후의 거장, 리하르트 슈트라우스(1864~1949)의 유일한 동양인 제자로서 안익태는 우뚝 섰다. 당시 슈트라우스의 일본인, 중국인 제자는 한 명도 없었다. 오직 안익태만이 슈트라우스가 실력을 인정한 유일무이한 동양인 지휘자요, 작곡가였다. 이는 1942년 3월 12일, 빈 무지크페라인잘에서 있던 안익태의 빈 심포니 오케스트라 지휘 무대 직후 객석의 슈트라우스가 안익태의 지휘 실력을 깨끗이 인정한다고 쓴 친필 서명이 입증해주고 있다.

다시 상기한 베스터만 박사의 편지 내용으로 돌아가보자. 당시 베스터만 박사가 언급한 고노에 히데마로(1898~1973)는 1926년, 지금의 NHK 교향악단의 전신인 도쿄 신교향악단을 창단한 일본 음악계의 대부였다. 그는 지금도 일본 관현악계의 초석을 다진 전설적인 지휘자로 일본 내에서 추앙받고 있다. 1930년 5월, 도쿄 신교향악단을 이끌고 세계 최초로 말러 교향곡 4번 음반을 남긴 고노에는 1937년과 1938년, 베를린 필하모닉 오케스트라를 돈으로 매수해 모차르트와 무소르그스키, 하이든의 관현악곡을 녹음하기도 했다. 그의 친형은 2차 세계대전 중에 총리를 역임하고 전범으로 낙인찍혀 음독자살한 고노에 후미마로(1891~1945)다.

고노에 히데마로 외에 기시 고이치(1909~1937)와 오타카 히사타다(1911~1951)도 베를린 필을 지휘한 일본인이다. 그러나 이들 일본인보다 안익태는 몇 수 위에 있었다. 고노에와 기시는 베를린 필을 돈으로 매수해서 지휘한 사람들이었고, 오타카는 독일―일본협회가 주최한 1939년 12월 10일, 일본 작곡가의 작품만으로 구성된 정치적인 베를린 필 연주회를 지휘한 인물에 지나지 않았다. 그에 비하면 안익태는 상기한 베스터만 박사의 편지가 입증하듯, 오로지 실력으로 베를린 필을 지휘한 최초의 동양인 지휘자였다. 그 결과, 안익태는 베스터만 박사의 편지로부터 석 달이 지난 1943년 8월 18일 구베를린 필하모니홀에서 '한여름 밤의 음악회'라는 공식 연주회를 지휘하며 베를린 필에 당당히 데뷔했다. 프로그램은 다음과 같았다.

<바그너 : 오페라 '리엔치' 서곡, 안익태 : '에텐라쿠', 모차르트 : 피아노 협주곡 20번 D단조(피아노 협연 다그마르 벨라), 드보르자크 : 교향곡 9번 '신세계로부터'>

이것이 실력만으로 동양인이 세계 최고의 오케스트라인 베를린 필하모닉 오케스트라를 지휘한 최초의 무대였다. 이후 정명훈(1953~)이 1984년과 1987년, 1990년, 2001년, 2014년 다섯 차례 베를린 필을 지휘하기까지 한국인이 다시 베를린 필을 지휘하는 데에는 오랜 시간이 걸렸다. 현재 일본 음악계의 상징과도 같은 오자와 세이지(1935~)가 베를린 필을 최초로 지휘한 것은 헤르베르트 폰 카라얀(1908~1989)의 제자로 있던 1966년의 일이다. 그러나 오자와의 베를린 필 지휘는 다분히 카라얀의 후광이라는 음악 외적인 요인이 작용한 것이었다.

안익태의 1943년 베를린 필 지휘 무대가 더욱 의미심장한 것은 일제의 입김이 노골적으로 거세진 삼엄한 시대 상황 속에서도 "일본의 속국, 조선의 평양 출신"이라는 사실을 프로그램에 적시하고 있기 때문이다. 이것은 나라를 잃은 극한의 시대 상황 속에서도 안익태가 취한 가장 공격적인 애국적 제스처로 필자는 이해한다. "일본의 속국, 조선의 평양 출신"이라고 안 적었을 수도 있었을 것이다. 그럼에도 안익태는 자신의 민족 정체성을 일생일대 가장 중요한 무대에서 피력했던 것이다. 일제의 마수가 옥죄어오는 군사 동맹국 나치 독일 땅에서 살벌한 전시(戰時)에 안익태가 취한 조선인으로서의 적극적 존재 증명은 베를린 올림픽 시상대에서 손기정도, 남승룡도 하지 못한 위대한 애국적 행위였다고 필자는 생각한다.

\<일본 축전곡\> 지휘와 \<야상곡과 에텐라쿠\>, \<만주국\> 작곡에 대한 변호

이 같은 안익태의 걸출한 지휘 능력을 증언한 위인이 한 명 더 있다. 바로 20세기 일본 음악 평론계를 고이시 다다오(1929~2010)와 양분했던 우노 고호(1930~2016)이다. 우노 고호는 1961년 12월 8일 도쿄 히비야 공회당에서 안익태가 모교인 도쿄 구니타치 음악학교 오케스트라의 제15회 정기 연주회를 지휘한 무대의 연주회 평을 남기고 있다. 안익태가 지휘한 베토벤의 '에그몬트' 서곡과 교향곡 9번 '합창' 해석을 두고, 그는 네덜란드의 전설적 지휘자 빌럼 멩엘베르흐(1871~1951)의 그림자가 어른거린다면서, 헤르베르트 폰 카라얀의 베토벤 해석보다 안익태의 베토벤 해석을 높이 평가한다고 말한다. 그의 베토벤 해석은 빌헬름 푸르트벵글러에게서 외에는 들은 적이 없는 대단한 것이라고 그는 적고 있다. 아마도 이런 지휘법은 스승 슈트라우스로부터 배운 주관적인 19세기풍에다, 안익태의 개성이 어우러진 결과물 같다고 그는 나름의 추측을 하고 있다. 이같은 우노 고호의 호평 때문이었는지 몰라도 이후 안익태는 일본 내 주요 악단들을 잇달아 지휘하게 된다.

이런 바쁜 지휘 일정 속에서도 안익태는 1941년에 설립된 일본 최고(最古) 음악 전문 출판사인 음악지우사(音樂之友社)가 제안한 『리하르트 슈트라우스 전기』 출간에 박차를 가한다. 다망한 음악가로서의 안익태의 입장을 십분 배려하려는 듯, 출판사는 당시 음악 문필가로 이름 높던 야기 히로시(1927~1986)를 공저자로 가세시킨다. 1964년 7월 31일 간행된 이 책의 초판을 필자는 4년 전 봄에 입수했다. 당시 이 책을 그 어떤 국내 도서관도 소장하고 있지 않은 현실과 존재 자체를 모르는 음악 관계자들 앞에서 필자는 개탄을 금치 못했다.

이홍이가 우리말로 최초로 옮긴 안익태·야기 히로시의 『리하르트 슈트라우스 전기』 번역서를 읽다보면, 안익태의 육성을 듣는 듯한 부분이 두 차례 등장한다. 슈트라우스의 <13개의 목관악기를 위한 세레나데>를 1962년 2월에 오사카에서 안익태가 지휘했다고 언급한 부분과 슈트라우스의 <일본 제국 건국 2600년 축전 음악>, 즉 <일본 축전곡>에 대한 안익태의 견해가 그것이다. 안익태는 슈트라우스의 <일본 축전곡>에 대해 다음과 같은 의견을 피력한다.

"축제를 좋아하는 그의 이런 곡을 슈트라우스의 인간적인 표현이라고 보는 것은 너무 앞서 나간 것이다. 또 영국, 프랑스, 독일 3국의 작곡가에게 의뢰한 것이었기 때문에 일본 제국주의의 포로가 되었다고 비난하는 것도 지나치다."

이것이 1942년 3월 12일 오스트리아 빈에서 안익태가 단 한 차례 지휘한 슈트라우스의 <일본 축전곡>에 대한 그의 공식 견해이다. 즉, 안익태는 슈트라우스가 이 작품을 일본 제국주의의 포로가 되어서 쓴 것도 아니고, 슈트라우스의 인간적 감상이 심도 있게 표명된 작품도 아니라고 보고 있다. 사실 슈트라우스는 이 작품을 2차 세계대전 전후로 밀접해진 독일과 일본의 우호 관계를 기념하는 의미에서 일본 정부로부터 위촉받았으나, 작곡을 썩 내켜하지 않았던 것으로 전해진다. 14분 전후의 러닝 타임 속에 표제를 빼면 일본적이라고 인식할 만한 선율이나 모티브는 등장하지 않는다. 따라서 <일본 축전곡>을 1942년 3월 12일 전시 체제의 빈에서 안익태가 단 한 차례 지휘했다고 해서 그를 친일파로 몰아가는 것은 어불성설이다. 당시 유럽 주재 일본공사관으로부터의 압박이라든지, 스승 슈트라우스와의 친분을 고려한 시대 상황이 이 곡의 지휘와 관련해 검토되어야 한다고 본다.

안익태가 1938년 작곡해서 1940년 4월 30일 로마 방송 교향악단을 상대로 직접 지휘, 초연한 <야상곡과 에텐라쿠>도 친일의 증거이기는커녕, 애국의 징표다. 서기 794년 출범한 헤이안(平安) 시대에 처음 등장하는 <에텐라쿠>의 한자음 표기인 <월천악(越天樂)>은 '하늘을 넘어온 음악'이란 뜻이다. 그럼에도, 서기 742년~765년 통일신라 시대 경덕왕 재위기에 활동한 옥보고의 거문고 음악 <강천성곡(降天聲曲)>의 뜻인 '하늘에서 내려온 음악'이란 의미를 그대로 차용하고 있다. 즉, 옥보고의 <강천성곡>이 한반도 하늘을 넘어 일본 열도에 상륙하면서 '하늘을 넘어온 음악'인 <에텐라쿠(월천악)>로 탈바꿈됐지만, 통용되는 뜻만은 <강천성곡>과 똑같이 '하늘에서 내려온 음악'으로 유지, 보존됐다는 비밀이 <에텐라쿠>에 담겨 있는 것이다. 더구나 <에텐라쿠>를 처음 받아들인 사람은 서기 794년 헤이안 시대를 개창한 일본 50대 간무 천황이었다. 그의 어머니 다카노노 니가사(高野新笠)가 백제 무령왕의 직계 10대손이었으므로 간무 천황도 백제 무령왕의 후손이었다. 이 같은 사실을 일본 고대 역사서 『속일본기』가 말해주고 있음을 2001년 12월 23일 아키히토 천황이 68세 생일 기자 회견장에서 천명하지 않았던가. 백제인의 피가 흐르고 있던 간무 천황이 통일신라의 음악인 옥보고의 <강천성곡>을 받아들여 <에텐라쿠(월천악)>라 한 것은 그래서 너무도 자연스러운 일이었다.

직감력이 강했던 안익태는 이 사실을 이미 간파하고 있었다. 2019년 11월 21일 목요일, 서울 한남동 일신홀에서 열린 '스승 나운영을 기리는 이영자 작곡 발표회'에서 만난 원로 음악 평론가 이상만(1935~) 선생이 이 같은 사실을 필자에게 확인해주었다. 안익태 생전 교분을 나눈 젊은 이상만이 "선생님, 왜 일본의 고대 아악인 <에텐라쿠>를 작곡하셨습니까?" 하고 묻자, 안익태가 답하기를 "그거 한국에서 넘어간 음악 아니오."라고 했다는 것이다. 이 일화를 통해서도 안익태가 '에텐라쿠'를 일본 음악이 아닌, 고대 한반도의 음악으로 이해했음을 알 수 있다.

그리고 1940년 4월 로마에서 초연 당시 안익태가 지휘한 작품은 <야상곡과 에텐라쿠>였지 <에텐라쿠>가 아니었다. 1931년 모스크바에서 초연된 고노에 히데마로의 <에텐라쿠>와 1936년 보스턴에서 초연된 이부쿠베 아키라(1914~2006)의 <야상곡과 축제=일본광시곡>을 종합해서 능가하려는 목적으로 안익태는 1938년 <야상곡과 에텐라쿠>를 작곡했다고 필자는 짐작한다. 1940년 로마와 베오그라드, 부다페스트, 소피아, 부쿠레슈티에서 안익태는 모두 이 제목으로 지휘했다. 그랬던 것이 3국 동맹 직후 삼엄해진 일제의 강압에 의해 1941년 연주회부터 '야상곡'이 거세된 <에텐라쿠>라는 단독 제목이 등장한다. 작곡 당시부터 안익태는 에텐라쿠와 강천성곡의 상관관계를 꿰뚫고 있었다. 그래서 해방 이후 <야상곡과 에텐라쿠>를 <강천성악>이라 명명한 것이다. 이 같은 안익태의 의식의 흐름을 좇다보면, <야상곡과 에텐라쿠>를 친일의 징표가 아닌, 애국의 징표로 이해하게 된다.

1942년 6월 9일부터 20일까지 안익태가 기거하던 베를린의 에하라 고이치(1896~1969) 자택에 슈트라우스가 투숙했다. 이 열흘의 기간 슈트라우스는 안익태가 작곡 중인 <만주국>에 조언을 아끼지 않았다. 필자가 보기에 안익태가 만주국의 실체를 정확히 알았을 가능성은 없다. 1930년 조선 땅을 떠나고 2년이 지난 1932년에 수립된 일제의 괴뢰 정부 만주국의 실체를 무슨 재주로 안익태가 간파할 수 있었겠는가. '만주'라고 하면 한국인의 의식 속에 '잃어버린 조선의 옛 강토'라는 문구부터 반사적으로 떠오른다. 조선인으로서의 그런 본능적 정서에다, 자신의 숙식을 책임져주던 고마운 일본인 에하라 고이치의 제안을 받아들여, 슈트라우스의 기술적 조언을 반영해가며 완성한 혼성 합창 관현악곡 <만주국>을 안익태가 작곡, 지휘했다는 사실이 반드시 안익태의 친일 행위를 증거하는 것인지에 대해서는 재고의 여지가 있다고 본다. 에하라의 증언대로 안익태는 술, 담배, 여자도 모르는 열렬한 음악 학도일 뿐이었다. 슈트라우스의 기술적 조언을 받아들여 작곡한 <만주국>은 그래서 친일 작품이라기보다는 안익태에게는 작곡 기법을 연마하기 위한 습작일 가능성이 크다.

슈트라우스와 안익태의 12년 친분설은 사실이다!

2006년 당시 베를린 훔볼트대학 음악학과에 유학 중이던 송병욱과 2007년 출간된 『잃어버린 시간 1938~1944』에서 음악학자 이경분이 의문을 제기한 슈트라우스와 안익태의 12년 사제(師弟)설에 대해 마지막으로 해명하겠다.

안익태는 1962년 5월 7일, 민주신보에 실린 김점덕과의 단독 회견에서 "나는 12년 간 슈트라우스 선생과 친근했다."고 증언하고 있다. 즉, 슈트라우스와 12년 간 사제의 연을 맺었다가 아니라, 12년간 슈트라우스와 친근했다고 밝히고 있는 것이다. 『나의 남편 안익태』[19]의 18쪽에서 안익태의 미망인 롤리타 탈라베라 여사(1915~2009)는 다음과 같이 증언한다.

"필라델피아에서 음악박사 학위와 금메달을 획득하자 익태는 곧 르아브르행 기

---

19) 롤리타 탈라베라, 장선영 역, 『나의 남편 안익태』, 신구문화사, 1982

선에 몸을 실었고, 르아브르에 닿기가 무섭게 잠시도 쉬지 않고 그대로 비엔나로 직행했다. 어느 날 아침, 그는 음악학교 연습실에서 그의 첫 교향곡 작품인 강천성악을 연습하고 있을 때, 리하르트 슈트라우스가 마침 그 연습실 앞을 지나가게 되었다고 한다.”

이 지점에서 오해의 소지가 발생했다고 필자는 생각한다. 안익태는 비엔나의 음악학교에 다닌 일이 없다. 그가 1938년 2월 20일 더블린에서 <한국환상곡> 초연을 지휘하고, 3월 14일 프랑스의 북서부 항구인 불로뉴 쉬르 메르를 통해 유럽 대륙으로 들어온 이후 독일, 체코, 오스트리아를 거쳐 4월 23일 당도한 곳은 헝가리 부다페스트였다. 안익태는 그해 10월 16일 정식으로 부다페스트 리스트 음악원에 등록한다. 따라서 1938년 당시 안익태가 다닌 음악학교는 리스트 음악원이 유일했다. 입학을 전후한 1938년 4월 23일부터 12월 31일 사이에 슈트라우스가 부다페스트 리스트 음악원을 방문했을 수 있는 것이다. 이것이 롤리타 탈라벨라의 기억 속에서 비엔나로 착오를 일으켰을 것이다. 만약 슈트라우스가 1938년 리스트 음악원을 방문해서 안익태가 그해에 막 완성한 <강천성악>의 연습을 들었다면, 그래서 안익태와 처음 대면했다면, 안익태와 슈트라우스의 친분은 1938년부터 슈트라우스가 타계하던 1949년 9월 8일까지 햇수로 12년이 성립되는 것이다. 이 부분을 연구한 송병욱과 이경분은 독일과 오스트리아의 자료만 뒤졌을 뿐이지, 헝가리 쪽의 자료는 찾은 적이 없는 것으로 알고 있다. 따라서 슈트라우스와 안익태의 12년 친분설은 최우선으로 안익태의 증언에 무게를 둘 수밖에 없다.

안익태는 분명 무에서 유를 창출한 20세기 초·중반 동양 최고의 지휘자였다. 그리고 위대한 작곡가였다. 이 같은 사실은 말러, 드뷔시와 함께 후기 낭만파 3대 거인 중 한 명으로 칭송받는 독일의 리하르트 슈트라우스가 아꼈던 동양의 유일한 제자라는 사실이 입증한다. 안익태는 슈트라우스와 12년간 친분을 쌓았고, 본격적으로 그의 제자로 가르침을 받은 것은 1942년부터 1949년까지의 8년 동안이었다. 제자를 두지 않기로 유명했던 슈트라우스가 동양인 제자 안익태를 예외적으로 받아들였다는 자체가 '센세이셔널한 사건'이다. 나에게는 그것만으로도 선구자 안익태가 스스로 부과된 시대적 소명을 다했다고 생각한다. 그것도 전대미문의 포악한 시대 속에서 나라를 잃고 세계를 떠돌던 안익태는 자신의 민족 정체성을 최대한 부각시키고자 악전고투했다. 누가 이런 안익태를 친일파라고, 친나치라고 단죄할 수 있다는 말인가. 시대를 초극해서, 국가와 민족을 초극해서 음악혼을 불태운 선구자 안익태에게 이제라도 뜨거운 갈채를 보내야 한다.

■ 안익태 선생이 지휘한 유일무이한 음반들

1. 안익태 지휘 고려 레코드 관현악단·합창단의 <애국가>와 <한국환상곡> CD(한국고음반연구회)

이 음반의 정체는 미스터리에 가깝다. 2분 43초의 <애국가>와 3분 15초의 <한국환상곡>은 1955년 3월, 이승만 대통령 80세 탄신일에 맞춰 귀국한 안익태가 남긴 음원으로 추측된다.

2. 안익태 지휘 할리우드 보올 심포니 오케스트라·합창단의 <한국환상곡> LP(유니버어살 레코오드사)

이 LP는 1957년 2월에 녹음된 최초의 <한국환상곡> 음반이다. 1970년 유니버어살 레코오드사에서 발매됐다. 음질이 열악하지만 소장 가치는 충분하다. 국립중앙박물관이 소장하고 있는 LP에는 안익태가 1961년 과테말라 국립 교향악단을 지휘한 <강천성악>이 함께 실려 있지만, 시중에 유통되는 LP에는 <한국환상곡>만이 실려 있어 의문을 자아낸다.

3. 안익태 지휘 LA 필하모닉 오케스트라·한인합창단의 <한국환상곡> LP/

CD(서라벌레코오드사/(주)이엔이미디어)

1961년 녹음된 이 음반이 <한국환상곡>의 결정반이다. 음질은 완전하지는 않지만 1957년 녹음보다 개선됐다. 무엇보다 안익태의 뜨거운 음악혼이 느껴져 이전과 이후의 모든 <한국환상곡> 음반 중 왕좌를 지키고 있다.

4. 안익태 지휘 광주 카리타스 수녀원 합창단의 성가곡 LP(도시바 공업주식회사)

1965년 6월 일본 도시바 공업주식회사에서 발매된 작은 사이즈의 LP다. 1963년 5월 서울시민회관에서의 제2회 서울국제음악제 실황을 녹음한 것이며, 일본 최고 소프라노 이토 교코(1927~)가 부른 안익태의 가곡 <흰 백합화>도 수록되어 가치를 더한다.

■ 관련 음반 두 장

1. 리하르트 슈트라우스 지휘 자작자연(自作自演) CD(도이치 그라모폰)

작곡가로서뿐 아니라 지휘자로서도 일가를 이룬 슈트라우스가 1920년대 중반부터 1940년대까지 녹음한 작품들을 수록하고 있다. 7장의 CD 중 첫 세 장에서 슈트라우스가 지휘한 슈트라우스의 주요 관현악곡을 들을 수 있다. 세 번째 CD에 수록된 <일본 축전곡>의 녹음 상태가 양호하다. 1940년 슈트라우스가 뮌헨 바이에른 국립 오페라극장 오케스트라를 지휘한 음원이다. 제목만 <일본 축전곡>일 뿐, 도무지 일본적 색채가 느껴지지 않는 곡이다.

2. 황기 2600년 봉축 악곡집 CD(Altus)

1940년 12월 도쿄에서 있은 일본 건국 2600년 봉축 음악 초연 무대를 녹음한 두 장짜리 CD이다. 리하르트 슈트라우스와 일데브란도 피체티, 자크 이베르,

베레슈 산도르의 곡이 수록되어 있다. 음질은 열악하지만, 기록에 철저한 일본을 새삼 실감케 하는 음반이다. 네 작곡가의 작품 모두가 일본과는 무관한 정서를 표출하고 있다는 점이 아이러니다.

저자 소개

안익태(1906~1965)

평양 출생. 숭실중학교 재학 중 일본으로 유학, 구니타치 음악대학을 졸업했다. 미국 신시내티 음악원에서 첼로를 전공하고, 필라델피아 템플대학교에서 음악학 석사를 취득했다. 부다페스트 리스트 음악원에 유학한 이후 세계적인 악단을 다수 지휘했다. 1935년 미국에서 <애국가>를 작곡하고 1938년 아일랜드 더블린에서 <한국환상곡>을 초연했다. 리하르트 슈트라우스의 유일한 동양인 제자로 스페인 마요르카 교향악단의 초대 상임 지휘자를 지냈다.

야기 히로시(1927~1986)

오사카 출생. 교토대학 문학부 독어독문학과를 졸업했다. 오사카외국어대학에서 교수로 재직했으며, 주요 번역서로는 『브레히트 전기의 서』(1975, 고단샤), 아시즈 다케오와 함께 번역한 『푸르트벵글러, 음악과 정치』(1959, 미스즈쇼보) 등이 있다. 또 시인으로 활동하며 시집 『우주와 지구』를 출간했다.

안익태가 생전에 남긴 유일한 저서

리하르트 슈트라우스

1판1쇄 발행	2021년 2월 28일
지은이	안익태 • 야기 히로시
번 역	이홍이
감 수	김승열
발행인	윤미소
발행처	(주)달아실출판사
책임편집	박제영
디자인	전형근
마케팅	배상휘
법률자문	김용진
주소	강원도 춘천시 춘천로 17번길 37, 1층
전화	033-241-7661
팩스	033-241-7662
이메일	dalasilmoongo@naver.com
출판등록	2016년 12월 30일 제494호

ⓒ 안익태·야기히로시, 2021
ISBN 979-11-88710-94-2 03990

이 책의 판권은 지은이와 (주)달아실출판사에 있습니다. 양측의 동의 없는
무단 전재 및 복제를 금합니다.

* 잘못된 책은 구입한 곳에서 바꿔드립니다.
* 책값은 뒤표지에 표시되어 있습니다.